基金项目：辽宁省社会科学规划基金项目（L23BGL020）

考虑制造商推介的双渠道供应链运营策略研究

郭婷婷◎著

中国财经出版传媒集团
中国财政经济出版社
·北京·

图书在版编目（CIP）数据

考虑制造商推介的双渠道供应链运营策略研究／郭婷婷著. -- 北京：中国财政经济出版社，2024. 6.
ISBN 978 - 7 - 5223 - 3319 - 9

Ⅰ. F407. 405
中国国家版本馆 CIP 数据核字第 2024U0Z578 号

责任编辑：高文欣　　责任印制：史大鹏
封面设计：卜建辰　　责任校对：徐艳丽

考虑制造商推介的双渠道供应链运营策略研究
KAOLÜ ZHIZAOSHANG TUIJIE DE SHUANGQUDAO GONGYINGLIAN YUNYING CELÜE YANJIU

中国财政经济出版社 出版
URL：http：//www. cfeph. cn
E - mail：cfeph@ cfeph. cn

社址：北京市海淀区阜成路甲 28 号　邮政编码：100142
营销中心电话：010 - 88191522
天猫网店：中国财政经济出版社旗舰店
网址：https：//zgczjjcbs. tmall. com
中煤（北京）印务有限公司印刷　各地新华书店经销
成品尺寸：170mm × 240mm　16 开　13. 5 印张　213 000 字
2024 年 6 月第 1 版　2024 年 6 月北京第 1 次印刷
定价：68. 00 元
ISBN 978 - 7 - 5223 - 3319 - 9
（图书出现印装问题，本社负责调换，电话：010 - 88190548）
本社图书质量投诉电话：010 - 88190744
打击盗版举报热线：010 - 88191661　QQ：2242791300

前言

信息技术和互联网的快速发展极大地促进了网络消费行为的兴起，“线上渠道+线下渠道”成为现今消费者的主流购物模式。面对多变且竞争激烈的市场环境，很多企业已无法仅通过单一渠道进行运营，网络销售渠道与传统销售渠道的组合运营模式成为必不可少的选择。如今众多制造企业均纷纷在传统零售渠道的基础上开辟了网络直销渠道，或在网络直销渠道的基础上开辟了线下零售渠道，以向消费者开展双渠道销售。双渠道销售给消费者的购物活动带来了便利，但互联网的发展所引发的信息超载问题对消费者识别产品或产品分销商产生了困扰。为了破除消费者的这一困扰，帮助其精准、便捷地识别产品或产品分销商，许多制造商在自建的官网里增加了一个网络链接，用于将直接访问其官网查询相关信息的潜在消费者推介到自己的网络销售平台或者授权实体零售商。该推介技术是制造商引导消费者进行渠道迁移的重要工具。制造商通过管理渠道信息影响消费者的购物路径，实现消费者分流和渠道平衡。然而，双渠道供应链中，制造商对直接访问其官网消费者的推介行为会改变不同渠道需求，影响其与其他供应链成员之间的竞争与合作关系，并最终影响供应链决策及供应链运作效率。以往双渠道供应链研究多假设潜在消费者会直接选择相应的零售渠道购买产品，忽略了部分消费者访问制造商官网并被制造商推介的情况。为了更加贴切地解释现实产业新现象，本书通过重新梳理制造商推介条件下供应链成员之间的博弈逻辑，把制造商推介纳入“制造商引入网络直销渠道”的双渠道供应链博弈模型，从渠道权力结构角度出发，系统探讨制造商推介下该类型双渠道供应链的决策机理，并考察实体零售商代发货、网络销售效率、公平关切、利他偏好等因素对该类型双渠道供应链运营策略产生的影响。本书的主要研究内容和创新成果包括以下六个方面：

（1）考虑商业实践中并非所有制造商均建立起完善的区域物流配送体系，

面对消费者对物流配送时效的要求，制造商采用实体零售商代发货解决网络直销渠道订单履行效率问题，建立了制造商领导的Stackelberg定价模型、实体零售商领导的Stackelberg定价模型、Nash均衡定价模型。在求得模型决策结果的基础上，分别进行了比较分析，探讨了主导地位变化对制造商和实体零售商的最优定价与最优利润的影响，分析了不同主导地位下制造商与实体零售商对两种推介方式的偏好情况。研究发现：主导地位变化对批发价格和实体零售价格的影响，会因制造商推介方式的不同而存在差异，而网络零售价格在任何推介方式下均不会随着制造商地位的提高而增大。制造商利润始终随着自身地位的降低而逐渐变小，而实体零售商利润随自身地位的变化情况受到制造商推介方式的影响。制造商主导双渠道供应链下，制造商与实体零售商对推介方式具有一致的偏好，其他两种权力结构下，二者的偏好是否一致受到推介市场规模的影响。

（2）考虑网络直销渠道与实体零售渠道的销售效率通常不同，销售效率是影响双渠道供应链主体博弈行为的重要因素，将网络销售效率因素分别引入制造商领导的Stackelberg定价模型、实体零售商领导的Stackelberg定价模型及Nash均衡定价模型。基于敏感性分析法，考察了网络销售效率对双渠道供应链均衡决策的影响。基于比较分析法，识别了制造商与实体零售商对两种推介方式的偏好情况，以及推介方式和主导地位变化对制造商与实体零售商的最优定价与最优利润的影响。研究发现：随着网络销售效率的降低，网络零售价格和实体零售价格均降低，批发价格在制造商主导下不变，其他权力结构下升高。当传统型消费者市场规模较小时，制造商利润随着网络销售效率的降低而降低，实体零售商利润随着网络销售效率的降低而升高，反之则反。无论何种权力结构，制造商与实体零售商均具有一致的推介方式选择偏好。推介方式对批发价格、网络零售价格和实体零售价格的影响存在差异，但推介方式不会影响供应链主导者的先动优势。

（3）考虑制造商并非完全理性，其对所获利益的公平性有所关注，将制造商公平关切因素分别引入到制造商领导的Stackelberg定价模型、实体零售商领导的Stackelberg定价模型及Nash均衡定价模型。基于敏感性分析法，考察了制造商公平关切对双渠道供应链均衡决策的影响。基于比较分析法，识别了制造商与实体零售商对两种推介方式的偏好情况，并考察了推介方式和主导地位变化对制造商与实体零售商的最优定价与最优利润的影响。研究发现：随着制造商公平关切程度的增加，网络零售价格不变，批发价格升高，实体零售商利润降低，实体零售价格、制造商利润的变化与权力结构有关。无论何种权力结构，制造商与实体零售商均具有一致的推介方式选择偏好。推介方式不会影响批发价格、网络零售价格及实体零售商作为供应链主导者的先动优势，但会影响实体零售价格和制造商作为供应链主导者的先动优势。

(4) 考虑实体零售商并非完全理性，其在决策过程中对于自身所获收益的公平性非常敏感，将实体零售商公平关切因素分别引入制造商领导的Stackelberg定价模型、实体零售商领导的Stackelberg定价模型及Nash均衡定价模型。基于敏感性分析法，考察了实体零售商公平关切对双渠道供应链均衡决策的影响。基于比较分析法，识别了制造商与实体零售商对两种推介方式的偏好情况，并明确了推介方式和主导地位变化对制造商与实体零售商的最优定价与最优利润的影响。研究发现：实体零售商公平关切程度、制造商推介方式对批发价格、网络零售价格和实体零售价格的影响存在差异。无论何种权力结构，制造商与实体零售商的推介方式选择偏好始终保持一致。推介方式不影响制造商作为供应链主导者的先动优势。然而，在不同推介方式下，实体零售商公平关切将影响实体零售商的先动优势。随着实体零售商公平关切的增加，实体零售商的先动优势逐渐降低。

(5) 考虑制造商在决策过程中不仅关注自身收益，而且也会关注供应链合作伙伴收益，将制造商利他偏好因素分别引入制造商领导的Stackelberg定价模型、实体零售商领导的Stackelberg定价模型及Nash均衡定价模型。基于敏感性分析法，考察了制造商利他偏好对双渠道供应链均衡决策的影响。基于比较分析法，识别了制造商与实体零售商对两种推介方式的偏好情况、推介方式和主导地位变化对制造商与实体零售商的最优定价与最优利润的影响。研究发现：制造商利他偏好程度及推介方式对网络零售价格没有影响，但对批发价格和实体零售价格有影响。制造商主导或制造商与实体零售商共同主导双渠道供应链下，制造商与实体零售商对推介方式具有一致的偏好；实体零售商主导双渠道供应链下，二者对推介方式是否具有一致的偏好与制造商利他偏好程度有关。无论何种推介方式，供应链主导者具均具有先动优势。

(6) 考虑实体零售商具有先利他再利己行为，其不以增加自身收益为目标，而是希望采取行动来增加供应链合作伙伴的收益，将实体零售商利他偏好因素分别引入制造商领导的 Stackelberg 定价模型、实体零售商领导的 Stackelberg 定价模型及 Nash 均衡定价模型。基于敏感性分析法，考察了实体零售商利他偏好对双渠道供应链均衡决策的影响。基于比较分析法，识别了制造商与实体零售商对两种推介方式的偏好情况、推介方式和主导地位变化对制造商与实体零售商的最优定价与最优利润的影响。研究发现：随着实体零售商利他偏好程度的增加，网络零售价格不变，批发价格和制造商利润增加，实体零售商利润降低，但实体零售价格的变化情况与权力结构有关。无论何种权力结构，制造商与实体零售商的推介方式选择偏好始终保持一致。实体零售商利他偏好在制造商仅推介网络直销渠道时不影响制造商或者实体零售商作为供应链主导者的先动优势。然而，在制造商同时推介实体零售渠道和网络直销渠道时，随着实体零售商利他偏好的增加，制造商和实体零售商的先动优势逐渐降低，其中制造商的先动优势降低幅度较大。

在本书的编写过程中，辽宁工程技术大学的吴正祥副教授对书稿框架和模型构建给出了一些建议，硕士研究生李娜、刘庆锐、刘佟、秦宝刚等收集和整理了一些文献资料，在此表示感谢。

鉴于时间和编者水平有限，书中不当之处在所难免，恳请有识之士不吝赐教。

目录

第1章　绪　　论

1.1　研究背景

近年来，电子商务正以前所未有的速度迅猛发展，并加速与经济社会的各个领域深度融合，成为推动居民生活方式转变、企业商业模式变革、经济社会转型的重要力量。电子商务的发展给消费者行为带来的最明显变化是，人们的购物方式发生了改变。现如今，人们在光顾实体店铺的同时，也会通过网络渠道购买产品。为了迎合消费者对不同销售渠道的差异化偏好，越来越多的制造商通过实体零售渠道与网络直销渠道相结合的双渠道供应链销售产品（吴正祥和李宝库，2019）。但在终端市场中，消费者并非均会直接通过实体零售渠道或者网络直销渠道购买自身所需产品。现实中，消费者经常面临产品高度相似、信息超载、信息模糊等特定消费情境，这使得部分消费者很容易对产品或者产品分销商产生疑惑和不安心理而访问制造商官网（Wu et al.，2015；涂红伟等，2016）。为了帮助消费者快速识别产品或产品分销商，缓解其疑惑和不安心理，众多制造商为自身官网上所展示的产品增加了一个网站链接，用于对访问其官网的潜在消费者进行推介，以引导潜在消费者在相应销售渠道购买产品（Wu et al.，2015；郭强等，2018）。这种通过制造商提供的网络链接进行间接产品销售的模式被称为制造商推介（Wu et al.，2015；李增禄等，2020）。实践中，制造商常用的推介方式有两种：一种是仅推介网络直销渠道；另一种是同时推介实体零售渠道和网络直销渠道。但不同制造商所采用的推介方式存在差异，例如华为官网（链接为 https：//www. huawei. com/cn/）并不直接销售产品，而是向消费者展示企业或产品信息，当消费者访问此网站后，华为便可以利用“购买”选项将消费者排他性地推介到华为商城（华为的网络直销渠道，其链接为 https：//www. vmall. com/index. html?cid = 78147），见图 1 – 1；与之不同，三星官网则同时给出了三星授权体验店查询链接和三星网上商城链接，将访问其官网的消费者同时推介到了实体零售渠道和网络直销渠道。

（a）华为官网

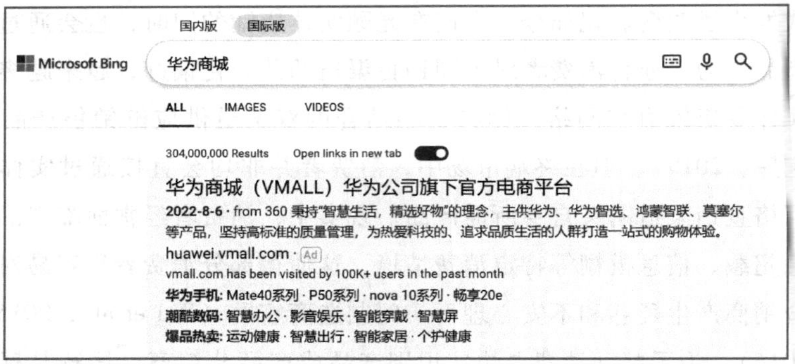

（b）华为商城

图 1 – 1　华为公司推介实例

制造商推介是引导消费者进行渠道迁移的重要信息工具，制造商利用推介手段管理渠道信息可以影响消费者的购物路径，从而实现消费者分流和渠道平衡（王阳和王国庆，2022）。那么，制造商究竟在什么条件下选择仅推介网络直销渠道、在什么条件下选择同时推介实体零售渠道和网络直销渠道？实体零售商所偏好的推介方式是否与制造商的选择相一致？推介方式对产品定价、渠道市场总需求以及供应链成员先动优势有何影响？这些问题不仅关系到制造商与实体零售商的经济效益，而且影响着双渠道供应链的和谐发展，亟待研究和解决。基于以上问题，本书在现有文献的基础上，通过重新划分消费者细分市场，将制造商推介纳入双渠道供应链博弈模型，从渠道权力结构角度出发，分别在实体零售商代发货下及网络销售效率、公平关切、利他偏好等因素影响下，研究存在制造商推介的双渠道供应链的运营策略。以期形成存在制造商推介的混合双渠道供应链管理新理论，为企业创新实践提供理论指导。

1.2 研究意义

制造商推介下双渠道供应链运营策略研究是对双渠道成员间竞争与合作关系的一次重新梳理，是双渠道供应链研究的一个新趋向。本书的研究成果将更加贴切地解释现实产业新现象，拓展现有双渠道供应链管理理论，为企业决策制定提供更为有效的理论依据。本书的研究意义可以归纳为：

第一，将制造商推介引入双渠道供应链，揭示存在制造商推介情形下双渠道供应链成员的决策逻辑，为现实产业中制造商与实体零售商的竞争与合作行为做出新的理论解释。

第二，通过探讨存在制造商推介的双渠道供应链运作机理，形成新现象下双渠道供应链的一般理论，丰富现有供应链管理理论体系。

第三，通过考察制造商推介方式选择及实体零售商推介方式偏好情况，识别市场条件对制造商推介方式选择与实体零售商推介方式偏好的影响机制，为企业解决推介引发的渠道冲突问题，实现线上线下渠道协同发展提供决策借鉴。

第四，通过梳理推介方式对产品定价、渠道市场总需求以及供应链成员先动优势的影响，明晰制造商推介实现消费者分流和渠道平衡的机制，为双渠道供应链高效运营提供理论依据。

1.3 研究现状与文献述评

随着电子商务的快速发展，渠道模式呈现出了多样化的趋势。在不同渠道模式下制造商和零售商的决策行为受到学术界和实业界的普遍关注。本小节将对双渠道供应链内涵、双渠道供应链类型以及与本书相关的双渠道供应链研究成果进行概括和梳理。

1.3.1 双渠道供应链内涵及类型

双渠道供应链也叫混合渠道供应链，指供应链中的制造商或者（实体）零售商同时运用线下渠道和网络渠道向消费者销售产品。依据供应链中引入网络渠道主体的不同以及引入网络渠道方式的不同，双渠道供应链大体上可以分为以下四种类型。

（1）制造商引入网络直销渠道。

在这种双渠道供应链类型中，制造商不仅通过实体零售商进行线下销售，自己还通过网络渠道进行直接销售，渠道结构如图 1－2 所示。现实商业中，联想、Apple 等制造商均采用的是这种类型。学术界针对这种双渠道供应链类型进行了大量研究，如 Qiu 等（2024）、Yang 等（2024）、Modak 等（2024）、Gu 等（2023）。

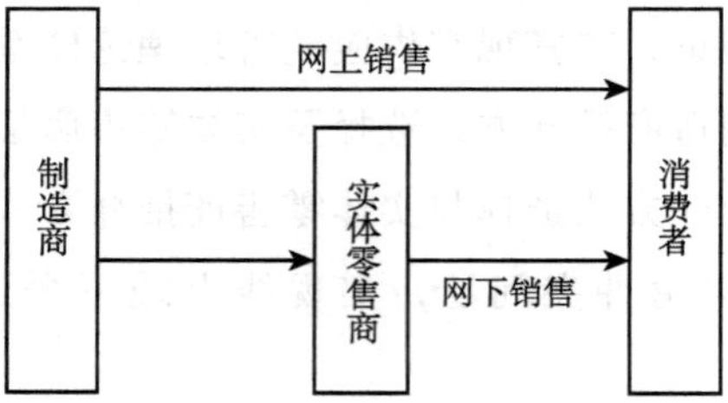

图 1－2 制造商引入网络直销渠道

（2）制造商引入网络间接渠道。

在这种双渠道供应链类型中，制造商同时通过实体零售商和网络零售商进行产品销售，渠道结构如图 1－3 所示。现实商业中，创维、TCL 等制造商均采用的是这种类型。学术界针对这种双渠道供应链类型也进行了大量研究，如 Qiu 等（2021）、Liu（2022）、Zhong 等（2023）、王文杰和刘亚洲等（2023）。

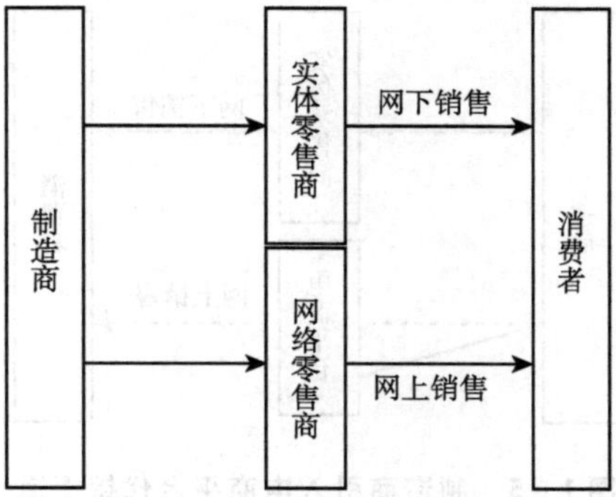

图 1－3　制造商引入网络间接渠道

(3) 零售商引入网络渠道。

在这种双渠道供应链类型中，制造商将产品批发给零售商后，零售商同时通过线下渠道和网络渠道进行产品销售，渠道结构如图 1－4 所示。现实商业中，苏宁、国美等传统零售企业在保留实体店的同时还建立了网店；银泰与天猫合作 O2O。学术界针对这种双渠道供应链类型进行了不少研究，如 Xu 等（2023）、Wang 和 He（2022）、Tao 等（2023）、Zhu 和 Lu（2022）。

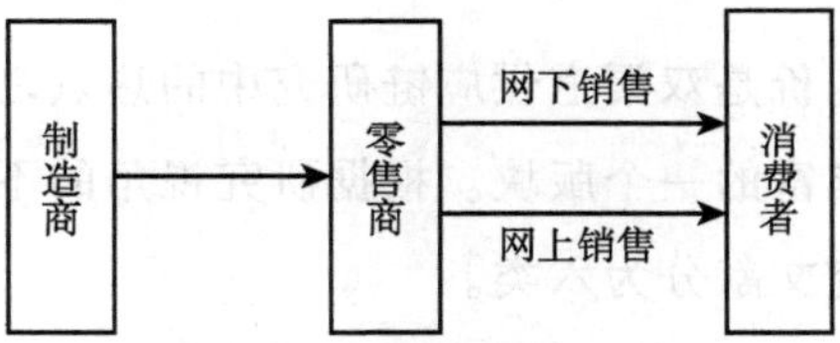

图 1－4　零售商引入网络渠道

(4) 制造商引入电商平台代销渠道。

在这种双渠道供应链类型中，制造商除了通过实体零售商销售之外，其还租用第三方电商平台进行网上销售，产品销售完成后，第三方电商平台会保留一定比例的销售利润，渠道结构如图 1－5 所示。现实商业中，美的家电、红豆服装等企业在实体店进行销售之外，也在京东商城、天猫商城等网络平台开设了旗舰店。学术界针对这种双渠道供应链类型进行研究的比较晚，现有文献相对较少，如 Chen 等（2023）、Xiao 等（2023a）、Hao 和 Yang（2022）、赖雪梅和聂佳佳（2022）。

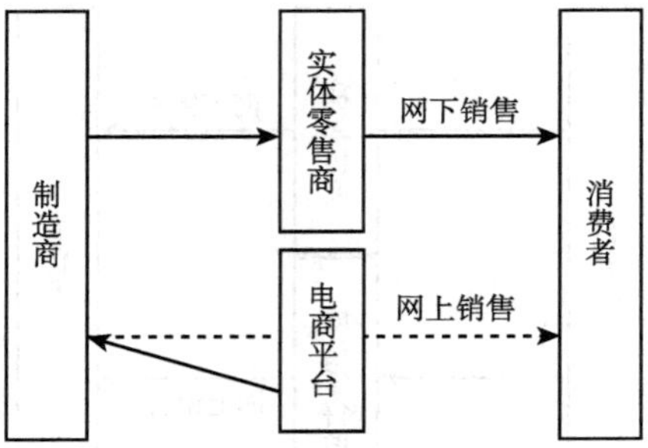

图 1-5　制造商引入电商平台代销渠道

上述四种双渠道供应链是最基本的结构类型，现实中也存在一种商品同时通过制造商直销渠道、零售商线下渠道、零售商网络渠道同时销售的情况，对于此类型问题的分析可参考 Liu 等（2016a）、赵连霞和程宝明（2016）、Lu 和 Chen（2014）、林庆和何勇（2017）的研究。本书是在制造商引入网络直销渠道这一双渠道供应链类型下展开研究的。

1.3.2　双渠道供应链定价决策研究现状

批发定价和零售定价是双渠道供应链研究中的热点之一，同时也是双渠道供应链中研究得较为丰富的一个版块。根据研究视角的不同，可以将现有双渠道供应链定价决策研究文献分为六类。

一是，考虑资金约束的双渠道供应链定价决策。主要针对供应链各个参与主体存在资金不足这一普遍状况，基于 Stackelberg 博弈模型探究供应链成员的最优定价策略和融资决策。例如，喻鸣谦等（2021）研究了由一个资金约束零售商和一个资金充足的供应商构成的双渠道供应链，通过构建贸易信用、银行贷款以及混合融资三种模式下的 Stackelberg 博弈模型，探究了供应商和零售商的最优定价策略以及零售商的最优融资策略。而赵达等（2023）以及赵达和龚俊强（2024）分别探究了零售商与制造商均存在风险厌恶时，零售商存在资金约束和制造商存在资金约束两种情境下，制造商和零售商的最优定价策略和最优融资决策。郭金森等（2021）探索了双边资金约束情境下的，制造商具有公平偏好的双渠道供应链融资决策模型。蔡敏等（2024）研究了资金约束下制造商在线上线下双渠道中分别销售两种不同质量水平的产品时的最优融资决策，并分析了制造商与零售商的最优定价决策以及融资利率和双渠道中的产品质量差异对均衡决策的影响。

二是，基于渠道特点的双渠道供应链定价研究，包括不同双渠道类型下供应链定价研究和渠道权力结构对成员定价的影响研究，对于前者的文献可参见前文双渠道供应链类型，对于后者，Park 和 Keh（2003）最早将渠道权力结构引入双渠道供应链定价决策问题，在线性需求函数下重点探讨了成本系数、零售价格敏感系数对决策产生的影响；冯春等（2018）则以一个生产商和一个零售商组成的二级供应链为背景，在产出随机性条件下分析了渠道权力结构对供应链成员决策及收益的影响；Li 等（2020）针对由两个供应商和一个制造商组成的分散分包装配系统，研究了渠道权力结构对系统成员生产和定价策略的影响；Jin 等（2021）探讨了渠道权力结构对具有竞争性线上线下回收渠道的逆向供应链定价决策和协调的影响；Chen 等（2016）揭示了渠道权力结构对零售商双渠道供应链决策和绩效的影响；孙自来等（2020）剖析了三种渠道权力结构下制造商双渠道供应链的决策机制；孙书省等（2019）研究了线下渠道权力结构对制造商双渠道分销模式选择的影响。

三是，基于消费者感知和行为的双渠道供应链定价研究，其中涉及的因素主要有消费者渠道偏好、公平偏好、绿色偏好、消费者时间敏感性、消费者服务敏感性、消费者搭便车行为、消费者比价行为、消费者退货行为；如 Yi 等（2018）探究了消费者公平偏好对渠道选择的影响；基于消费者对线上线下产品质量感知的差异，王玉燕等（2024）研究搭便车行为下的双渠道供应链最优定价与服务决策问题；Wang 等（2022a）探究了消费者的渠道偏好对双渠道供应链成员定价的影响；刘静等（2022）探究了考虑消费者公平关切的竞争供应链歧视定价问题；梁喜和张余婷（2020）将消费者渠道偏好和低碳偏好相结合，探讨了以生产商为主导的双渠道供应链成员的最优定价决策与收益；程明宝等（2022）针对消费者关注产品质量和价格这一普遍现象，探究了考虑消费者质量和价格偏好的双渠道供应链定价决策；Pu 等（2017）考察了消费者的搭便车行为对双渠道供应链定价和销售努力的影响，并设计了一个提高供应链运作效率的契约机制；Example 和 Skyscanner（2013）考察了第三方价格比较服务对双渠道供应链定价策略的影响。

四是，基于产品差异的双渠道供应链定价研究，如 Kurata 等（2007）分析了零售商存在自有品牌的双渠道供应链最优价格决策问题与协调问题；周健等（2016）基于消费者剩余理论，探讨了产品差异性对双渠道成员定价的作用机理；姚树俊（2016）将品牌差异性引入双渠道供应链模型，分别从制造商选择合作与不合作两种市场结构进行分析，研究了制造商品牌差异化战略对于解决渠道冲突的有效性问题，并考察了网络渠道兼容度对制造商市场结构选择的影响作用；胡雨菲和陈良华（2022）在考虑产品质量差异与需求不确定性双因素影响的基础上，通过构建垂直 Nash 定价与库存联合博弈模型，研究当线上与线下双渠道销售特定异质产品时，供应链成员如何根据不同的产品类型选择最优分销策略以实现双渠道供应链的共赢；Xiao 等（2023b）在由制造商通过零售商和直接渠道向客户销售民族品牌产品的双渠道供应链中，研究了零售商是否会引入商店品牌，如果是的话，质量差异和权力结构将如何影响引入激励和公司盈利能力。Zhang 等（2023）探讨了双渠道供应链中供应商质量差异化策略与在线零售商销售形式选择之间的相互作用。

五是，基于扰动视角的双渠道供应链定价研究，如 Wu 等（2011）通过建立博弈模型研究了单位产品生产成本的变化对零售商与制造商渠道关系以及二者定价方式选择的影响，并采用实证研究对模型分析结果进行了验证；Huang 等（2012）首次将需求中断问题纳入双渠道供应链博弈模型，分别在集中决策和分散决策下探讨了最优产量决策和最优定价决策，并试图获取成员调整价格和生产计划以满足各方在需求中断下可以达到最大利润的策略；黄松等（2014）将需求中断问题和生产成本中断问题同时纳入双渠道供应链博弈模型，分析了两种扰动对成员定价和生产数量的影响；Yan 等（2021）分别讨论了在没有需求中断和有需求中断的情况下双渠道供应链成员的最优决策，通过比较两种情形下的最优决策，识别了需求中断对供应链成员利润和绩效的影响；Li 等（2022）将生产成本中断问题纳入博弈模型，考察了生鲜食品双渠道供应链弹性价格和质量策略。

六是，基于联合决策的双渠道供应链定价研究，如 Li 等（2023）探讨了实际在线价格折扣和不同合作广告模式对由制造商和电子平台组成的双渠道供应链的影响；Wu 等（2023）在零售商共享需求信息、制造商按一定比例支付当地广告费用的背景下，研究了信息共享对最优广告支出、定价机制以及制造商和零售商绩效的影响；Chaab 和 Demirag（2022）研究了消费者的销售渠道偏好（即“消费者忠诚度”）和产品与在线购物的兼容性（即“产品网络兼容性或网络契合度”）对制造商和零售商的合作广告和定价决策的影响；Hosseini - Motlagh 等（2022）分析了分散、半集中、集中、半协调和协调场景下的双渠道供应链定价、保修更换和销售服务策略；建立了考虑线下售中服务的双渠道供应链模型，利用 Stackelberg 博弈论和逆向归纳法求解供应链成员的最优定价，并在合作和非合作情况下进行比较，研究了线下在售服务双渠道供应链定价协调策略。

由于博弈参与者的定价决策与其行为因素息息相关，因此除了上述研究外，还有部分研究将风险态度引入双渠道供应链最优定价问题中，并证实了供应链成员的风险规避行为对其供应链策略选择有重要的影响（Song，2020）。在具体研究中，柏庆国等（2019）发现成员风险规避系数对供应链网络销售价格与传统销售价格有影响；王虹和周晶（2009）基于随机分布市场需求，探讨了成员存在风险规避特征的双渠道供应链最优策略问题，分析了风险规避度、市场需求方差与最优策略的关系；Li 等（2014）、Zhang 和 Zhong（2015）以及 Liu 等（2016b）、贡文伟等（2024）也从不同角度探讨了成员具有风险规避行为时双渠道供应链的定价问题；许民利等（2016）则在双渠道供应链中考察了不同风险偏好下供应链成员的定价问题。

1.3.3 考虑行为因素的双渠道供应链研究现状

行为经济学的发展使得众多营销科学与供应链管理领域的学者认识到：忽略决策主体行为因素的传统供应链研究结果不能准确反映实际的供应链决策过程，只有从心理认知与人类行为影响的角度展开研究才能有效指导实践（Kahneman and Tversky，1979；Sterman，1987；Croson and Donohue，2002；刘咏梅等，2011）。自21世纪初期管理科学权威杂志“*Management Science*”相继发表多篇有关行为供应链的研究论文后，越来越多的学者根据认知心理学和社会心理学的理论来研究人的行为和认知对供应链系统的设计、管理与改进产生影响的相关属性，并研究这些属性与供应链系统的相互作用（刘咏梅等，2011；Gino and Pisano，2008）。本小节将对现有与本书相关的行为供应链研究成果进行梳理。

（1）考虑公平关切因素的供应链研究现状。

现实商业中，企业不仅关心自身获得的利润，而且关心其他参与企业与自身利润的差距，即对利润分配表现出强烈的公平关切心理。Kahneman 等（1986a）指出，如果企业愿意抵制不公平的交易，并以一定的代价惩罚不公平行为，那么即使是追求利润最大化的企业也有关注公平的动机。Scheer 等（2003）的研究表明，公平是维持渠道合作的重要因素。Ruffle（1998）在最后通牒博弈实验中发现，当接收者感知到分配方案不公平时，其便会拒绝接受方案。

目前在单渠道供应链中考虑公平关切因素的文献相对丰富，在双渠道供应链中考虑公平关切因素的文献较少。邢伟等（2011）首次研究了零售商的纵向分配公平对生产商主导的双渠道供应链均衡策略的影响；Li 和 Li（2016）将邢伟等（2011）的研究进行了拓展，针对零售商为线下产品提供增值服务的双渠道供应链，探讨了渠道效率与消费者的零售渠道忠诚度及零售商纵向分配公平之间的关系；Xu 等（2014）针对零售商提供服务且制造商与零售商共享渠道收益的双渠道供应链，分析了纵向分配公平对服务与收益共享策略的影响；Li 等（2017）将零售商分担制造商广告费用的合作广告问题引入双渠道供应链中，考察了纵向分配公平对合作广告策略的影响；李波等（2015）针对市场需求信息不对称的双渠道供应链，研究了零售商的公平关切对供应链成员决策及效用的影响。与上述研究不同，曲优等（2017）在混合双渠道供应链中研究了零售商具有公平关切和损失规避行为的订货策略问题；Wei 和 Lin（2013）在双渠道供应链中研究了零售商具有公平关切和风险规避行为的定价策略问题；浦徐进等（2014）突破 Ho 等（2014）关于两个零售市场彼此独立的假设，基于两个零售市场相互替代的情况，对比分析了实体店的纵向分配公平和横向同行诱导公平对供应链均衡策略的影响；Zhu 等（2022）在由一个制造商、一个在线零售商和一个线下零售商组成的双渠道供应链中，考虑零售商存在双向公平关切，分别讨论了消费者渠道偏好下集中决策和分散决策的最优碳减排策略和最优定价策略，在此基础上，提出协调契约来实现双渠道供应链的帕累托改进。韩同银等（2022）探索了政府是否补贴两种情境下，零售商公平关切对供应链渠道定价、成员利润等的影响，在此基础上，吴忠锋等

（2023）进一步探究了统一零售价格策略下，考虑零售商具有公平关切行为的双渠道绿色供应链成员的定价与政府补贴机制；杨丽芳等（2023）则引入零售商公平关切行为，探究了双渠道供应链中具有资金约束的制造商的融资策略。

除了上述文献外，还存在既不是单渠道供应链也不是双渠道供应链，却可以为双渠道供应链研究提供借鉴的文献，这类文献考虑的供应链通常是由一个制造商和两个实体零售商组成。如 Ho 等（2014）针对由一个供应商和两个市场彼此独立的零售商组成的两级供应链，在批发价格契约下研究了其中一个零售商同时具有纵向分配公平（distributional fairness）和横向同行诱导公平（peer - induced fairness）时的供应链决策问题；与 Ho 等（2014）考察的供应链相同，Nie 和 Du（2017）在数量折扣契约下研究了第一个零售商仅具有纵向分配公平、第二个零售商同时具有纵向分配公平和横向同行诱导公平时的供应链决策问题；陈兆波等（2013）在两个零售商存在价格竞争的情形下，考察了零售商具有横向同行诱导公平时供应链的协调策略问题；王开弘和丁川（2015）在两个零售商存在销售努力竞争的情形下，探讨了零售商横向同行诱导公平对制造商渠道激励程度和零售商销售努力水平的影响；Du 等（2018）在一个供应商和两个市场彼此独立的实体零售商组成的供应链中，首次探讨了同行关切公平（peer - regarding fairness）对供应链成员定价策略和供应链绩效的影响。

（2）考虑利他偏好因素的供应链研究现状。

相比于公平关切，考虑利他偏好因素的供应链研究相对较晚，近些年才受到学者的关注。总体来看，目前的研究大多集中在考察利他偏好对均衡策略和批发价格契约协调效果的影响，且多在单渠道传统供应链中进行研究，少数学者在闭环供应链、低碳供应链、农产品供应链、航运供应链等新型单渠道供应链中进行研究。在单渠道传统供应链方面，Loch 和 Wu（2008）采用可控实验的方法研究了利他偏好对渠道成员定价和利润以及渠道绩效的影响；Disney 和 Hosoda（2009）研究了零售商利他偏好对具有一阶自回归需求供应链补货策略的影响；覃燕红等（2015）和 Liu 等（2016c）在批发价格契约下考察了利他偏好对供应链决策的影响，其中前者基于线性形式的确定性需求，后者基于乘法形式的随机性需求；王磊和戴更新（2015）研究了三种渠道权力结构下独立传统分销渠道的博弈问题，分析了渠道权力和利他偏好对均衡策略的影响；浦徐进等（2016）探讨了利他偏好对合作努力行为、生产努力行为以及供应链运作绩效的影响；林杰等（2014）研究了供应链成员具有利他偏好时的广告与定价联合决策问题。在闭环供应链方面，张克勇（2015）和王建华等（2017）分别在新产品与再造品统一定价和差别定价的前提下研究了利他偏好对供应链均衡的影响；Wang 等（2021a）考虑了奖惩机制（RPM）和利他偏好（AP）两种激励机制，研究 RPM 和 AP 如何影响回收决策，并将模型扩展到多个回收周期，以探讨两种激励机制下利润和回收数量如何随时间变化。在低碳供应链方面，范如国等（2019）分别从静态和动态视角研究了利他偏好对低碳供应链成员决策和利润的影响；Wang 等（2021b）将利他偏好引入由零售商主导的低碳供应链中，研究了利他偏好对供应链系统效率及成员利润的影响，并设计了成本分摊契约激励中小型制造商采用碳减排技术；Wang 等（2022b）分析了网络外部性和利他偏好对制造商碳减排量的影响。在农产品供应链方面，姚锋敏等（2023）在政府补贴下，将电商平台利他偏好引入可追溯农产品供应链定价决策问题，分析了政府补贴、电商平台利他偏好和消费者溯源偏好对供应链成员及系统整体绩效的影响；Li 等（2023）在一个零售商、一个制造商和一个供应商构成的三级农产品供应链中，探讨了区块链溯源和零售商利他偏好对定价决策和渠道成员利润的影响，进而考察企业参与区块链技术的动机；Yu 等（2024）讨论了由一家具有利他偏好的零售商和一家农民合作社组成的扶贫供应链（PASC）的区块链采用策略和协调。在航运供应链方面，李剑等（2023）在船代公司存在风险厌恶的前提下，研究了船代公司利他偏好对航运供应链决策和收益的影响，分析了收益共享成本共担契约的协调机制。

除了单渠道供应链，也有少数学者在双渠道供应链中考察利他偏好对均衡策略的影响，如 Shi 等（2013）基于 Stackelberg 博弈模型，分别在零售商具有网络渠道和制造商具有网络直销渠道两种双渠道结构下，探讨了利他偏好对制造商和零售商定价策略的影响；林志炳（2014）以及骆正清和董永杰（2018）继续 Shi 等（2013）的研究，分析了利他偏好下制造商具有网络直销渠道的双渠道供应链定价，以及利他偏好与定价、利润和渠道效率的关系。此外，Ge 等（2012）通过建立供应链网络进化模型，分析了供应商利他偏好对自身绩效和供应链绩效的影响；吴正祥和李宝库（2017a）针对批发价格契约无法实现利他偏好供应链协调的问题，探索了有效的协调机制；徐翔斌等（2017）研究了两个主从零售商的利他偏好和互利偏好对供应链效率和成员的期望收益的影响。

1.3.4 考虑制造商推介的供应链研究现状

近年来，针对制造商推介方式选择问题，部分学者已经开展了一些研究。Ghose等（2007）在由一个制造商和两个无成本差异的实体零售商组成的供应链中，首次比较分析了制造商排他性推介和非排他性推介时的供应链均衡策略，发现制造商更愿意采取非排他性推介。在Ghose等（2007）的研究基础上，Wu等（2015）深入探讨了实体零售商存在成本差异时制造商的推介方式选择策略，发现具有成本优势的实体零售商是制造商的首选推介对象。以上两个研究所考察的供应链类型均为只进行实体销售的单渠道供应链，它们并未涉足同时进行实体和网络销售的双渠道供应链。为此，学者们进一步将研究拓展到了双渠道供应链领域，从实体零售商预测信息分享（郭强等，2018）、实体零售商广告投入（郭强等，2019）、实体零售商谈判势力（窦晓乐等，2019）、制造商生产成本（李增禄等，2018）、制造商与实体零售商存在风险规避特性（李增禄等，2020）、零售商服务类型（王阳和王国庆，2022）等角度分析了制造商的推介方式选择策略。

1.3.5 文献评述

纵观现有文献，行为供应链和双渠道供应链均是近几年营销科学与供应链管理领域的研究热点，目前学术界基于成员完全理性假设对双渠道供应链运作问题以及基于成员行为因素对单渠道供应链运作问题都已经进行了较为系统的研究，但对考虑制造商推介的双渠道供应链运作问题的探讨还十分有限，存在不少亟待考察的问题。

（1）已有文献对制造商与实体零售商能否就推介方式选择事宜达成一致问题缺乏关注。在双渠道供应链中，制造商与实体零售商属于不同的利益主体，制造商选择的推介方式不一定对实体零售商有利，若不关注二者能否就推介方式选择事宜达成一致，制造商推介很容易引发渠道冲突，最终影响双方利润获取。

（2）已有文献也未分析推介方式对产品定价、渠道市场总需求的影响，导致相关研究结果难以为开展双渠道销售的制造商和实体零售商的实际决策提供有效指导。

（3）制造商推介的相关文献有一个明显的共同之处，即它们均假定制造商较实体零售商而言具有更大的权力，占据着供应链的主导地位。实际上，因各自实力不同，制造商和实体零售商在供应链中存在多种权力结构，除了制造商主导之外，也存在实体零售商主导、制造商与实体零售商权力平衡的情况（金亮和黄向敏，2020；孙书省等，2019）。例如，沃尔玛、家乐福、特易购等实体零售商相比于与其合作的中小制造商而言具有更强的实力和更大的权力，占据着供应链的主导地位；华为与苏宁易购实体店之间的实力较为对等、权力不差上下，双方在供应链中的地位旗鼓相当，任何一方都不能主导供应链。但是，现有研究尚未分析权力结构对制造商推介方式选择策略和实体零售商推介方式选择偏好是否产生影响。

（4）现有研究亦未考察制造商推介方式对产品定价、渠道市场总需求的影响在不同权力结构之间是否存在差异。另外，相关研究表明，供应链的主导者具有先动优势，能够比跟随者获得更多的利润（Choi 和 Fredj，2013；Ru 等，2015；王竟竟和许民利，2021），但受到不对称信息（刘竞等，2021）、技术创新效率（高鹏等，2016）等因素的影响，供应链主导者的先动优势会消失。那么，推介方式是否会影响制造商或者实体零售商作为双渠道供应链主导者时的先动优势？这一问题也未得到解决。

基于此，本书依据 Stackelberg 和 Bertrand 博弈理论，分别在实体零售商代发货下和网络销售效率、公平关切、利他偏好等因素影响下，构建三种权力结构下的双渠道供应链优化模型，并采用逆推归纳法和 Nash 博弈规则求解不同模型中制造商采取各推介方式时的双渠道供应链均衡。在此基础上，通过对双渠道供应链均衡的比较分析，探究不同权力结构下制造商（实体零售商）对仅推介网络直销渠道和同时推介实体零售渠道与网络直销渠道这两种推介方式的选择策略（偏好），并考察推介方式对产品定价、渠道市场总需求以及制造商或者实体零售商作为供应链主导者时的先动优势的影响，力争能更细致、更全面地剖析存在制造商推介的双渠道供应链运作机理，以期开辟这方面研究的新成果，奠定其理论基础，为制造商更好地实现线上线下融合发展提供理论参考和实用方法。

1.4 研究内容与结构安排

本书基于前人相关研究成果，在不同渠道权力结构下，考察存在制造商推介的双渠道供应链运营策略。全书共分为9章，各章的具体内容如下：

第1章为绪论。该章重点阐述了本书的研究背景和研究问题，介绍了本书的研究意义，并分别对双渠道供应链内涵及类型、双渠道供应链定价决策研究成果、考虑行为因素的双渠道供应链研究成果、考虑制造商推介的供应链研究成果进行了梳理，在此基础上给出了本书的主要工作、研究方法、研究思路和创新点。

第2章为理论基础。该章对与本书相关的理论基础进行了回顾，主要对Stackelberg博弈理论、Betrand博弈理论、渠道权力结构理论、公平关切理论、利他偏好理论进行了概述。

第3章为实体零售商代发货下考虑制造商推介的双渠道供应链决策研究。该章以实体零售商代发货为研究背景，构建了不同主导力量下的双渠道供应链博弈模型，通过对均衡结果的比较分析，研究了不同权力结构下制造商（实体零售商）对仅推介网络直销渠道和同时推介实体零售渠道与网络直销渠道这两种推介方式的选择策略（偏好），并考察推介方式对产品定价、渠道市场总需求以及制造商或者实体零售商作为供应链主导者时的先动优势的影响。

第4章为网络销售效率影响下考虑制造商推介的双渠道供应链决策研究。该章以网络直销渠道与实体零售渠道销售效率存在差异为研究背景，将网络销售效率因素引入存在制造商推介的双渠道供应链博弈模型，在不同权力结构下对博弈模型进行了分析，并利用敏感性分析探讨了网络销售效率对双渠道供应链均衡决策的影响，采用比较分析考察了制造商与实体零售商对推介方式的选择（偏好）是否一致问题及推介方式对产品定价、渠道市场总需求以及制造商或者实体零售商作为供应链主导者时的先动优势的影响问题。

第 5 章为考虑公平关切制造商推介的双渠道供应链决策研究。该章以制造商存在公平关切行为为研究背景，将制造商公平关切因素引入存在制造商推介的双渠道供应链博弈模型，在不同权力结构下对博弈模型进行了分析，并利用敏感性分析探讨了制造商公平关切对双渠道供应链均衡决策的影响，采用比较分析考察了制造商与实体零售商对推介方式的选择（偏好）是否一致问题及推介方式对产品定价、渠道市场总需求以及制造商或者实体零售商作为供应链主导者时的先动优势的影响问题。

第 6 章为实体零售商公平关切下考虑制造商推介的双渠道供应链决策研究。该章以实体零售商存在公平关切行为为研究背景，将实体零售商公平关切引入存在制造商推介的双渠道供应链决策模型中，针对制造商主导、实体零售商主导、制造商与实体零售商共同主导 3 种权力结构，探究了实体零售商公平关切、权力结构变化对制造商和实体零售商的最优定价与最优利润的影响，分析不同权力结构下制造商与实体零售商对仅推介网络直销渠道和同时推介实体零售渠道与网络直销渠道这两种推介方式的偏好情况。

第 7 章为考虑利他偏好制造商推介的双渠道供应链决策研究。该章以制造商存在利他偏好行为为研究背景，在制造商主导、实体零售商主导、制造商与实体零售商共同主导 3 种权力结构下，探讨了制造商存在利他偏好行为时双渠道供应链中的制造商与实体零售商对仅推介网络直销渠道和同时推介实体零售渠道与网络直销渠道这两种推介方式的选择偏好，并探讨了推介方式对产品定价、渠道市场总需求以及制造商与实体零售商先动优势的影响。

第 8 章为实体零售商利他偏好下考虑制造商推介的双渠道供应链决策研究。该章以实体零售商存在利他偏好行为为研究背景，将实体零售商利他偏好引入存在制造商推介的双渠道供应链研究中，针对制造商主导、实体零售商主导以及制造商与实体零售商共同主导 3 种权力结构进行模型分析，求解不同模型中制造商采取各种推介方式时的双渠道供应链均衡策略，在此基础上，采用敏感性分析探究实体零售商利他偏好对不同模型下双渠道供应链均衡的影响，利用比较分析探讨实体零售商利他偏好在不同权力结构下是否影响供应链成员对仅推介网络直销渠道和同时推介实体零售渠道与网络直销渠道这两种推介方式的偏好，并考察推介方式对产品定价、渠道市场总需求以及制造商或者实体零售商作为供应链主导者时的先动优势的影响。

第9章为研究总结与展望。该章全面总结了本书的研究内容、研究结果，并指出了进一步的研究方向。

1.5 研究方法与技术路线

1.5.1 研究方法

本书在研究过程中主要使用了文献研究法、案例与数据分析法、理论模型分析法、符号计算与数值仿真法，具体情况如下：

（1）文献研究法。借助互联网资源以及学校图书馆资源，通过中国知网（CNKI）、万方数据知识服务平台（WANFANH DATA）、百度学术、谷歌学术（Google Scholar）、Springer、Elsevier等国内外数据库检索和查阅有关行为供应链、双渠道供应链、制造商推介方面的文献，掌握这些领域的研究现状和发展动向。在对所查阅文献归纳总结的基础上，找出现有研究的缺陷，确定本书的研究切入点。

（2）案例与数据分析法。用现实案例与数据引出需要探讨的研究内容，细分本书的研究问题。例如，在研究背景中，使用华为这一权威案例来说明制造商推介现象的存在，引出本书的研究方向。又如，在第3章，本书用苹果、三星、海尔等来说明采用实体零售商代发货完成网络直销渠道销售订单发货任务的存在性，为开展实体零售商代发货下考虑制造商推介的双渠道供应链决策分析打下坚实现实基础。

（3）理论模型分析法。根据不同双渠道供应链运作情境，运用博弈论、行为运筹、双渠道供应链等理论知识，将网络销售效率、成员相应的行为因素等引入博弈模型，采用最优优化理论对模型进行求解，得到相应博弈模型的均衡策略，为进一步的数理分析奠定基础。

（4）符号计算与数值仿真法。由于考虑制造商推介的双渠道供应链博弈模型中符号比较多，难以通过笔算得出模型的显性解以及相关因素与显性解之间的关系，亦不能通过笔算得到不同情形下各均衡解的大小关系，运用

Mathematica 数学软件辅助计算，可以快速而准确地得出结果。

1.5.2 技术路线

本书具体的技术路线如图 1－6 所示。

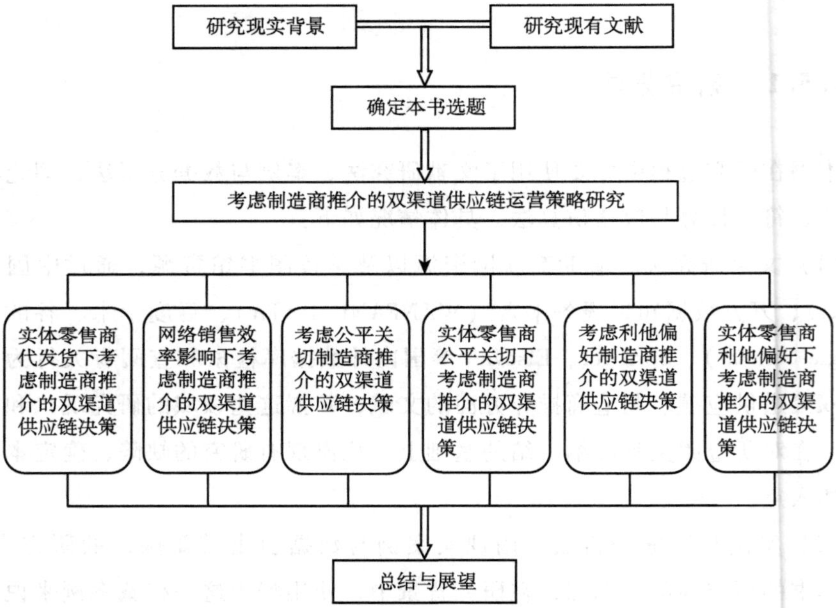

图 1－6 本书技术路线

1.6 创新点

（1）不仅关注制造商最优推介方式选择问题，还关注实体零售商对制造商推介方式的偏好问题。通过对不同推介方式下制造商利润、实体零售商利润的比较分析，明晰了制造商与实体零售商能否就推介方式选择事宜达成一致，为缓解制造商推介引发渠道冲突提供理论证据。

（2）考虑了渠道权力结构的作用，研究了不同权力结构下推介方式对产品定价、渠道市场总需求的差异影响，探讨了推介方式对制造商或者实体零售商作为供应链主导者时的先动优势的影响，剖析了权力结构对制造商推介方式选择策略和实体零售商在线推介方式偏好的影响，为开展双渠道销售的制造商和实体零售商的实际决策提供了有效指导。

（3）将实体零售商代发货获得的利润分成比例、制造商网络销售效率、成员公平关切及利他偏好等因素引入双渠道供应链模型中，分析了这些因素对制造商和实体零售商的最优定价、最优利润、推介方式选择策略（偏好）的影响，提高了研究结果的稳健性。

第2章　理论基础

为更好地研究考虑制造商推介的双渠道供应链均衡策略，本章将归纳和回顾博弈理论、渠道权力结构理论、公平关切理论、利他偏好等基础理论，以此作为后续构建理论模型的依据。

2.1　博弈理论

博弈论（Game Theory）又称对策论，是现代数学的一个重要分支，也是供应链问题研究中广泛使用的一种分析方法。

2.1.1　Bertrand 博弈理论

在初始阶段，博弈论研究的是市场中具有平等地位的竞争厂商之间的决策问题。对于此类问题，存在两种经典博弈模型：一种是以产量为决策变量的 Cournot 博弈模型；另一种是以价格为决策变量的 Bertrand 博弈模型。由于竞争厂商在市场上地位是平等的，因此，他们的决策是同时进行的，这就导致他们的决策行为是相似的，即某个厂商在决策的时候，并不知晓其他厂商的具体决策。这是 Cournot 模型和 Bertrand 模型最大的特点。

Bertrand 博弈模型常被用于描述处于同层级或者可以归为同层级成员之间争夺市场的博弈行为，可以用图 2-1 的结构来表示。

Bertrand 模型是由法国经济学家 Bertrand 在 1883 年提出的寡头垄断模型，此模型中的决策变量为价格，寡头（即企业 1 和企业 2）在博弈周期中进行价格博弈，Bertrand 模型的前提假设如下：

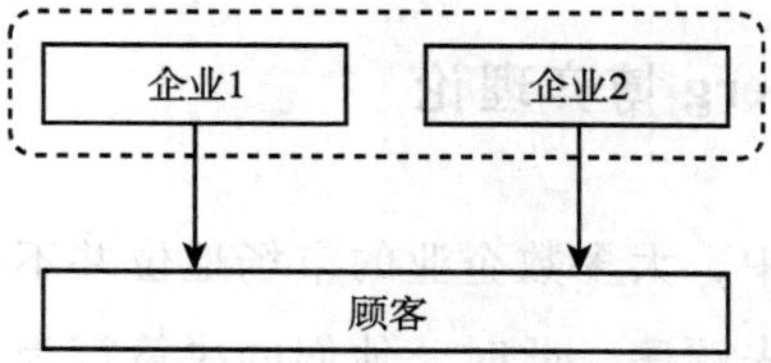

图 2-1 Bertrand 博弈决策结构

（1）企业 1 和企业 2 生产了同质的产品，且同时进行价格决策；

（2）两个企业之间没有任何形式的串谋行为；

（3）同质产品的边际成本相同。

在 Bertrand 博弈模型中，由于对企业的生产能力没有限制，即在市场上，消费者对产品的需求总是能得到满足。由于生产的产品是同质的，消费者往往会选择价格较低的产品。当企业 1 的产品价格高于企业 2 时，市场上的消费者都会选择购买企业 2 的产品，此时企业 2 能够实现最大利润，而企业 1 的利润为零；反之，若企业 1 的价格低于企业 2 的价格，则企业 1 能够实现利润最大化，而企业 2 的利润为零。因此，Bertrand 模型中各企业的反应函数为：

$$p_i(p_j) = \begin{cases} p_j - \varepsilon & p_j > c \\ c & p_j \leqslant c \end{cases} \tag{2.1}$$

其中，p_1、p_2 分别为企业 1 和企业 2 的价格。

从上述反应函数可知，Bertrand 博弈过程最后会使 $p = Mc$，即企业产品的价格与其边际成本相等。这样企业经过长期博弈后最后利润为零其博弈结果与竞争的实际情况不一致，而与完全竞争市场情况相同于是出现了“Bertrand 悖论”。

解释该悖论出现的原因主要有以下两种观点：

（1）Bertrand 模型中没有限制企业的生产能力。如果企业生产的产品不能满足市场的需求，根据供求理论，产品的价格就会高于其边际成本。

（2）在寡头垄断市场中，企业销售的产品具有差异性在满足了消费者多样性需求的基础上，产品的价格往往会高于其边际成本，故企业存在正的利润。

2.1.2 Stackelberg 博弈理论

在实际的市场竞争中，大多数企业的市场地位并不是对等的，这就导致他们在决策的时候具有优先顺序。此时，他们的决策行为不是相似的，在市场中具有优势的厂商先行决策，随后，弱势厂商根据觉察到的优势厂商行为制定相应的决策。为了解决这一问题，著名经济学家 Heinrich Von Stackelberg 提出了 Stackelberg 主从对策博弈模型。

在 Stackelberg 博弈中，市场中处于优势位置的决策者为博弈的领导者（leader），而市场中处于劣势位置的决策者为博弈的跟随者（follower）。在决策时，领导者因具有主动权而先在所有的策略中找到最优策略，之后跟随者根据领导者的策略来做出符合自身利益的决策。对于由两层决策者组成 Stackelberg 博弈问题，可以用图 2－2 的结构来表示。

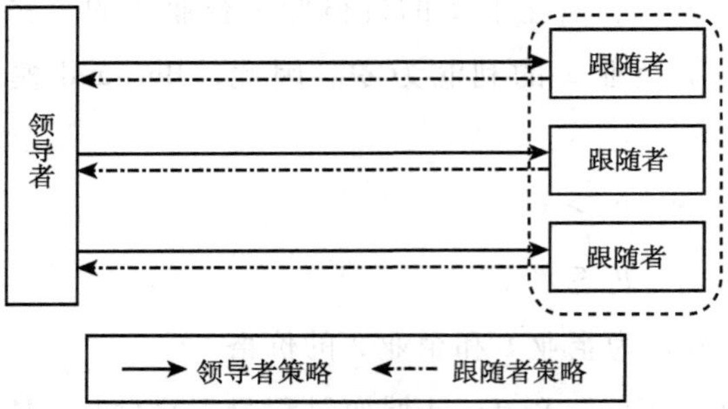

图 2－2 两层 Stackelberg 博弈主从决策结构

Stackelberg 模型是由德国经济学家 Stackelberg 于 1934 年提出的具有先后决策顺序的博弈模型。该模型假设存在两个不对等势力的企业，即一个企业是领导者，另一个企业是跟随者；跟随者规模较小，生产成本较高且自身的决策成本和风险太高，故在决策时往往以领导者的决策为依据。两企业进行博弈时，领导者在预测跟随者策略行为的基础上先进行决策；跟随者根据领导者的决策进而制定符合自身利润最大化的决策。Stackelberg 博弈不仅具有先后顺序，而且具有完全信息，因此该模型是一个完全且完美信息的动态博弈。在分析 Stackelberg 模型时常用逆序求解法进行求解。

假设市场需求函数为：

$$p = a - bQ(Q = q_1 + q_2) \tag{2.2}$$

其中，q_1、q_2 分别为领导者和跟随者的产量。可得到领导者利润为：

$$\pi_i = pq_i - cq_i \tag{2.3}$$

跟随者利润为：

$$\pi_2(q_1, q_2) = [a - b(q_1 + q_2)]q_2 - c_2 q_2 \tag{2.4}$$

对跟随者利润函数求 q_2 的一阶导数并等于零，则有：

$$q_2^* = \frac{a - q_1 - c_2}{2b} \tag{2.5}$$

上述则为跟随者企业的反应函数。

领导者在考虑跟随者的反应函数基础上确定自己的产量，因此领导者的最优产量为：

$$q_1^* = \frac{a - 2c_1 + c_2}{2b} \tag{2.6}$$

假设在 $c_1 = c_2$ 的基础上，可得到两个企业的利润函数：

$$\pi_1 = \frac{(a - c)^2}{8b} \tag{2.7}$$

$$\pi_2 = \frac{(a - c)^2}{16b} \tag{2.8}$$

在斯塔克尔博格模型中，由于领导者具有“先动优势”，其获得较多的利润。

总的来看，Stackelberg 博弈主要有下列特点：

①参与博弈的主体相互都有自己可控制的决策变量；

②参与博弈的任何主体的决策都会影响其他博弈主体的利益；

③参与博弈的主体处于不同的决策层面，并且拥有不同的权力。具体来说，处于上层的博弈主体掌握着更大的权力，预测对方的行动后做出自己的选择；处于下层的博弈主体则依靠上层博弈主体的策略来制定符合自身利益的选择。需要注意的是，下层博弈主体的选择会反作用于上层博弈主体的选择，上层与下层构成彼此相互限制的主从关系；

④博弈的最终策略是参与博弈主体都认可的满意决策。

2.2 渠道权力结构理论

很多学者以社会学中权力的概念对渠道中的权力进行定义。如 Emerson（1964）将渠道权力定义为一个成员对同一渠道系统不同层次上另一成员影响决策施加影响和控制的能力。El – Ansary 和 Stern（1972）、Cooper（1992）以及 Shi 等（2013）学者认为，供应链成员的渠道权力是指在特定供应链结构中一个成员影响或改变另一个渠道成员决策的能力。Rosenbloom 和 Sundstrom（1999）将渠道权力定义为特定渠道成员控制或影响其他渠道成员行为的能力。虽然不同学者对渠道权力表述不完全一致，但是所表达的含义基本相同，即一个渠道成员对另一个渠道成员行为的控制力和影响力。作为影响渠道成员关系的关键要素，渠道权力通过市场参与者的决策顺序表现出来，地位高的成员如果能够合理使用渠道权力，不仅可以改善渠道关系，而且可以提升渠道效率；反之，则可能引发渠道冲突，损失渠道效率。

基于对渠道权力的理解和定义，许多学者将渠道权力结构定义为：供应链各成员按照一定顺序进行决策的结构（Choi，1991；Lee and Staelin，1997），先进行决策的参与者往往被认为拥有更大的权力，能够对后续行动参与者的决策产生影响（Mcguire and Staelin，2008；刘竞等，2021）。基于此定义，结合博弈理论，学者将渠道权力结构分为制造商主导、实体零售商主导、制造商与实体零售商共同主导 3 种类型。其中，在制造商主导的权力结构中，制造商较实体零售商而言具有更大的权力，其为渠道的领导者、具有优先决策权，而实体零售商为追随者，只能在制造商决策的基础上进行决策；在实体零售商主导的权力结构中，实体零售商较制造商而言具有更大的权力，其为渠道的领导者、具有优先决策权，而制造商为追随者，只能在实体零售商决策的基础上进行决策；在制造商与实体零售商共同主导的权力结构中，制造商与实体零售商权力对等，二者同时进行决策。不少研究已经证实，渠道权力结构是影响企业决策和利润的重要因素（Fang et al.，2018；Pu et al.，2021）。当前围绕着更加具体的问题情境，众多学者正致力于探索渠道权力结构对企业产生了怎样的影响。

2.3　公平关切理论

经济学的传统研究中假设参与主体是完全自利偏好的，只会追求自身收益最大化，而不关注收益结果或者收益分配动机的公平性，其效用的大小仅取决于自身绝对物质收益的大小。但是，近年来，诸如信任博弈实验、独裁博弈实验和最后通牒实验等一系列的博弈实验都表明了人并不是完全自利的。参与主体在追求自身利益最大化的同时还会关注最终的分配结果或者行为动机是否公平。另外，与自利偏好一样，公平关切也会对参与主体的决策行为产生影响，并且有时两者的结论相互矛盾：参与主体会为了维护分配公平而不惜牺牲自身的部分利润，也有可能为了报复敌意行为或者报答善意行为而不惜牺牲自身的部分利润。Guth 和 Levati（2007）通过实验发现，参与主体越是在意收入的不公平现象，其越会倾向于开展有条件的合作，并且对公平的关注比效率的关注要多；Pavlov 和 Katok（2009）指出任何参与主体在内心都是不希望自己以及他人遭受不公平对待的。

为了对实验中人们表现出来的“非自利行为”给出合理的解释，经济学家不断尝试对公平关切构建各种理论模型。从现有的理论模型来看，目前，学者们大体从以下三个方面来研究：第一种认为人们在决策时考虑收益分配结果是否公平，这类模型强调的是收益分配公平，其认为人们会以牺牲自己的部分收益为代价来换取更为公平的收益分配，此类模型构造的决策者效用函数同时包含了自己的收益和他人的收益；第二种认为人们在决策时考虑他人的行为动机或意图是否公平，这类模型强调的是“善以善报、恶以恶报”，其认为人们会以牺牲自己的部分收益来报答对方的善意行为或报复对方的敌意行为；第三种认为人们在决策时会综合考虑收益分配结果的公平性和行为动机或意图的公平性，这类模型不仅强调收益分配结果要公平，而且也强调行为动机或意图要对等（reciprocity），其认为人们会同时从收益分配的结果以及参与者的行为意图推断两个方面来判断公平性。

（1）考虑分配结果公平的理论模型。

目前，在有关分配结果公平的理论模型研究中，较有代表性的理论模型主要包括两种：一种是 FS 模型（Fehr and Schmidt，1999）；另一种是 BO 模型（Bolton and Ockenfels，2000）。

其中，FS 模型是一种收入差距厌恶模型，该模型认为：决策者不仅在乎自身最终获得的利润，而且还在乎自身与其他决策者之间的利润差距，决策者既不希望自己获得的利润分配比其他决策者获得的利润分配高，也不希望自己获得的利润分配比其他决策者获得的利润分配低。并且，不同的决策者对利润分配有不同的公平感知，具体来说，在面对相同的收入差距时，越是在意收入差距的决策者就越会感觉不公平。此外，同一个决策者对收入差距越大的分配的感知不公平性越强。

在具体的活动中，决策者会通过将自己利润与他人利润一一比较来判断利润分配结果是否公平：如果其自身利润比其他决策者利润低，其会因嫉妒对方而给自己带来负效用；如果其自身利润比其他决策者的利润高，其又会因同情对方而给自己带来负效用。因此，决策者的总效用为其物质利润与因嫉妒对方而给自己带来的负效用以及因同情对方而给自己带来的负效用之和。于是，效用函数可表示为：

$$U_i(\pi_1,\pi_2,\cdots,\pi_N) = \pi_i - \alpha_i \frac{1}{N-1}\sum_{j\neq i}\max\{\pi_j - \pi_i,0\} - \beta_i \frac{1}{N-1}\sum_{j\neq i}\max\{\pi_i - \pi_j,0\} \tag{2.9}$$

上式为供应链渠道中有两个以上参与人时的效用函数形式，当供应链渠道中的参与人只有两个时，该模型的效用函数可以简化为：

$$U_i\{\pi_i,\pi_j\} = \pi_i - \alpha_i\max\{\pi_j - \pi_i,0\} - \beta_i\max\{\pi_i - \pi_j,0\},\ i,j = 1,2;\ i\neq j \tag{2.10}$$

模型中效用函数里各个参数的意义如下：

$U_i(\pi_1,\pi_2,\cdots,\pi_N)$ 表示参与博弈的人中具有公平关切的决策者的效用；

π_i 表示各决策者的实际利润；

α_i 表示具有公平关切的决策者的嫉妒偏好系数，α_i 的数值越大，决策者的嫉妒心越强，其就越不喜欢他人获得的利润高于自己获得的利润；

β_i 表示具有公平关切的决策者的同情偏好系数，β_i 的数值越大，决策者的同情心越强，其就越不喜欢自身获得的利润高于他人获得的利润。

由效用函数表达式可以看出，如果其他决策者的利润与自己的利润不相等，嫉妒偏好系数和同情偏好系数就会影响自身效用的大小。嫉妒偏好系数 α_i 和同情偏好系数 β_i 一般满足：$\beta_i < \alpha_i$ 以及 $0 \leqslant \beta_i < 1$ 。第一个关系式表明，决策者自身获得的利润比他人获得的利润低时产生的嫉妒的负效用要比决策者自身获得的利润在相同差距下比他人获得的利润高时产生的同情的负效用大；第二个关系式表明，即便决策者在自身获得的利润比他人获得的利润多时会产生同情的负效用，但与自身获得相对多的利润相比，其依旧倾向更加在意后者。另外，当表式中 $\alpha_i = \beta_i = 0$ 时，表明供应链渠道的决策者不具有公平关切，决策者是完全自私自利的，他们只关心自身利润是否最大化，这与经济人假设下的渠道决策是一致的。

与 FS 模型不同，BO 模型认为公平关切的决策者会将自身利润与所有参与者的平均利润进行比较。对于有 n 个参与者的某个决策者 $i(i = 1,2,\cdots,n)$ 来说，其效用函数为 $U_i = U_i(y_i,\delta_i)$ 。其中 $y_i \geqslant 0$ 为决策者 i 的绝对利润；δ_i 为决策者 i 的绝对利润在所有参与者总利润中所占的比例，当 $y_i > 0$ 时，$\delta_i = y_i / \sum y_i$ ，当 $y_i = 0$ 时，$\delta_i = 1/n$ 。U_i 为 y_i 的增函数，为 δ_i 的严格凹函数，在 $\delta_i = 1/n$ 时最大。对于 U_i 的具体函数形式，Bolton 和 Ockenfels（2000）没有明确给出。

（2）考虑行为动机公平的理论模型。

这种模型将心理博弈论作为分析工具，认为决策者具有互换动机，即当决策者感知对方对自己的行为是善意的，那么他就会报答对方的这种善意行为；与之相反，当决策者感知对方对自己的行为是恶意的，那么他就会报复对方的这种恶意行为；并且，决策者不会因报答或者报复造成自身利益损失而退缩。

Rabin（1993）是最早将互换动机模型化的学者，他将决策者的行为动机纳入其最终效用函数，研究决策者是否在乎他人对自己有公平的意图。对于决策者行为动机恶与善的量化，Rabin 是通过如下的“善意函数”（kindness function）进行度量的：

$$f_i(a_i,b_j) = \frac{\pi_j(a_i,b_j) - \pi_j^{fair}(b_j)}{\pi_j^{\max}(b_j) - \pi_j^{\min}(b_j)} \tag{2.11}$$

式中，a_i 表示决策者的行动方案，b_j 表示决策者 i 相信决策者 j 将会采取的行动方案，$\pi_j(a_i,b_j)$ 表示决策者 j 采取 b_j、决策者 i 采取 a_i 时 j 的收益，$\pi_j^{fair}(b_j)$ 表示决策者 j 采取 b_j 时应该得到的“公平收益”，其中 $\pi_j^{fair}(b_j)=\frac{\pi_j^{\max}(b_j)+\pi_j^{\min}(b_j)}{2}$，$\pi_j^{\min}(b_j)$ 表示决策者 j 采取 b_j 时得到的最低收益，$\pi_j^{\max}(b_j)$ 表示决策者 j 采取 b_j 时得到的最高收益。

“善意函数”是用来测度参与者 i 对参与者 j 善意程度大小的，其代表的具体含义为：当参与者 i 认为参与者 j 将会采取的行动方案为 b_j 时，参与者 i 将选择方案 a_i 并确定其对参与者 j 的意图以及程度。对友善的程度的测量，主要是通过“公平收益” $\pi_j^{fair}(b_j)=\frac{\pi_j^{\max}(b_j)+\pi_j^{\min}(b_j)}{2}$ 来测度的。

根据“善意函数”的不同取值，Rabin 有以下不同的结论：

①如果 $f_i(a_i,b_j)=0$，则表明决策者 i 是公平对待参与者 j 的；

②如果 $f_i(a_i,b_j)>0$，则表明决策者 i 对待决策者 j 是善意的，因为决策者 i 试图给予决策者 j 的分配结果高于公平收益；

③如果 $f_i(a_i,b_j)<0$，则表明决策者 i 对待决策者 j 不是友善的，因为决策者 i 试图给予决策者 j 的分配结果小于公平收益。

进一步，为了将决策者对他人的行为动机的善恶推断定量化，Rabin 在更高信念层次定义决策者 i 对决策者 j 行为动机的善恶推断，其模型化为：

$$f_j(b_j,c_i)=\frac{\pi_i(b_j,c_i)-\pi_i^{fair}(c_i)}{\pi_i^{\max}(c_i)-\pi_i^{\min}(c_i)} \tag{2.12}$$

式中，c_i 表示决策者 i 认为的决策者 j 认为自己会采取的方案；b_j 表示决策者 j 认为的决策者 i 认为自己会采取的方案。根据上述善意推断表达式，有如下结论：

①如果 $f_i(a_i,b_j)=0$，则表明决策者 i 推断决策者 j 对待自己的动机是中性的；

②如果 $f_i(a_i,b_j)>0$，则表明决策者 i 推断决策者 j 对待自己的动机是善意的；

③如果 $f_i(a_i,b_j)<0$，则表明决策者 i 推断决策者 j 对待自己的动机是恶意的。

在以上模型定量化的基础上，Rabin 定义了如下形式的互惠式公平模型：

$$U_i(a_i, b_j, c_i) = \pi_i(a_i, b_j) + f_j(b_j, c_i)[1 + f_i(a_i, b_j)] \quad (2.13)$$

式中，$U_i(a_i, b_j, c_i)$ 表示决策者 i 的预期效用，等式右边的前一项表示决策者 i 的物质收益带给自身的效用，后一项表示互换动机带给自身的效用。

(3) 综合考虑分配结果公平和行为意图公平的理论模型。

分配结果公平强调的是利润的分配公平，该理论认为参与主体可能会因追求利润分配的公平性而舍弃自身的部分利润。与之不同，行为意图公平看重的是参与主体的行为动机是否对等，该理论认为参与主体可能会因回应他人对自己的善恶行为而舍弃自身的部分利润。实际中，利润的分配是否公平以及行为动机是否对等都会对参与主体的决策产生影响。基于此，许多学者尝试建立了综合分配结果公平和行为意图公平的理论模型。

学者们在 Rabin（1993）模型的基础上分别定义了不同形式的均衡，如 Falk 和 Fischbacher（2006）定义的互换均衡形式，Charness 和 Rabin（2002）定义的互换公平均衡形式。这些不同的均衡形式通过参与主体获得的利润分配描述参与主体行为意图的善与恶，即当参与主体 j 的某种行为导致参与主体 i 获得的利润比参与主体 j 获得的利润高时，参与主体 j 的这种行为意图就会被参与主体 i 确定为友善行为；当参与主体 j 的某种行为导致参与主体 i 获得的利润比参与主体 j 获得的利润低时，参与主体 j 的这种行为意图就会被参与主体 i 确定为敌对行为；当参与主体 j 的某种行为导致参与主体 i 获得的利润与参与主体 j 获得的利润无差异时，参与主体 j 的这种行为意图就会被参与主体 i 确定为中性行为。并且，他们认为参与主体对他人行为意图的推断随着其预期利润与实际利润而发生变化。

除了 Falk、Fischbacher（2006）与 Charness、Rabin（2002）的不同均衡形式外，Neilson（2000）在 FS 模型的基础上定义了“自我比较可分离性”的通用准则：参与主体的公平关切随着其自身与其他参与主体利润差别程度的变化而变化，而不随其以及其他参与主体的绝对利润水平的变化而变化，即只要其自身与其他参与主体利润差别程度不变，利润的高低不会对参与主体的公平关切产生影响。

以上几种模型均是在行为导致的结果以及行为意图上对“公平”进行阐释的，与之不同，Segal 和 Sobel（2007）建立的模型则是在博弈策略组合上对公平进行阐释的，他们认为参与主体的公平关切由博弈的策略组合决定。在

2 人博弈中，参与主体 i 的利润为 $\pi_i(a_i, a_j)$，其中 (a_i, a_j) 表示参与主体的策略组合。参与主体 j 的策略 a_j 决定了参与主体 i 的偏好关系 $\leqslant_{i,a_j}$，而参与主体 i 的偏好关系 $\leqslant_{i,a_j}$ 决定了参与主体 i 的实际偏好。当偏好关系 $\leqslant_{i,a_j}$ 满足独立性质以及自利假设时，建立在策略空间 $\sum i$ 上的偏好关系 $\leqslant_{i,a_j}$ 可用效用函数 $U_i(a_i, a_j) = \pi_i(a_i, a_j) + \sigma_{i,a_j}\pi_j(a_i, a_j)$ 来表示。这里，$\sigma_{i,a_j} = 0$ 代表纯粹自利偏好，$\sigma_{i,a_j} > 0$ 代表利他主义，而 $\sigma_{i,a_j} < 0$ 则代表好胜心理。由于 σ_{i,a_j} 由参与主体 j 的策略 a_j 决定，所以，参与主体 i 的偏好由参与主体 j 的策略决定。因此，上述 SS 模型可以对行为意图公平模型中的报答行为以及报复行为进行描述。另外，Segal 和 Sobel（2007）认为，他们所建立的 SS 模型能够作为基于分配结果公平的理论模型的一般形式。遗憾的是，他们的模型并不能对所有的行为意图公平关切进行很好的阐释。

（4）三种理论模型的对比分析。

这里从模型基本假设、模型与现实的符合性、模型结构的复杂程度、模型参数的数量、模型的实际操作性、分析使用的工具、均衡解的数量、实际的预测能力和实际应用范围等 9 个方面对三种公平关切理论模型进行对比分析，如表 2－1 所示。

表 2－1　三种理论模型的对比分析

①模型类别	②基本的假设	③与现实的符合性	④结构的复杂程度	⑤模型参数的数量
分配结果模型	决策者考虑分配结果是否公平	忽略行为动机是否公平	简单	比较少
行为动机模型	决策者考虑行为动机是否公平	忽略分配结果是否公平	比较复杂	比较多
综合模型	决策者综合考虑分配结果和行为动机是否公平	与现实比较符合	很复杂	很多

⑥模型的实际操作性	⑦分析使用的工具	⑧均衡解的数量	⑨实际的预测能力	⑩实际应用范围
简单	标准博弈	唯一均衡解	较好	比较广泛
相对复杂	心理博弈	多重均衡解	较差	范围有限
相对复杂	心理博弈	多重均衡解	较差	范围有限

（5）公平关切效用函数的几种常见构造方法。

根据三种理论模型的对比分析结果可知，三种公平关切模型在实际的应用中，分配结果模型优于行为动机模型和综合模型。因此，学者在公平关切的实际应用研究问题上，大多也假设决策者考虑的是分配结果的公平性问题，并且根据问题的实际情况构造不同类型的公平关切效用函数。有关公平效用函数的构建方法上，学术界还没有形成一致的观点。目前，公平关切效用函数主要有以下几种常见的构造方法：

第一种是 Fehr 和 Schmit（1999）提出的效用函数形式，实际应用中被简化为如下表达式：

$$U_i(\pi_i,\pi_j) = \pi_i - \alpha_i \max\{\pi_j - \pi_i, 0\} - \beta_i \max\{\pi_i - \pi_j, 0\},\ i,j = 1,2;\ i \neq j \tag{2.14}$$

这种效用函数形式已在上文详细介绍过，这里不再赘述。

第二种是 Bolton 和 Ockenfels（2000）提出的效用函数形式，毕功兵等（2013）、陈戈等（2017）在研究中将其设定为如下表达式：

$$U_i(\pi_i,\pi_j) = a_i\pi_i - b_i\left(\pi_i - \frac{\pi_i + \pi_j}{2}\right),\ i,j = 1,2;\ i \neq j \tag{2.15}$$

这里 π_i 和 π_j 分别为成员 i 和 j 的利润（收益），a_i 和 b_i 分别表示成员 i 对自身利润和对总体利润分配公平的关注程度（$a_i \geqslant 0$，$b_i > 0$），a_i/b_i 表示成员 i 的公平关切程度，满足 $a_i/b_i \in [0, +\infty)$，a_i/b_i 越大说明成员 i 越自利，其公平关切越弱，a_i/b_i 越小说明成员 i 越关注总体利润分配公平，其公平关切越强。

第三种是杜少甫等（2010）基于 Kahneman 和 Tversky（1979）的相关研究提出的直线型效用函数：

$$U_i(\pi_i,\pi_j) = \pi_i - \lambda_i(\pi_j - \pi_i) = (1 + \lambda_i)\pi_i - \lambda_i\pi_j,\ i,j = 1,2;\ i \neq j \tag{2.16}$$

其中，λ_i 为决策者 i 的公平关切系数，且 $\lambda_i > 0$；π_i 和 π_j 分别为决策者 i 和决策者 j 的利润。由公平关切效用函数的形式可以看出，当 $\pi_i > \pi_j$ 时，决策者 i 的效用随着其与决策者 j 利润差异的增大而增大；当 $\pi_i < \pi_j$ 时，决策者 i 的效用随着其与决策者 j 利润差异的增大而减小，此外，当 $\lambda_i = 0$ 时，决策者是公平中性的，此时 $U_i = \pi_i$。

在上述效用函数中，公平参照点选取的是对方利润。实际问题中，还可以选取渠道总利润作为公平参照点，此时，效用函数变为：

$U_i(\pi_i,\pi) = \pi_i - \lambda_i(\pi - \pi_i) = (1 + \lambda_i)\pi_i - \lambda_i\pi$，其中，$\pi = \pi_i + \pi_j$；$i,j = 1,2$；$i \neq j$ (2.17)

除了以上三种强调分配结果公平的效用函数形式外，第四种是强调行为动机公平的效用函数形式：

$$U_i(a_i,b_j,c_i) = \pi_i(a_i,b_j) + f_j(b_j,c_j)[1 + f_i(a_i,b_j)] \quad (2.18)$$

效用函数的具体解释参见上文。

现对以上几种公平关切效用函数的构建方法做简要对比分析：相对于第一种构造方法，第三种构造方法在形式和内容上更为简单；对于第四种构造方法而言，其实际操作比较复杂。学者在实际应用中，根据问题的实际情况更多考虑的是模型求解的简便性，因此，学者们采用第一种和第三种公平关切效用函数的构建方法最多。根据研究需要，本书采用第三种方法构造公平关切效用函数。

2.4 利他偏好理论

利他行为的研究始于1871年达尔文的《物种起源》，其考察的是动物种群演化中的利他行为。随后，哲学、伦理学、社会学、心理学、经济学等领域的学者都进行了大量研究，并且证实了利他行为的存在性。只是这些研究对利他行为的定义存在差异，如生物学认为利他关注的是生物体适应度；哲学、伦理学认为利他关注的是他人的福利；社会心理学认为利他源于对他人的同情心理；经济学认为利他是出于对他人收益的关心而无私奉献的行为。

随着研究的深入，经济学学者试图利用数学表达式来描述决策主体的利他行为。Andreoni 和 Miller（2002）通过独裁者实验分析发现，利他者的效用函数与他人的利益正相关，据此他们首次提出了公理化的利他偏好模型。遗憾的是，他们并没有给出具体的利他效用函数形式。因此，基于 Andreoni 和 Miller（2002）的思想，Rotemberg（2008）、Loch 和 Wu（2008）、林杰等（2014）分别提出了简约的效用函数来表示决策主体的利他属性。在这些利他效用函数中，因 Loch 和 Wu（2008）提出的效用函数通过了实验检验，且形式更为简便，受到众多学者的认可，其具体的效用函数为：

$$U_i = \pi_i + \delta_i \pi_j, \quad i, j = 1, 2; \quad i \neq j \tag{2.19}$$

式中，π_i 和 π_j 分别表示决策者 i 和决策者 j 的利润；δ_i 表示决策者 i 对决策者 j 利润的关心程度，其值越大，决策者 i 对决策者 j 越利他。

第3章　实体零售商代发货下考虑制造商推介的双渠道供应链决策

3.1　引　　言

已有关于制造商推介的双渠道供应链研究均假定制造商与实体零售商分别负责网络直销渠道和实体零售渠道销售订单的发货工作。然而，商业实践中，并非所有制造商均建立起了完善的区域物流配送体系，面对消费者对物流配送时效的要求，制造商越发束手无策（张光明和赵士南，2015；黄芳等，2019a、2019b）。在此背景下，实体零售商代发货应运而生，成为制造商解决网络直销渠道订单履行效率问题的有效办法，是近年来制造商与实体零售商开展渠道合作的关键领域（张光明和赵士南，2015）。同时运营实体零售渠道和网络直销渠道的苹果、三星、海尔等就是采用实体零售商代发货完成网络直销渠道销售订单发货任务的典型企业（黄芳和郑循刚，2019a；Li et al.，2020）。

目前，学术界对实体零售商代发货双渠道供应链相关问题的研究还十分有限，仅有少数学者展开了理论分析，如张光明和赵士南（2015）针对制造商网络直销渠道物流配送难题，率先提出了实体零售商代发货这一解决思路，并尝试设计了实体零售商代发货双渠道供应链的协调机制；黄芳等（2019a、2019b）则着重研究了实体零售商代发货双渠道供应链的物流服务激励契约设计问题，以及批发价加代发货服务费契约下实体零售商公平偏好行为对双渠道供应链决策的影响。

总体来看，这些已有研究关注的焦点主要集中于实体零售商代发货双渠道供应链的协调问题，并未触及制造商推介。此外，关于制造商推介的已有研究亦未考虑决策主体不同权力结构对供应链决策的影响。而现实中，因自身拥有的资源不同，制造商和实体零售商在双渠道供应链中存在不同的权力结构（Jin 等，2021）。国内外众多学者的研究也均发现，决策主体的权力结构是影响供应链运作的重要因素（孙书省等，2019；Pu et al.，2021）。为此，本研究在实体零售商代发货假设下，分别构建制造商主导、实体零售商主导、制造商与实体零售商共同主导的双渠道供应链博弈模型，通过对博弈模型的数理分析，研究考虑制造商推介的双渠道供应链均衡决策，识别权力结构变化对制造商和实体零售商的最优定价与最优利润的影响，分析不同权力结构下制造商与实体零售商对两种推介方式的偏好情况。

3.2　问题描述与基本假设

3.2.1　问题描述

在由一个制造商和一个实体零售商组成的双渠道供应链系统中，制造商同时通过实体零售渠道和网络直销渠道销售其生产的产品，其中制造商经营网络直销渠道，实体零售商经营实体零售渠道。此外，制造商还自建官网，并在其中增加一个网络链接，利用以下其中一种策略对访问其官网的消费者进行推介，以引导消费者购买产品：其一，制造商将消费者推介到网络直销渠道，让消费者通过网络店铺购买（见图 3－1（a））；其二，制造商将消费者同时推介到实体零售渠道和网络直销渠道，让消费者自行选择实体店铺或者网络店铺购买（见图 3－1（b））（郭强等，2019；李增禄等，2020）。对于网络直销渠道的销售订单，制造商将其全部交由实体零售商代发货，并以销售返点的方式给予实体零售商一定的利润分成（Dennis et al.，2017；Shi et al.，2020）。在渠道运营过程中，制造商与实体零售商均以利润最大化为目标，并依据自身在供应链中所处的地位依次或者同时进行价格决策，其中实体零售渠道的批发价格和网络直销渠道的零售价格由制造商制定，实体零售渠道的零售价格由实体零售商制定。由于不同消费者对制造商产品及销售渠道的认知存在差异，并非所有消费者都会访问制造商官网，因此本研究将消费者市场划分为两种类型：一种是传统型消费者市场，该类型市场中的消费者对制造商产品和销售渠道较为了解，直接通过实体零售渠道或者网络直销渠道购买产品；另一种是推介型消费者市场，该类型市场中的消费者因对制造商产品、销售渠道等不了解或者希望了解更多相关信息而访问制造商官网，然后根据制造商官网所推介的销售渠道购买产品（WU et al.，2015；郭强等2018；李增禄等，2020）。为了简化计算并突出主要发现，参照 Yan（2015）、吴正祥和李宝库（2019）以及窦晓乐等（2019）的研究，假设制造商与实体零售商的边际运营成本为 0。

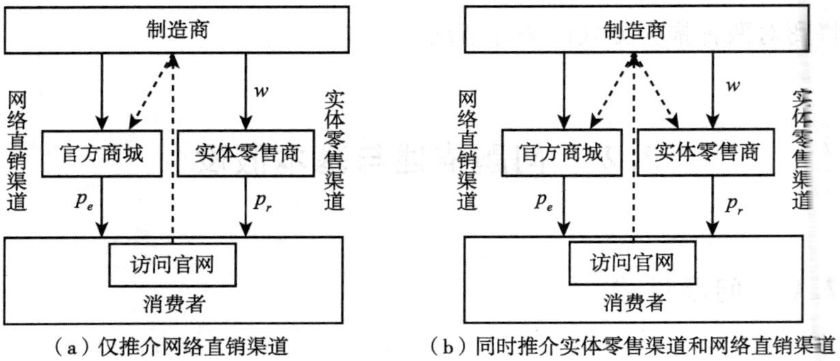

图 3－1　双渠道供应链结构与制造商推介方式

模型中所用到的符号及含义如表 3－1 所示。

表 3－1　　模型符号及其含义

符号	含义
α_t	传统型消费者市场的潜在市场规模
α_r	推介型消费者市场的潜在市场规模
δ	实体零售渠道与网络直销渠道的替代程度（$0<\delta<1$）
φ	制造商因代发货而向实体零售商提供的直销渠道利润分成比例（$0<\varphi<1$）
w	批发价格
p_r	实体零售价格
p_e	网络零售价格
D_r	实体零售渠道的市场总需求
D_e	网络直销渠道的市场总需求
π_m	制造商利润
π_r	实体零售商利润

3.2.2 需求分析

同郭强等（2018）的研究，本研究参照 Wu 等（2015）采用效用函数分析两种类型消费者市场中实体零售渠道与网络直销渠道的市场需求。

在传统型消费者市场中，消费者购买产品所获得的净效用为：

$$U^T = \sum_{j=r,e}[\alpha_t D_j^T - (D_j^T)^2/2] - \delta D_r^T D_e^T - \sum_{j=r,e} p_j D_j^T \tag{3.1}$$

其中，$\sum_{j=r,e}[\alpha_t D_j^T - (D_j^T)^2/2] - \delta D_r^T D_e^T$ 为消费者初始效用，$\sum_{j=r,e} p_j D_j^T$ 为消费者购买产品所支付的成本。

通过 D_r^T 和 D_e^T 最大化 U^T 可得到实体零售渠道与网络直销渠道的市场需求：

$$D_r^T = \frac{(1-\delta)\alpha_t - p_r + \delta p_e}{1-\delta^2}$$

$$D_e^T = \frac{(1-\delta)\alpha_t - p_e + \delta p_r}{1-\delta^2} \tag{3.2}$$

同理，在推介型消费者市场中，当制造商同时推介实体零售渠道和网络直销渠道时，消费者购买产品所获得的净效用为：

$$U^O = \sum_{j=r,e}[\alpha_r D_j^O - (D_j^O)^2/2] - \delta D_r^O D_e^O - \sum_{j=r,e} p_j D_j^O \tag{3.3}$$

通过 D_r^O 和 D_e^O 最大化 U^O 可得到此情形下实体零售渠道与网络直销渠道的市场需求：

$$D_r^O = \frac{(1-\delta)\alpha_r - p_r + \delta p_e}{1-\delta^2}$$

$$D_e^O = \frac{(1-\delta)\alpha_r - p_e + \delta p_r}{1-\delta^2} \tag{3.4}$$

当制造商仅推介网络直销渠道时，消费者购买产品所获得的净效用为：

$$U^O = \alpha_r D_e^O - p_e D_e^O - \frac{1}{2}(D_e^O)^2 \tag{3.5}$$

此时实体零售渠道与网络直销渠道的市场需求为：

$$D_r^O = 0,\ D_e^O = \alpha_r - p_e \tag{3.6}$$

综上所述，实体零售渠道和网络直销渠道的市场总需求可以表示为：

$$D_r = D_r^T + D_r^O,\ D_e = D_e^T + D_e^O \tag{3.7}$$

经计算可求得不同推介方式下实体零售渠道和网络直销渠道的市场总需求，如表3-2所示。

表3-2　不同推介方式下各渠道的市场总需求

推介方式	实体零售渠道的市场总需求	网络直销渠道的市场总需求
仅推介网络直销渠道	$\frac{(1-\delta)\alpha_t - p_r + \delta p_e}{1-\delta^2}$	$\frac{(1-\delta)\alpha_t - p_e + \delta p_r}{1-\delta^2} + (\alpha_r - p_e)$
同时推介实体零售渠道和网络直销渠道	$\frac{(1-\delta)\alpha_t - p_r + \delta p_e}{1-\delta^2} + \frac{(1-\delta)\alpha_r - p_r + \delta p_e}{1-\delta^2}$	$\frac{(1-\delta)\alpha_t - p_e + \delta p_r}{1-\delta^2} + \frac{(1-\delta)\alpha_r - p_e + \delta p_r}{1-\delta^2}$

3.2.3　利润函数

实体零售商代发货下，制造商只负责网络直销渠道的销售工作，而将销售订单的发货工作全部交给实体零售商完成，并通过预先确定的利润分成比例 φ 与实体零售商共享网络直销渠道的销售利润（Dennis et al.，2017；Shi et al.，2020）。此时，制造商和实体零售商的利润函数分别为：

$$\begin{aligned} \pi_m &= wD_r + (1-\varphi)p_eD_e \\ \pi_r &= (p_r - w)D_r + \varphi p_eD_e \end{aligned} \tag{3.8}$$

3.3　不同权力结构下的双渠道供应链均衡分析

由于现实中企业在供应链中的权力结构有所不同，而不同的权力结构会导致差异化的决策顺序和决策结果，为此下面分别从制造商主导、实体零售商主导、制造商与实体零售商共同主导三种不同主导情形展开博弈模型分析。

3.3.1　制造商主导下的均衡分析

在制造商主导双渠道供应链的条件下，制造商可以依靠自身具有的较强渠道势力优先制定批发价格和网络零售价格，基于制造商的决策，实体零售商随后确定实体零售价格。依据 Stackelberg 博弈理论，该博弈过程可以用如下双层优化模型来表示：

$$\begin{cases} \max\limits_{w,p_e}\pi_m = wD_r + (1-\varphi)p_eD_e \\ s.t.\ \max\limits_{p_r}\pi_r = (p_r - w)D_r + \varphi p_eD_e \end{cases} \tag{3.9}$$

将不同推介方式下实体零售渠道和网络直销渠道的市场总需求分别代入式(3.9)，并利用逆推归纳法和最优化理论求解，可得到定理1。

定理 1　在制造商主导双渠道供应链的条件下，若制造商仅推介网络直销渠道，则双渠道供应链的最优批发价格和最优零售价格分别为：

$$\begin{aligned} w^{Md*} &= \frac{(1-\varphi)\delta\alpha_r + [2-\delta(1+\varphi)]\alpha_t}{4} \\ p_e^{Md*} &= \frac{\alpha_r + \alpha_t}{4} \\ p_r^{Md*} &= \frac{\delta\alpha_r + (3-2\delta)\alpha_t}{4} \end{aligned} \tag{3.10}$$

制造商和实体零售商的最优利润分别为：

$$\begin{aligned} \pi_m^{Md*} &= \frac{(1-\varphi)(1+\delta)\alpha_r(\alpha_r + 2\alpha_t) + [2-\varphi(1+\delta)]\alpha_t^2}{8(1+\delta)} \\ \pi_r^{Md*} &= \frac{2\varphi(1+\delta)\alpha_r(\alpha_r + 2\alpha_t) + [1+2\varphi-\delta(1-2\varphi)]\alpha_t^2}{16(1+\delta)} \end{aligned} \tag{3.11}$$

若制造商同时推介实体零售渠道和网络直销渠道，则双渠道供应链的最优批发价格和最优零售价格分别为：

$$\begin{aligned} w^{Ms*} &= \frac{(1-\delta\varphi)(\alpha_r + \alpha_t)}{4} \\ p_e^{Ms*} &= \frac{\alpha_r + \alpha_t}{4} \\ p_r^{Ms*} &= \frac{(3-\delta)(\alpha_r + \alpha_t)}{8} \end{aligned} \tag{3.12}$$

制造商和实体零售商的最优利润分别为：

$$\pi_m^{Ms*} = \frac{[3-2\varphi+\delta(1-2\varphi)](\alpha_r + \alpha_t)^2}{16(1+\delta)}$$

$$\pi_r^{Ms*} = \frac{[1+4\varphi-\delta(1-4\varphi)](\alpha_r+\alpha_t)^2}{32(1+\delta)} \tag{3.13}$$

为维护双渠道运作秩序，不同推介方式下制造商的最优定价需满足 $p_e^{Mi*} \geqslant w^{Mi*}(i=d,s)$（吴正祥和李宝库，2017b；孙自来等，2020）。由定理 1 可知，在制造商仅推介网络直销渠道情形下，为满足上述条件，需 $\alpha_r \geqslant \alpha_{r1} = \frac{1-\delta-\delta\varphi}{1-\delta+\delta\varphi}\alpha_t$ 且 $0<\delta<\delta_1=\frac{1}{1+\varphi}$；而在制造商同时推介实体零售渠道和网络直销渠道情形下，产品的网络零售价格始终大于批发价格，因此各参数无须进行其他限制。

3.3.2 实体零售商主导下的均衡分析

在实体零售商主导双渠道供应链的条件下，实体零售商可以依靠自身具有的较强渠道势力优先制定实体零售价格，基于实体零售商的决策，制造商随后确定批发价格和网络零售价格。依据 Stackelberg 博弈理论，该博弈过程可以用如下双层优化模型来表示：

$$\begin{cases} \max\limits_{p_r}\pi_r = (p_r-w)D_r+\varphi p_e D_e \\ s.t.\ \max\limits_{w,p_e}\pi_m = wD_r+(1-\varphi)p_e D_e \end{cases} \tag{3.14}$$

将不同推介方式下实体零售渠道和网络直销渠道的市场总需求分别代入式(3.14)，并利用逆推归纳法和最优化理论求解，可得到定理 2。

定理 2 在实体零售商主导双渠道供应链的条件下，若制造商仅推介网络直销渠道，则当 $0<\delta<\bar{\delta}_2$ 时，博弈模型存在唯一最优解，且双渠道供应链的最优批发价格和最优零售价格分别为：

$$w^{Rd*} = \frac{(1-\varphi)(A\delta\alpha_r+A_t\alpha_t)}{4A}$$

$$p_e^{Rd*} = \frac{A\alpha_r+B\alpha_t}{4A}$$

$$p_r^{Rd*} = \frac{A\delta\alpha_r+C\alpha_t}{4A} \tag{3.15}$$

制造商和实体零售商的最优利润分别为：

$$\pi_m^{Rd*} = \frac{(1-\varphi)(A^2\alpha_r^2 + 2A^2\alpha_r\alpha_t + D\alpha_t^2)}{8A^2}$$

$$\pi_r^{Rd*} = \frac{A\varphi\alpha_r^2 + 2A\varphi\alpha_r\alpha_t + E\alpha_t^2}{8A} \tag{3.16}$$

若制造商同时推介实体零售渠道和网络直销渠道，则当 $0 < \delta < \hat{\delta}_2$ 时，博弈模型存在唯一最优解，且双渠道供应链的最优批发价格和最优零售价格分别为：

$$w^{Rs*} = \frac{F(1-\varphi)(\alpha_r + \alpha_t)}{4G}$$

$$p_e^{Rs*} = \frac{H(\alpha_r + \alpha_t)}{4G}$$

$$p_r^{Rs*} = \frac{I(\alpha_r + \alpha_t)}{4G} \tag{3.17}$$

制造商和实体零售商的最优利润分别为：

$$\pi_m^{Rs*} = \frac{J(1-\varphi)(\alpha_r + \alpha_t)^2}{8G^2}$$

$$\pi_r^{Rs*} = \frac{K(\alpha_r + \alpha_t)^2}{8G} \tag{3.18}$$

其中，$\bar{\delta}_2 = \sqrt{\dfrac{8(1-\varphi)}{8-8\varphi+\varphi^2}}$　$\hat{\delta}_2 = \sqrt{\dfrac{4(1-\varphi)}{(2-\varphi)^2}}$

$A = 16(1-\varphi)^2 - \delta^2(16 - 32\varphi + 16\varphi^2 - \varphi^3)$

$A_t = 16(1-\varphi)(1-\delta\varphi) - 4\delta^2(4 - 5\varphi + \varphi^2) + \delta^3\varphi(12 - 12\varphi + \varphi^2)$

$B = 16(1-\varphi)^2 + 4\delta(1-\varphi)\varphi - \delta^2(16 - 28\varphi + 12\varphi^2 - \varphi^3)$

$C = 16(1-\varphi)^2(3-2\delta) - 4\delta^2(12 - 25\varphi + 13\varphi^2 - \varphi^3) + \delta^3(32 - 68\varphi + 36\varphi^2 - 3\varphi^3)$

$D = 128(1-\varphi)^3(3 - 2\varphi - 2\delta) + 16\delta^2(1-\varphi)^2[2\delta(8 - 8\varphi + \varphi^2) - (32 - 64\varphi + 33\varphi^2 - 2\varphi^3)] + \delta^4(128 - 640\varphi + 1136\varphi^2 - 896\varphi^3 + 304\varphi^4 - 32\varphi^5 + \varphi^6)$

$E = 16(1-\varphi)^2(1 + \varphi - 2\delta) + \delta^2(16 - 48\varphi + 48\varphi^2 - 16\varphi^3 + \varphi^4)$

$F = 4(1-\varphi) + 4\delta(1 - 3\varphi + 2\varphi^2) - 2\delta^2(2 - 3\varphi + \varphi^2) - \delta^3(4 - 10\varphi + 6\varphi^2 - \varphi^3)$

$G = 8(1-\varphi)^2 - \delta^2(8 - 16\varphi + 8\varphi^2 - \varphi^3)$

$H = 8(1-\varphi)^2 + 2\delta\varphi(1-\varphi) - \delta^2(8 - 14\varphi + 6\varphi^2 - \varphi^3)$

$$I = 4(1-\varphi)^2(3-\delta) - 2\delta^2(6-13\varphi+7\varphi^2-\varphi^3) + \delta^3(4-10\varphi+6\varphi^2-\varphi^3)$$

$$J = 16(1-\varphi)^3(5-4\varphi-2\delta) - 4\delta^2(1-\varphi)^2(32-64\varphi+33\varphi^2-4\varphi^3) + 8\delta^3(2-3\varphi+\varphi^2)^2 + \delta^4(2-\varphi)^2(12-40\varphi+40\varphi^2-12\varphi^3+\varphi^4)$$

$$K = 4(1-\varphi)^2(1+2\varphi-2\delta) + \delta^2(2-4\varphi+\varphi^2)^2 \tag{3.19}$$

为维护双渠道运作秩序，不同推介方式下制造商的最优定价需满足 $p_e^{Ri*} \geq w^{Ri*}(i = d,s)$（吴正祥和李宝库，2017b；孙自来等，2020）。由定理2可知，无论何种推介方式，产品的网络零售价格均始终大于批发价格，因此各参数无须再进行其他限制。

3.3.3 制造商与实体零售商共同主导下的均衡分析

在制造商与实体零售商共同主导双渠道供应链的条件下，任何一方都无法依靠自身的渠道势力进行优先决策，二者只能同时分别制定批发价格和网络零售价格以及实体零售价格。依据 Bertrand 博弈理论，该博弈过程可以用如下优化模型来表示：

$$\begin{cases} \max\limits_{w,p_e} \pi_m = wD_r + (1-\varphi)p_eD_e \\ \max\limits_{p_r} \pi_r = (p_r - w)D_r + \varphi p_eD_e \end{cases} \tag{3.20}$$

将不同推介方式下实体零售渠道和网络直销渠道的市场总需求分别代入式（3.20），并利用反应函数法和最优化理论求解，可得到定理3。

定理3 在制造商与实体零售商共同主导双渠道供应链的条件下，若制造商仅推介网络直销渠道，则双渠道供应链的最优批发价格和最优零售价格分别为：

$$w^{Nd*} = \frac{3\delta(1-\varphi)(1+\delta)\alpha_r + [4+3\delta(1-\varphi)-\delta^2(1+2\varphi)]\alpha_t}{12(1+\delta)}$$

$$p_e^{Nd*} = \frac{3(1-\varphi)(1+\delta)\alpha_r + (3+3\delta-3\varphi-2\delta\varphi)\alpha_t}{12(1+\delta)(1-\varphi)}$$

$$p_r^{Nd*} = \frac{3\delta(1-\varphi)(1+\delta)\alpha_r + [(1-\varphi)(8+3\delta)-\delta^2(5-6\varphi)]\alpha_t}{12(1+\delta)(1-\varphi)} \tag{3.21}$$

制造商和实体零售商的最优利润分别为：

$$\pi_m^{Nd*} = \frac{L\alpha_r^2 + 2L\alpha_r\alpha_t + L_t\alpha_t^2}{72(1+\delta)^2(1-\varphi)}$$

$$\pi_r^{Nd*} = \frac{L\varphi\alpha_r^2 + 2L\varphi\alpha_r\alpha_t + M\alpha_t^2}{72(1+\delta)^2(1-\varphi)^2} \tag{3.22}$$

若制造商同时推介实体零售渠道和网络直销渠道，则双渠道供应链的最优批发价格和最优零售价格分别为：

$$w^{Ns*} = \frac{[2+3\delta(1-\varphi)+\delta^2(1-2\varphi)](\alpha_r+\alpha_t)}{12(1+\delta)}$$

$$p_e^{Ns*} = \frac{(3+3\delta-3\varphi-2\delta\varphi)(\alpha_r+\alpha_t)}{12(1+\delta)(1-\varphi)}$$

$$p_r^{Ns*} = \frac{[4+3\delta(1-\varphi)-4\varphi-\delta^2(1-2\varphi)](\alpha_r+\alpha_t)}{12(1+\delta)(1-\varphi)} \tag{3.23}$$

制造商和实体零售商的最优利润分别为：

$$\pi_m^{Ns*} = \frac{N(\alpha_r+\alpha_t)^2}{72(1+\delta)^2(1-\varphi)}$$

$$\pi_r^{Ns*} = \frac{Q(\alpha_r+\alpha_t)^2}{72(1+\delta)^2(1-\varphi)^2} \tag{3.24}$$

其中，$L = 9(1-\varphi)^2(1+\delta)^2$

$$L_t = 17-26\varphi+9\varphi^2+18\delta(1-\varphi)^2+\delta^2(1-10\varphi+8\varphi^2)$$

$$M = (1-\varphi)^2(8+9\varphi+18\delta\varphi)-\delta^2(8-25\varphi+26\varphi^2-8\varphi^3)$$

$$N = 13-22\varphi+9\varphi^2+18\delta(1-\varphi)^2+\delta^2(5-14\varphi+8\varphi^2)$$

$$Q = (4+9\varphi+18\delta\varphi)(1-\varphi)^2-\delta^2(4-17\varphi+22\varphi^2-8\varphi^3) \tag{3.25}$$

为维护双渠道运作秩序，不同推介方式下制造商的最优定价需满足 $p_e^{Ni*} \geqslant w^{Ni*}(i=d,s)$（吴正祥和李宝库，2017b；孙自来等，2020）。由定理 3 可知，在制造商仅推介网络直销渠道情形下，为满足上述条件，需 $\alpha_r \geqslant \alpha_{r2} = \frac{1-\varphi+\delta\varphi(3\varphi-4)+\delta^2(2\varphi^2-\varphi-1)}{3(1-\delta+\delta\varphi)(1+\delta)(1-\varphi)}\alpha_t$ 且 $0<\delta<\delta_3=\frac{4\varphi-3\varphi^2}{2(2\varphi^2-\varphi-1)}+\sqrt{\frac{9\varphi^4-16\varphi^3+4\varphi^2+4}{4(2\varphi^2-\varphi-1)^2}}$；而在制造商同时推介实体零售渠道和网络直销渠道情形下，产品的网络零售价格始终大于批发价格，因此各参数无须进行其他限制。

3.4 均衡比较分析

通过对实体零售商代发货下各项均衡价格和利润进行比较分析，可以得到命题1、命题2和命题3。

命题1 在实体零售商代发货下，当制造商仅推介网络直销渠道时，3种权力结构下的各均衡价格分别存在如下关系：$w^{Md*} > w^{Nd*} > w^{Rd*}$，$p_e^{Nd*} > p_e^{Rd*} > p_e^{Md*}$，$p_r^{Rd*} > p_r^{Md*} > p_r^{Nd*}$。当制造商同时推介实体零售渠道和网络直销渠道时，3种权力结构下的批发价格存在如下关系：在$0 < \varphi < 0.8$且$0 < \delta < \delta_4$条件下或者$0.8 \leqslant \varphi < 1$且$0 < \delta < \hat{\delta}_2$条件下，$w^{Ms*} > w^{Ns*} > w^{Rs*}$，在$0 < \varphi < 0.5$且$\delta_4 \leqslant \delta < \delta_5$条件下或者$0.5 \leqslant \varphi < 0.8$且$\delta_4 \leqslant \delta < \hat{\delta}_2$条件下，$w^{Ns*} \geqslant w^{Ms*} > w^{Rs*}$，在$0 < \varphi < 0.5$且$\delta_5 \leqslant \delta < \hat{\delta}_2$条件下，$w^{Ns*} > w^{Rs*} \geqslant w^{Ms*}$；3种权力结构下的网络零售价格存在如下关系：$p_e^{Ns*} > p_e^{Rs*} > p_e^{Ms*}$；3种权力结构下的实体零售价格存在如下关系：在$0 < \delta < \delta_6$条件下，$p_r^{Rs*} > p_r^{Ms*} > p_r^{Ns*}$，在$\delta_6 \leqslant \delta < \delta_7$条件下，$p_r^{Rs*} > p_r^{Ns*} \geqslant p_r^{Ms*}$，在$\delta_7 \leqslant \delta < \hat{\delta}_2$条件下，$p_r^{Ns*} \geqslant p_r^{Rs*} > p_r^{Ms*}$。其中$\delta_4 = \sqrt{\frac{1}{1+\varphi}}$，$\delta_5 = 2\sqrt{\frac{1-2\varphi+\varphi^2}{4-6\varphi+\varphi^3}}$，$\delta_6 = \sqrt{\frac{1-\varphi}{1+\varphi}}$，$\delta_7 = \sqrt{2}\sqrt{\frac{1-\varphi}{2-\varphi}}$。

证明：综合前文双渠道供应链博弈模型分析结果可知，当制造商仅推介网络直销渠道时，3种权力结构下的均衡价格比较需在$0 < \delta < \delta_3$这一条件下进行分析才有意义，且在该条件下：

$$w^{Md*} - w^{Nd*} = \frac{[2-\delta^2(2+\varphi)]\alpha_t}{12(1+\delta)} > 0$$

$$w^{Nd*} - w^{Rd*} = \frac{[8f_0(\varphi) - 4\delta^2 f_1(\varphi) + \delta^4 f_2(\varphi)]\alpha_t}{12A(1+\delta)} > 0$$

$$p_e^{Nd*} - p_e^{Rd*} = \frac{\delta\varphi[2f_0(\varphi) - \delta^2 f_3(\varphi)]\alpha_t}{12A(1+\delta)(1-\varphi)} > 0$$

$$p_e^{Rd*} - p_e^{Md*} = \frac{\delta\varphi(1-\delta-\varphi+\delta\varphi)\alpha_t}{A} > 0$$

$$p_r^{Rd*}-p_r^{Md*}=\frac{(1-\delta)\delta^2(2-\varphi)^2\varphi\alpha_t}{4A}>0$$

$$p_r^{Md*}-p_r^{Nd*}=\frac{(1-\delta^2-\varphi)\alpha_t}{12(1+\delta)(1-\varphi)}>0 \tag{3.26}$$

当制造商同时推介实体零售渠道和网络直销渠道时，3种权力结构下的均衡价格比较需在$0<\delta<\hat{\delta}_2$这一条件下进行分析才有意义，且在该条件下：$0<\varphi<0.8$时，$\delta_4<\hat{\delta}_2$，而$0.8\leqslant\varphi<1$时，$\delta_4\geqslant\hat{\delta}_2$。据此可知，当$0<\varphi<0.8$时，

$$w^{Ms*}-w^{Ns*}=\frac{[1-\delta^2(1+\varphi)](\alpha_r+\alpha_t)}{12(1+\delta)}\begin{cases}>0\ if\ 0<\delta<\delta_4\\=0\ if\ \delta=\delta_4\\<0\ if\ \delta_4<\delta<\hat{\delta}_2\end{cases}$$

，当$0.8\leqslant\varphi<1$时，对于任意的$\delta\in(0,\hat{\delta}_2)$，均有$w^{Ms*}-w^{Ns*}>0$。

此外，$0<\varphi<0.5$时，$\delta_5<\hat{\delta}_2$，而$0.5\leqslant\varphi<1$时，$\delta_5\geqslant\hat{\delta}_2$。据此可知，当$0<\varphi<0.5$时，

$$w^{Ms*}-w^{Rs*}=\frac{(1-\delta)[2f_0(\varphi)-\delta^2f_4(\varphi)](\alpha_r+\alpha_t)}{4G}\begin{cases}>0\ if\ 0<\delta<\delta_5\\=0\ if\ \delta=\delta_5\\<0\ if\ \delta_5<\delta<\hat{\delta}_2\end{cases}$$

，当$0.5\leqslant\varphi<1$时，对于任意的$\delta\in(0,\hat{\delta}_2)$，均有$w^{Ms*}-w^{Rs*}>0$。

进一步比较分析发现：

$$w^{Ns*}-w^{Rs*}=\frac{[2f_0(\varphi)-2\delta^2f_5(\varphi)+\delta^4f_6(\varphi)](\alpha_r+\alpha_t)}{12G(1+\delta)}>0$$

$$p_e^{Ns*}-p_e^{Rs*}=\frac{\delta\varphi[f_0(\varphi)-\delta^2f_7(\varphi)](\alpha_r+\alpha_t)}{12G(1+\delta)(1-\varphi)}>0$$

$$p_e^{Rs*}-p_e^{Ms*}=\frac{\delta\varphi(1-\delta)(1-\varphi)(\alpha_r+\alpha_t)}{2G}>0$$

$$p_r^{Rs*}-p_r^{Ms*}=\frac{(1-\delta)\delta^2(2-\varphi)^2\varphi(\alpha_r+\alpha_t)}{8G}>0$$

$$p_r^{Ms*}-p_r^{Ns*}=\frac{[1-\varphi-\delta^2(1+\varphi)](\alpha_r+\alpha_t)}{24(1+\delta)(1-\varphi)}\begin{cases}>0\ if\ 0<\delta<\delta_6\\=0\ if\ \delta=\delta_6\\<0\ if\ \delta_6<\delta<\hat{\delta}_2\end{cases}$$

$$p_r^{Rs*} - p_r^{Ns*} = \frac{[2(1-\varphi)f_0(\varphi) - 2\delta^2 f_8(\varphi) + \delta^4 f_6(\varphi)](\alpha_r + \alpha_t)}{12G(1+\delta)(1-\varphi)} \begin{cases} > 0 \ if \ 0 < \delta < \delta_7 \\ = 0 \ if \ \delta = \delta_7 \\ < 0 \ if \ \delta_7 < \delta < \hat{\delta}_2 \end{cases} \tag{3.27}$$

上面各式中，$f_0(\varphi) = 2(1-\varphi)^2$，$f_1(\varphi) = 8 - 17\varphi + 10\varphi^2 - 2\varphi^3$，$f_2(\varphi) = 16 - 36\varphi + 24\varphi^2 - 8\varphi^3 + \varphi^4$，$f_3(\varphi) = 4 - 8\varphi + 4\varphi^2 - \varphi^3$，$f_4(\varphi) = 4 - 6\varphi + \varphi^3$，$f_5(\varphi) = 4 - 9\varphi + 6\varphi^2 - 2\varphi^3$，$f_6(\varphi) = 4 - 10\varphi + 8\varphi^2 - 4\varphi^3 + \varphi^4$，$f_7(\varphi) = 2 - 4\varphi + 2\varphi^2 - \varphi^3$，$f_8(\varphi) = 4 - 11\varphi + 10\varphi^2 - 4\varphi^3 + \varphi^4$。对以上分析过程进行简单整理即可得到命题1。

命题1给出了权力结构变化对制造商与实体零售商最优定价的影响情况。从命题1可以看出，在实体零售商代发货下，当制造商仅推介网络直销渠道时，制造商主导情形下的批发价格最高，共同主导情形下的次之，实体零售商主导情形下的最低。说明制造商的地位越高，其批发定价也就越大。然而，当制造商同时推介实体零售渠道和网络直销渠道时，不同主导情形下的批发价格大小关系会随着利润分成比例和渠道替代程度取值范围的变化而变化。这是因为，制造商同时推介实体零售渠道和网络直销渠道时，利润分成比例的大小会改变制造商与实体零售商的获利情况，并在一定条件下会引起渠道竞争，从而强化了渠道替代性的影响，此时制造商为了避免严重的渠道冲突，不得不在批发价格制定上做出调整。进一步观察命题1发现，在实体零售商代发货下，无论制造商采取何种推介方式，网络零售价格均在共同主导情形下最大，在实体零售商主导情形下居中，在制造商主导情形下最小。其原因在于，制造商主导情形下，制造商主要通过制定较高的批发价格来维护自身利润，因此制定了较低的网络零售价格，然而当制造商失去渠道控制权后，制造商就无法利用批发价格来保证自身利润，此时其不得不通过提高网络零售价格来弥补批发价降低带来的利润损失，受实体零售商竞争能力的影响，制造商在实体零售商主导下提高网络零售价格的程度小于共同主导情形。此外，从命题1还可以看出，在实体零售商代发货下，实体零售价格会因制造商推介方式的不同而存在差异，具体而言：当制造商仅推介网络直销渠道时，实体零售商主导情形下的实体零售价格最高，且制造商主导情形下的实体零售价格大于共同主导情形；当制造商同时推介实体零售渠道和网络直销渠道时，不同主导情形下的实体零售价格大小关系会受到渠道替代程度的影响，并且渠道替代程度越大，共同主导情形下的实体零售价格越高。对此，可以做出如下解释：当制造商仅推介网络直销渠道时，代发货合作中实体零售商的主要利润来源于产品销售，而不是代发货获得的利润分成，为此，作为主导者的实体零售商会利用先动优势，即通过定高价来保证自身利润获取；而制造商为了维护自己的利益，亦会利用自身的优势地位制定一个较高的批发价格，导致实体零售商也相应提高产品售价。当制造商同时推介实体零售渠道和网络直销渠道时，制造商与实体零售商的竞合关系会发生改变，因此二者在确定价格时会考虑渠道替代程度的影响。

命题 2　在实体零售商代发货下，当制造商仅推介网络直销渠道时，3 种权力结构下的制造商利润和实体零售商利润分别存在如下关系：$\pi_m^{Md*} > \pi_m^{Nd*} > \pi_m^{Rd*}$，$\pi_r^{Rd*} > \pi_r^{Nd*} > \pi_r^{Md*}$；当制造商同时推介实体零售渠道和网络直销渠道时，3 种权力结构下的制造商利润和实体零售商利润分别存在如下关系：$\pi_m^{Ms*} > \pi_m^{Ns*} > \pi_m^{Rs*}$，在 $0 < \varphi \leqslant \frac{7}{23}$ 且 $0 < \delta < \hat{\delta}_2$ 条件下或者 $\frac{7}{23} < \varphi < 1$ 且 $0 < \delta < \delta_8$ 条件下，$\pi_r^{Rs*} > \pi_r^{Ns*} > \pi_r^{Ms*}$，在 $\frac{7}{23} < \varphi \leqslant \frac{2}{3}$ 且 $\delta_8 \leqslant \delta < \hat{\delta}_2$ 条件下或者 $\frac{2}{3} < \varphi < 1$ 且 $\delta_8 \leqslant \delta < \delta_9$ 条件下，$\pi_r^{Rs*} > \pi_r^{Ms*} \geqslant \pi_r^{Ns*}$，在 $\frac{2}{3} < \varphi < 1$ 且 $\delta_9 \leqslant \delta < \hat{\delta}_2$ 条件下，$\pi_r^{Ms*} \geqslant \pi_r^{Rs*} > \pi_r^{Ns*}$。其中 $\delta_8 = \sqrt{\dfrac{7(1-2\varphi+\varphi^2)}{7-14\varphi+7\varphi^2+4\varphi^3}}$，$\delta_9 = \sqrt{\dfrac{8(1-2\varphi+\varphi^2)}{8-16\varphi+8\varphi^2+\varphi^3}}$。

证明：综合前文双渠道供应链博弈模型分析结果可知，当制造商仅推介网络直销渠道时，3 种权力结构下的均衡利润比较需在 $0 < \delta < \delta_3$ 这一条件下进行分析才有意义，且在该条件下：

$$\pi_m^{Md*} - \pi_m^{Nd*} = \frac{[1-\varphi-\delta^2(1-\varphi-\varphi^2)]\alpha_t^2}{72(1+\delta)^2(1-\varphi)} > 0$$

$$\pi_m^{Nd*} - \pi_m^{Rd*} = \frac{[8g_0(\varphi) - 16\delta^2 g_1(\varphi) + 8\delta^4 g_2(\varphi) - \delta^6 g_3(\varphi)]\alpha_t^2}{72A^2(1+\delta)^2(1-\varphi)} > 0$$

$$\pi_r^{Rd*} - \pi_r^{Nd*} = \frac{[2f_0(\varphi) - \delta^2 f_3(\varphi)]^2\alpha_t^2}{72A(1+\delta)^2(1-\varphi)^2} > 0$$

$$\pi_r^{Nd*} - \pi_r^{Md*} = \frac{[7(1-\varphi)^2 - \delta^2 g_4(\varphi)]\alpha_t^2}{144(1+\delta)^2(1-\varphi)^2} > 0 \tag{3.28}$$

当制造商同时推介实体零售渠道和网络直销渠道时，3种权力结构下的均衡利润比较需在 $0 < \delta < \hat{\delta}_2$ 这一条件下进行分析才有意义，且在该条件下：

$$\pi_m^{Ms*} - \pi_m^{Ns*} = \frac{[1-\varphi-\delta^2(1-\varphi-2\varphi^2)](\alpha_r+\alpha_t)^2}{144(1+\delta)^2(1-\varphi)} > 0$$

$$\pi_m^{Ns*} - \pi_m^{Rs*} = \frac{[g_0(\varphi)-4\delta^2 g_5(\varphi)+4\delta^4 g_6(\varphi)-\delta^6 g_7(\varphi)](\alpha_r+\alpha_t)^2}{72G^2(1+\delta)^2(1-\varphi)} > 0$$

$$\pi_r^{Rs*} - \pi_r^{Ns*} = \frac{[f_0(\varphi)-\delta^2 f_7(\varphi)]^2(\alpha_r+\alpha_t)^2}{72G(1+\delta)^2(1-\varphi)^2} > 0 \tag{3.29}$$

进一步分析发现：$\frac{7}{23} < \varphi < 1$ 时，$\hat{\delta}_2 > \delta_8$，而 $0 < \varphi \leqslant \frac{7}{23}$ 时，$\hat{\delta}_2 \leqslant \delta_8$。据此可知，当 $\frac{7}{23} < \varphi < 1$ 时，

$$\pi_r^{Ns*} - \pi_r^{Ms*} = \frac{[7(1-\varphi)^2-\delta^2(g_4(\varphi)+2\varphi^3)](\alpha_r+\alpha_t)^2}{288(1+\delta)^2(1-\varphi)^2}\begin{cases} > 0 \ if\ 0 < \delta < \delta_8 \\ = 0 \ if\ \delta = \delta_8 \\ < 0 \ if\ \delta_8 < \delta < \hat{\delta}_2 \end{cases},$$

当 $0 < \varphi \leqslant \frac{7}{23}$ 时，对于任意的 $\delta \in (0,\hat{\delta}_2)$，均有 $\pi_r^{Ns*} - \pi_r^{Ms*} > 0$。

此外，$\frac{2}{3} < \varphi < 1$ 时，$\hat{\delta}_2 > \delta_9$，而 $0 < \varphi \leqslant \frac{2}{3}$ 时，$\hat{\delta}_2 \leqslant \delta_9$。据此可知，当 $\frac{2}{3} < \varphi < 1$ 时，

$$\pi_r^{Rs*} - \pi_r^{Ms*} = \frac{(1-\delta)[4f_0(\varphi)-\delta^2 g_8(\varphi)](\alpha_r+\alpha_t)^2}{32G(1+\delta)}\begin{cases} > 0 \ if\ 0 < \delta < \delta_9 \\ = 0 \ if\ \delta = \delta_9 \\ < 0 \ if\ \delta_9 < \delta < \hat{\delta}_2 \end{cases},$$

当 $0 < \varphi \leqslant \frac{2}{3}$ 时，对于任意的 $\delta \in (0,\hat{\delta}_2)$，均有 $\pi_r^{Rs*} - \pi_r^{Ms*} > 0$。

上面各式中，$g_0(\varphi) = 112(1-\varphi)^5$，$g_1(\varphi) = (1-\varphi)^3(168-336\varphi+175\varphi^2-23\varphi^3)$，$g_2(\varphi) = (1-\varphi)\times(5\varphi^6-96\varphi^5+548\varphi^4-1492\varphi^3+2044\varphi^2-1344\varphi+336)$，$g_3(\varphi) = (8-8\varphi+\varphi^2)(28-56\varphi+28\varphi^2-\varphi^3)(4-8\varphi+4\varphi^2-\varphi^3)$，$g_4(\varphi) = 7-14\varphi+7\varphi^2+2\varphi^3$，$g_5(\varphi) = (1-\varphi)^3\times(84-168\varphi+91\varphi^2-23\varphi^3)$，$g_6(\varphi) = (1-$

$\varphi)(5\varphi^6-50\varphi^5+190\varphi^4-410\varphi^3+518\varphi^2-336\varphi+84)$，$g_7(\varphi)=(2-\varphi)^2\times(14-28\varphi+14\varphi^2-\varphi^3)(2-4\varphi+2\varphi^2-\varphi^3)$，$g_8(\varphi)=8-16\varphi+8\varphi^2+\varphi^3$。对以上分析过程进行简单整理即可得到命题 2。

命题 2 给出了权力结构变化对制造商与实体零售商最优利润的影响情况。从命题 2 可以看出，在实体零售商代发货下，当制造商仅推介网络直销渠道时，制造商和实体零售商利润均随着自身地位的降低而逐渐减少；当制造商同时推介实体零售渠道和网络直销渠道时，制造商利润依旧随着自身地位的降低而逐渐减少，但实体零售商利润的变化则会受到利润分成比例和渠道替代程度的双重影响，致使实体零售商在供应链中处于较低地位时也可以获得较高利润。这意味着，在实体零售商代发货下，若制造商乐意将推介市场的部分消费者分配到实体零售渠道，则实体零售商可以通过提高事先确定的利润分成比例，并利用渠道竞争态势为自己争取更多利润。

命题 3　在实体零售商代发货下，当制造商主导供应链时，若 $\delta_{10}<\delta<\delta_1$ 且 $\alpha_{r1}\leqslant\alpha_r<(\sqrt{2}-1)\alpha_t$，则实体零售商和制造商均偏好仅推介网络直销渠道，若 $0<\delta\leqslant\delta_{10}$ 且 $\alpha_r\geqslant\alpha_{r1}$ 或者 $\delta_{10}<\delta<\delta_1$ 且 $\alpha_r\geqslant(\sqrt{2}-1)\alpha_t$，则实体零售商和制造商均偏好同时推介实体零售渠道和网络直销渠道；当实体零售商主导供应链时，若 $0<\alpha_r<\bar{\alpha}_r$，则实体零售商和制造商均偏好仅推介网络直销渠道，若 $\bar{\alpha}_r\leqslant\alpha_r<\hat{\alpha}_r$，则制造商偏好仅推介网络直销渠道，而实体零售商偏好同时推介实体零售渠道和网络直销渠道，若 $\alpha_r\geqslant\hat{\alpha}_r$，则实体零售商和制造商均偏好同时推介实体零售渠道和网络直销渠道；当制造商与实体零售商共同主导供应链时，若 $0<\varphi<0.5$ 且 $\alpha_{r2}\leqslant\alpha_r<\bar{\alpha}_{r2}$ 或者 $0.5\leqslant\varphi<1$ 且 $\alpha_{r2}\leqslant\alpha_r<\hat{\alpha}_{r2}$，则实体零售商和制造商均偏好仅推介网络直销渠道，若 $0<\varphi<0.5$ 且 $\alpha_r\geqslant\hat{\alpha}_{r2}$ 或者 $0.5\leqslant\varphi<1$ 且 $\alpha_r\geqslant\bar{\alpha}_{r2}$，则实体零售商和制造商均偏好同时推介实体零售渠道和网络直销渠道，若 $0<\varphi<0.5$ 且 $\bar{\alpha}_{r2}\leqslant\alpha_r<\hat{\alpha}_{r2}$，则制造商偏好仅推介网络直销渠道，而实体零售商偏好同时推介实体零售渠道和网络直销渠道，若 $0.5<\varphi<1$ 且 $\hat{\alpha}_{r2}\leqslant\alpha_r<\bar{\alpha}_{r2}$，则制造商偏好同时推介实体零售渠道和网络直销渠道，而实体零售商偏好仅推介网络直销渠道。其中 $\delta_{10}=$

$\frac{2-\sqrt{2}}{2-\sqrt{2}+\sqrt{2}\varphi}$，$\hat{\alpha}_r=\left(2\sqrt{\frac{SG^2}{RA^2}}-1\right)\alpha_t$，$\bar{\alpha}_r=\left(2\sqrt{\frac{G}{A}}-1\right)\alpha_t$，$\hat{\alpha}_{r2}=\left(\sqrt{\frac{S}{R}}-1\right)\alpha_t$，$\bar{\alpha}_{r2}=\left(\sqrt{\frac{G}{T}}-1\right)\alpha_t$，$R=\delta^2(2-\varphi)^2-4(1-\varphi)$，$S=\delta^2(8-8\varphi+\varphi^2)-8(1-\varphi)$，$T=4(1-\varphi)^2-\delta^2(4-8\varphi+4\varphi^2+\varphi^3)$。

证明：综合前文双渠道供应链博弈模型分析结果可知，当制造商主导供应链时，两种推介方式下的均衡利润比较需在 $\alpha_r\geqslant\alpha_{r1}$ 且 $0<\delta<\delta_1$ 这一条件下进行分析才有意义，且在该条件下：$0<\delta\leqslant\delta_{10}$ 时，$\alpha_{r1}\geqslant(\sqrt{2}-1)\alpha_t$，而 $\delta_{10}<\delta<\delta_1$ 时，$\alpha_{r1}<(\sqrt{2}-1)\alpha_t$。据此可知：

$$\pi_m^{Ms*}-\pi_m^{Md*}=2(\pi_r^{Ms*}-\pi_r^{Md*})$$
$$=\frac{(1-\delta)(\alpha_r^2+2\alpha_r\alpha_t-\alpha_t^2)}{16(1+\delta)}\begin{cases}\geqslant 0\ if\begin{Bmatrix}0<\delta\leqslant\delta_{10},\alpha_r\geqslant\alpha_{r1}\ or\\ \delta_{10}<\delta<\delta_1,\delta_r\geqslant(\sqrt{2}-1)\alpha_t\end{Bmatrix}\\ <0\ if\ \delta_{10}<\delta<\delta_1,\alpha_{r1}<\alpha_r<(\sqrt{2}-1)\alpha_t\end{cases}\tag{3.30}$$

当实体零售商主导供应链时，两种推介方式下的均衡利润比较需在 $0<\delta<\hat{\delta}_2$ 这一条件下进行分析才有意义，且在该条件下：

$$\pi_m^{Rd*}-\pi_m^{Rs*}=\frac{(1-\delta)^2(1-\varphi)^3[RA^2\alpha_r^2+2RA^2\alpha_r\alpha_t-R_t\alpha_t^2]}{2A^2G^2}\begin{cases}>0\ if\ 0<\alpha_r<\hat{\alpha}_r\\ \leqslant 0\ if\ \alpha_r\geqslant\hat{\alpha}_r\end{cases}$$
$$\pi_r^{Rd*}-\pi_r^{Rs*}=-\frac{(1-\delta)^2(1-\varphi)^2[A\alpha_r^2+2A\alpha_r\alpha_t-(A+2\delta^2\varphi^3)\alpha_t^2]}{2AG}\begin{cases}>0\ if\ 0<\alpha_r<\bar{\alpha}_r\\ \leqslant 0\ if\ \alpha_r\geqslant\bar{\alpha}_r\end{cases}\tag{3.31}$$

进一步分析发现，$\hat{\alpha}_r>\bar{\alpha}_r$，因此当 $0<\alpha_r<\bar{\alpha}_r$ 时，$\pi_m^{Rd*}-\pi_m^{Rs*}>0$，$\pi_r^{Rd*}-\pi_r^{Rs*}>0$；当 $\bar{\alpha}_r\leqslant\alpha_r<\hat{\alpha}_r$ 时，$\pi_m^{Rd*}-\pi_m^{Rs*}>0$，$\pi_r^{Rd*}-\pi_r^{Rs*}\leqslant 0$；当 $\alpha_r\geqslant\hat{\alpha}_r$ 时，$\pi_m^{Rd*}-\pi_m^{Rs*}\leqslant 0$，$\pi_r^{Rd*}-\pi_r^{Rs*}<0$。

当制造商与实体零售商共同主导供应链时，两种推介方式下的均衡利润比较需在 $\alpha_r\geqslant\alpha_{r2}$ 且 $0<\delta<\delta_3$ 这一条件下进行分析才有意义，且在该条件下：

$$\pi_m^{Nd*} - \pi_m^{Ns*} = \frac{R\alpha_r^2 + 2R\alpha_r\alpha_t + T_t\alpha_t^2}{72(1+\delta)^2(1-\varphi)}\begin{cases} > 0 \text{ if } \alpha_{r2} \leqslant \alpha_r < \hat{\alpha}_{r2} \\ \leqslant 0 \text{ if } \alpha_r \geqslant \hat{\alpha}_{r2} \end{cases}$$

$$\pi_r^{Nd*} - \pi_r^{Ns*} = \frac{-T\alpha_r^2 - 2T\alpha_r\alpha_t + T_t(1-\varphi)\alpha_t^2}{72(1+\delta)^2(1-\varphi)^2}\begin{cases} > 0 \text{ if } \alpha_{r2} \leqslant \alpha_r < \bar{\alpha}_{r2} \\ \leqslant 0 \text{ if } \alpha_r \geqslant \bar{\alpha}_{r2} \end{cases}$$

(3.32)

进一步分析发现，当$0 < \varphi < 0.5$时，$\hat{\alpha}_{r2} > \bar{\alpha}_{r2}$；当$\varphi = 0.5$时，$\hat{\alpha}_{r2} = \bar{\alpha}_{r2}$；当$0.5 < \varphi < 1$时，$\hat{\alpha}_{r2} < \bar{\alpha}_{r2}$。据此可知，当$0 < \varphi < 0.5$时，若$\alpha_{r2} \leqslant \alpha_r < \bar{\alpha}_{r2}$，则$\pi_m^{Nd*} > \pi_m^{Ns*}$，$\pi_r^{Nd*} > \pi_r^{Ns*}$，若$\bar{\alpha}_{r2} \leqslant \alpha_r < \hat{\alpha}_{r2}$，则$\pi_m^{Nd*} > \pi_m^{Ns*}$，$\pi_r^{Nd*} \leqslant \pi_r^{Ns*}$，若$\alpha_r \geqslant \hat{\alpha}_{r2}$，则$\pi_m^{Nd*} \leqslant \pi_m^{Ns*}$，$\pi_r^{Nd*} < \pi_r^{Ns*}$；当$\varphi = 0.5$时，若$\alpha_{r2} \leqslant \alpha_r < \hat{\alpha}_{r2}$，则$\pi_m^{Nd*} > \pi_m^{Ns*}$，$\pi_r^{Nd*} > \pi_r^{Ns*}$，若$\alpha_r \geqslant \bar{\alpha}_{r2}$，则$\pi_m^{Nd*} \leqslant \pi_m^{Ns*}$，$\pi_r^{Nd*} \leqslant \pi_r^{Ns*}$；当$0.5 < \varphi < 1$时，若$\alpha_{r2} \leqslant \alpha_r < \hat{\alpha}_{r2}$，则$\pi_m^{Nd*} > \pi_m^{Ns*}$，$\pi_r^{Nd*} > \pi_r^{Ns*}$，若$\hat{\alpha}_{r2} \leqslant \alpha_r < \bar{\alpha}_{r2}$，则$\pi_m^{Nd*} \leqslant \pi_m^{Ns*}$，$\pi_r^{Nd*} > \pi_r^{Ns*}$，若$\alpha_r \geqslant \bar{\alpha}_{r2}$，则$\pi_m^{Nd*} < \pi_m^{Ns*}$，$\pi_r^{Nd*} \leqslant \pi_r^{Ns*}$。

上面各式中，$R_t = 4[\tau_0(\varphi) + \delta^2\tau_1(\varphi) - \delta^4\tau_2(\varphi)] + \delta^6\tau_3(\varphi)$，$\tau_0(\varphi) = -256(1-\varphi)^5$，$\tau_1(\varphi) = 96(1-\varphi)^3(g_8(\varphi) - 2\varphi^3)$，$\tau_2(\varphi) = (1-\varphi)(768 - 3072\varphi + 4608\varphi^2 - 3264\varphi^3 + 1152\varphi^4 - 200\varphi^5 + 15\varphi^6)$，$\tau_3(\varphi) = (2-\varphi)^2(256 - 1024\varphi + 1472\varphi^2 - 928\varphi^3 + 272\varphi^4 - 48\varphi^5 + 3\varphi^6)$，$T_t = 4(1-\delta^2)(1-\varphi)$。对以上分析过程进行简单整理即可得到命题 3。

命题 3 给出了不同权力结构下制造商与实体零售商对两种推介方式的偏好情况。从命题 3 可以看出，在实体零售商代发货下，当制造商主导供应链时，制造商与实体零售商所偏好的推介方式具有高度一致性，并且二者达成了以下共识：若渠道替代程度较大且推介市场规模较小，则选择仅推介网络直销渠道，否则选择同时推介实体零售渠道和网络直销渠道。然而，当实体零售商主导或者制造商与实体零售商共同主导供应链时，虽然在推介市场规模较小或者较大条件下，制造商与实体零售商所偏好的推介方式是一致的，但是在推介市场规模处于中间值条件下，制造商与实体零售商所偏好的推介方式会出现不一致性，其中实体零售商主导情形下，制造商偏好仅推介网络直销渠道，而实体零售商偏好同时推介实体零售渠道和网络直销渠道；制造商与实体零售商共同主导情形下，当利润分成比例较低时，制造商与实体零售商所偏好的推介方式与实体零售商主导情形下相同，否则与之相反。因此，为缓和因不一致产生的冲突问题，制造商应通过广告、服务体验、价格促销等营销手段有效控制推介市场规模，此外，还应实时预测推介市场规模，以提前调整直销渠道利润分成比例。

3.5　算例分析

为了更直观地展示前文的研究结果并证明其正确性，这里采用数值算例进行验证性分析。

首先分析权力结构变化对制造商与实体零售商最优定价与最优利润的影响。取 $\alpha_t = 10$，$\alpha_r = 10$，$\varphi = \{0.3, 0.6, 0.9\}$。在 φ 的不同参数赋值下，可得到各临界 δ 的值，如表 3－3 所示。为保证模型有实际意义，制造商仅推介网络直销渠道情形下，要求 $\delta \in (0, \delta_3)$，制造商同时推介实体零售渠道和网络直销渠道情形下，要求 $\delta \in (0, \hat{\delta}_2)$，因此 δ 的具体取值需要根据命题 1、命题 2 和表 3－3 进行调整，其具体取值如表 3－4 和表 3－5 第二行所示。基于上述赋值，利用 Mathematica 软件计算两种推介方式下制造商与实体零售商的最优定价与最优利润，结果如表 3－4 和表 3－5 所示。

表 3－3　　不同 φ 值下各临界 δ 的值

φ	$\hat{\delta}_2$	δ_3	δ_4	δ_5	δ_6	δ_7	δ_8	δ_9
0.3	0.984	0.478	0.877	0.938	0.734	0.907	—	—
0.6	0.904	0.258	0.791	—	0.500	0.756	0.751	—
0.9	0.575	0.084	—	—	0.229	0.426	0.153	0.314

由表 3－4 和表 3－5 可以看出，在实体零售商代发货下，无论制造商采取哪种推介方式，权力结构变化对制造商与实体零售商最优定价与最优利润均产生了显著影响。其中，在制造商仅推介网络直销渠道情形下，批发价格随着制

造商主导地位的降低而下降；网络零售价格在共同主导时最大，在制造商主导时最小；实体零售价格在实体零售商主导时最大，在共同主导时最小；制造商与实体零售商各自的主导地位与自身利润正相关，即制造商与实体零售商在供应链中的主导地位越高者，获得的利润越多。在制造商同时推介实体零售渠道和网络直销渠道情形下，网络零售价格依旧在共同主导时最大，在制造商主导时最小；制造商利润依旧随着自身地位的提升而增大；而权力结构变化对实体零售价格的影响会随着渠道替代程度取值范围的变化而变化，权力结构变化对批发价格、实体零售商利润的影响则会受到利润分成比例和渠道替代程度的双重影响，具体来看：（1）无论利润分成比例取何值，只要渠道替代程度介于（$0,\delta_6$），实体零售价格就会在实体零售商主导时最大，在共同主导时最小；只要渠道替代程度介于（δ_6,δ_7），实体零售价格就会在实体零售商主导时最大，在制造商主导时最小；只要渠道替代程度介于（$\delta_7,\hat{\delta}_2$），实体零售价格就会在共同主导时最大，在制造商主导时最小。（2）当利润分成比例介于（0，0.8）且渠道替代程度介于（$0,\delta_4$）时或者利润分成比例介于（0.8,1）且渠道替代程度介于（$0,\hat{\delta}_2$）时，批发价格在制造商主导时最大，在实体零售商主导时最小；当利润分成比例介于（0,0.5）且渠道替代程度介于（δ_4,δ_5）时或者利润分成比例介于（0.5,0.8）且渠道替代程度介于（$\delta_4,\hat{\delta}_2$）时，批发价格在共同主导时最大，在实体零售商主导时最小；当利润分成比例介于（0,0.5）且渠道替代程度介于（$\delta_5,\hat{\delta}_2$）时，批发价格在共同主导时最大，在制造商主导时最小。（3）当利润分成比例介于（0,7/23）且渠道替代程度介于（$0,\hat{\delta}_2$）时或者利润分成比例介于（7/23,1）且渠道替代程度介于（$0,\delta_8$）时，实体零售商利润在实体零售商主导时最大，在制造商主导时最小；当利润分成比例介于（7/23,2/3）且渠道替代程度介于（$\delta_8,\hat{\delta}_2$）时或者利润分成比例介于（2/3,1）且渠道替代程度介于（δ_8,δ_9）时，实体零售商利润在实体零售商主导时最大，在共同主导时最小；当利润分成比例介于（2/3,1）且渠道替代程度介于（$\delta_9,\hat{\delta}_2$）时，实体零售商利润在制造商主导时最大，在共同主导时最小。显然，上述算例分析结果与命题 1 和命题 2 一致。

表 3-4　制造商仅推介网络直销渠道情形下的最优定价与最优利润

φ	0.3	0.3	0.3	0.6	0.6	0.6	0.9	0.9	0.9
δ	0.45	0.35	0.25	0.25	0.20	0.15	0.08	0.06	0.04
w^{Md*}	4.325	4.475	4.625	4.250	4.400	4.550	4.640	4.730	4.820
w^{Nd*}	3.443	3.414	3.388	3.025	3.083	3.143	3.111	3.166	3.221
w^{Rd*}	2.975	2.866	2.759	2.383	2.405	2.428	2.278	2.344	2.403
p_e^{Nd*}	5.111	5.093	5.071	5.250	5.208	5.163	5.556	5.425	5.288
p_e^{Rd*}	5.083	5.069	5.054	5.186	5.156	5.122	5.405	5.313	5.215
p_e^{Md*}	5.000	5.000	5.000	5.000	5.000	5.000	5.000	5.000	5.000
p_r^{Rd*}	6.414	6.650	6.889	6.932	7.038	7.147	7.400	7.407	7.426
p_r^{Md*}	6.375	6.625	6.875	6.875	7.000	7.125	7.300	7.350	7.400
p_r^{Nd*}	5.967	6.116	6.268	6.313	6.375	6.441	6.578	6.592	6.612
π_m^{Md*}	39.741	41.019	42.500	27.500	28.333	29.239	15.648	16.085	16.539
π_m^{Nd*}	39.197	40.338	41.660	26.617	27.373	28.191	14.403	14.817	15.240
π_m^{Rd*}	37.357	38.000	38.744	23.680	24.118	24.590	9.992	10.345	10.677
π_r^{Rd*}	19.737	21.016	22.498	37.458	38.304	39.221	55.345	55.905	56.455
π_r^{Nd*}	19.207	20.345	21.664	36.592	37.355	38.181	53.910	54.529	55.107
π_r^{Md*}	17.371	18.009	18.750	33.750	34.167	34.620	50.324	50.543	50.769

表 3-5　制造商同时推介实体零售渠道和网络直销渠道情形下的最优定价与最优利润

φ	0.3	0.3	0.3	0.6	0.6	0.6	0.9	0.9	0.9
δ	0.50	0.88	0.94	0.45	0.65	0.85	0.15	0.25	0.55
w^{Ms*}	4.250	3.680	3.590	3.650	3.050	2.450	4.325	3.875	2.525
w^{Ns*}	3.500	3.686	3.717	2.873	2.723	2.591	2.938	2.700	2.068
w^{Rs*}	3.059	3.524	3.595	2.319	2.250	2.164	1.850	1.326	0.547
p_e^{Ns*}	5.238	5.334	5.346	5.776	5.985	6.149	6.957	8.000	10.323
p_e^{Rs*}	5.178	5.245	5.247	5.558	5.657	5.599	6.213	6.400	5.806
p_e^{Ms*}	5.000	5.000	5.000	5.000	5.000	5.000	5.000	5.000	5.000
p_r^{Rs*}	6.342	5.523	5.389	6.683	6.399	5.998	7.675	7.934	7.466
p_r^{Ms*}	6.250	5.300	5.150	6.375	5.875	5.375	7.125	6.875	6.125
p_r^{Ns*}	5.952	5.494	5.425	6.266	6.223	6.226	6.710	7.000	8.677
π_m^{Ms*}	43.333	36.596	35.773	29.483	25.303	22.027	23.478	20.000	12.258
π_m^{Ns*}	42.328	36.262	35.520	27.958	23.938	20.746	20.660	16.533	5.786
π_m^{Rs*}	39.103	35.677	35.264	24.111	21.755	20.203	11.019	7.511	5.018
π_r^{Rs*}	23.314	16.559	15.735	39.093	34.720	31.408	60.274	54.331	46.466
π_r^{Ns*}	22.373	16.351	15.615	37.707	33.550	30.219	54.535	42.133	0.459
π_r^{Ms*}	19.167	15.798	15.387	34.741	32.652	31.014	54.239	52.500	48.629

其次分析不同权力结构下制造商与实体零售商对两种推介方式的偏好情况。由命题 3 可知，制造商或者实体零售商主导供应链时，二者对推介方式的偏好不受利润分成比例的影响，而制造商与实体零售商共同主导供应链时，二者对推介方式的偏好会受到利润分成比例的影响，因此结合命题 3，制造商或者实体零售商主导时，取 $\varphi = 0.5$，二者共同主导时，取 $\varphi = \{0.4, 0.6\}$。这里 α_t 取值与上文一致，基于上述赋值，利用 Mathematica 软件对不同情形分别进行绘图，结果如图 3－2 至图 3－4 所示。

图 3－2 描述了制造商主导时，制造商与实体零售商对两种推介方式的偏好情况。可以看出，在 $\delta_{10} < \delta < \delta_1$、$\alpha_{r1} \leqslant \alpha_r < (\sqrt{2}-1)\alpha_t$ 情形下，与制造商同时推介实体零售渠道和网络直销渠道相比，制造商仅推介网络直销渠道时，制造商和实体零售商获得的利润均更多，故二者更青睐于仅推介网络直销渠道；在 $0 < \delta \leqslant \delta_{10}$、$\alpha_r \geqslant \alpha_{r1}$ 或者 $\delta_{10} < \delta < \delta_1$、$\alpha_r \geqslant (\sqrt{2}-1)\alpha_t$ 情形下，与制造商同时推介实体零售渠道和网络直销渠道相比，制造商仅推介网络直销渠道时，制造商和实体零售商获得的利润均更少，故二者更青睐于同时推介实体零售渠道和网络直销渠道。

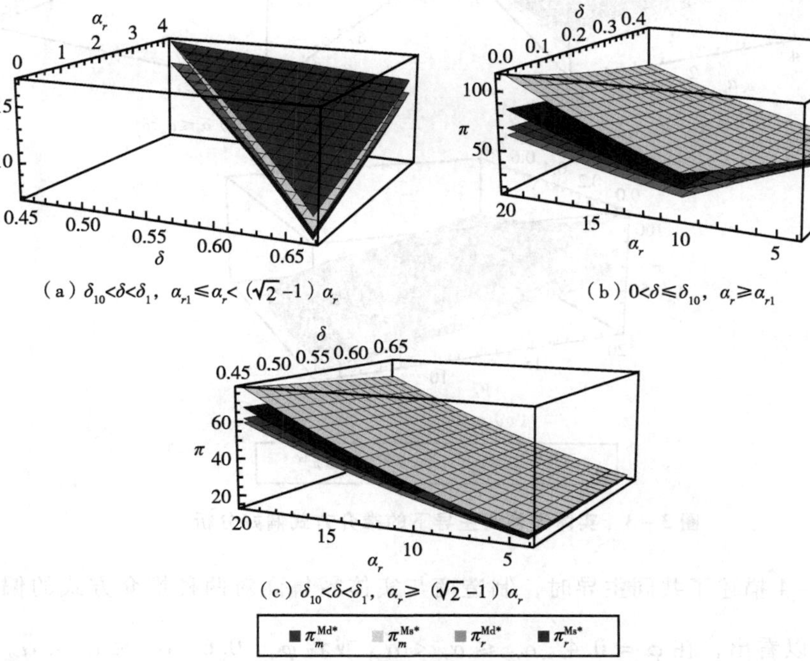

(a) $\delta_{10}<\delta<\delta_1$, $\alpha_{r1}\leqslant\alpha_r<(\sqrt{2}-1)\alpha_r$

(b) $0<\delta\leqslant\delta_{10}$, $\alpha_r\geqslant\alpha_{r1}$

(c) $\delta_{10}<\delta<\delta_1$, $\alpha_r\geqslant(\sqrt{2}-1)\alpha_r$

图 3－2　制造商主导下的推介方式偏好分析

图 3－3 描述了实体零售商主导时，制造商与实体零售商对两种推介方式的偏好情况。可以看出，在 $0 < \alpha_r < \bar{\alpha}_r$ 情形下，与制造商同时推介实体零售渠道和网络直销渠道相比，制造商仅推介网络直销渠道时，制造商和实体零售商获得的利润均更多，故二者更青睐于仅推介网络直销渠道；在 $\bar{\alpha}_r \leqslant \alpha_r < \hat{\alpha}_r$ 情形下，与制造商同时推介实体零售渠道和网络直销渠道相比，制造商仅推介网络直销渠道时，制造商获得的利润更多、实体零售商获得的利润更少，故制造商更青睐于仅推介网络直销渠道、实体零售商更青睐于同时推介实体零售渠道和网络直销渠道；在 $\alpha_r \geqslant \hat{\alpha}_r$ 情形下，与制造商同时推介实体零售渠道和网络直销渠道相比，制造商仅推介网络直销渠道时，制造商和实体零售商获得的利润均更少，故二者更青睐于同时推介实体零售渠道和网络直销渠道。

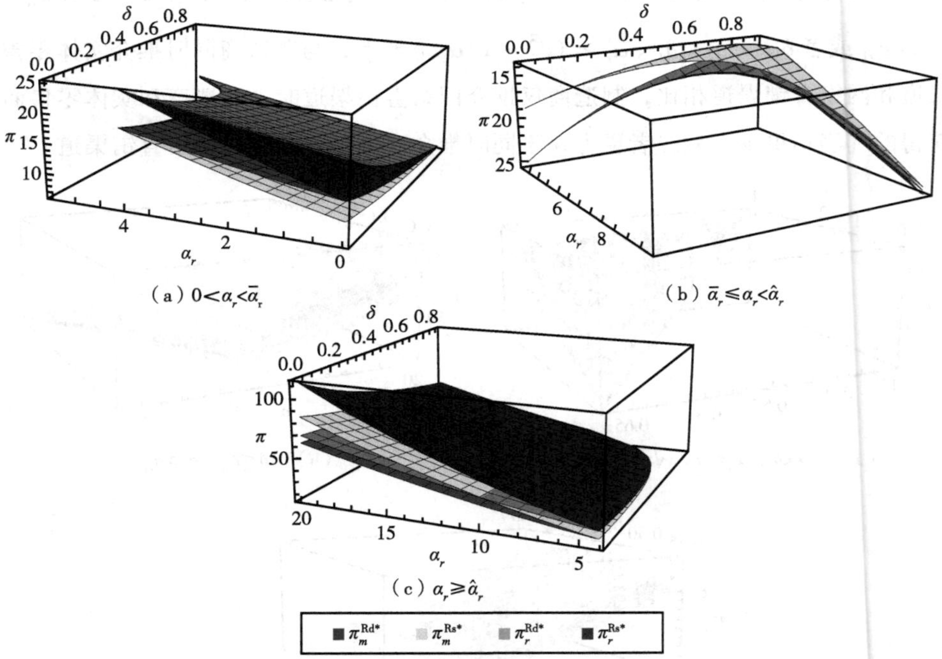

图 3－3　实体零售商主导下的推介方式偏好分析

图 3－4 描述了共同主导时，制造商与实体零售商对两种推介方式的偏好情况。可以看出，在 $\varphi = 0.4$、$\alpha_{r2} \leqslant \alpha_r < \bar{\alpha}_{r2}$ 或者 $\varphi = 0.6$、$\alpha_{r2} \leqslant \alpha_r < \hat{\alpha}_{r2}$ 情形下，与制造商同时推介实体零售渠道和网络直销渠道相比，制造商仅推介网

络直销渠道时，制造商和实体零售商获得的利润均更多，故二者更青睐于仅推介网络直销渠道；在 $\varphi=0.4$、$\alpha_r \geqslant \hat{\alpha}_{r2}$ 或者 $\varphi=0.6$、$\alpha_r \geqslant \bar{\alpha}_{r2}$ 情形下，与制造商同时推介实体零售渠道和网络直销渠道相比，制造商仅推介网络直销渠道时，制造商和实体零售商获得的利润均更少，故二者更青睐于同时推介实体零售渠道和网络直销渠道；在 $\varphi=0.4$、$\bar{\alpha}_{r2} \leqslant \alpha_r < \hat{\alpha}_{r2}$ 情形下，与制造商同时推介实体零售渠道和网络直销渠道相比，制造商仅推介网络直销渠道时，制造商

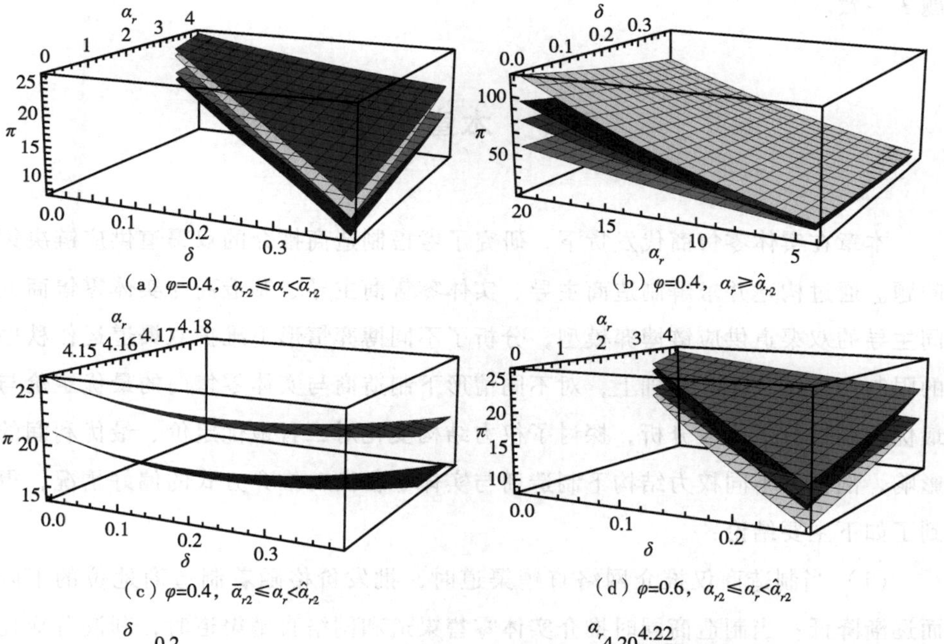

（a）$\varphi=0.4$，$\alpha_{r2} \leqslant \alpha_r < \bar{\alpha}_{r2}$　（b）$\varphi=0.4$，$\alpha_r \geqslant \hat{\alpha}_{r2}$

（c）$\varphi=0.4$，$\bar{\alpha}_{r2} \leqslant \alpha_r < \hat{\alpha}_{r2}$　（d）$\varphi=0.6$，$\alpha_{r2} \leqslant \alpha_r < \hat{\alpha}_{r2}$

（e）$\varphi=0.6$，$\alpha_r \geqslant \bar{\alpha}_{r2}$　（f）$\varphi=0.6$，$\hat{\alpha}_{r2} \leqslant \alpha_r < \bar{\alpha}_{r2}$

图 3－4　共同主导下的推介方式偏好分析

获得的利润更多、实体零售商获得的利润更少，故制造商更青睐于仅推介网络直销渠道、实体零售商更青睐于同时推介实体零售渠道和网络直销渠道；在 $\varphi = 0.6$、$\hat{\alpha}_{r2} \leqslant \alpha_r < \bar{\alpha}_{r2}$ 情形下，与制造商同时推介实体零售渠道和网络直销渠道相比，制造商仅推介网络直销渠道时，制造商获得的利润更少、实体零售商获得的利润更多，故制造商更青睐于同时推介实体零售渠道和网络直销渠道、实体零售商更青睐于仅推介网络直销渠道。显然，上述算例分析结果与命题3一致。

3.6 本章小结

本章在实体零售商代发货下，研究了考虑制造商推介的双渠道供应链决策问题。通过构建并求解制造商主导、实体零售商主导、制造商与实体零售商共同主导的双渠道供应链博弈模型，分析了不同博弈情形下维护双渠道运作秩序的限制性条件；在此基础上，对不同情形下制造商与实体零售商的最优定价与最优利润进行了比较分析，探讨了权力结构变化对二者最优定价、最优利润的影响，剖析了不同权力结构下制造商与实体零售商对推介方式的偏好情况，得到了如下主要结论：

（1）当制造商仅推介网络直销渠道时，批发价格随着制造商地位的下降而逐渐降低；当制造商同时推介实体零售渠道和网络直销渠道时，利润分成比例和渠道替代程度取值范围的变化会让制造商失去主导者定高价的优势，甚至会出现渠道势力对等下批发价格最高的情况。此外，无论制造商采取何种推介方式，网络零售价格均在共同主导情形下最大，在实体零售商主导情形下居中，在制造商主导情形下最小，即网络零售价格不会随着制造商地位的提高而增大，而实体零售价格会因制造商推介方式的不同而存在差异，且当制造商同时推介实体零售渠道和网络直销渠道时，不同主导情形下的实体零售价格大小关系会受到渠道替代程度的影响。

（2）当制造商仅推介网络直销渠道时，制造商与实体零售商利润均随着自身地位的降低而逐渐减少；当制造商同时推介实体零售渠道和网络直销渠道时，制造商利润依旧随着自身地位的降低而逐渐变小，而实体零售商利润的变化趋势会受到利润分成比例和渠道替代程度的双重影响，使得自身地位即使最低时，也可以获得中等大小的利润水平。

（3）当双渠道供应链由制造商主导时，制造商和实体零售商对推介方式具有高度一致的偏好。然而，当双渠道供应链由实体零售商主导或者制造商与实体零售商共同主导时，虽然在推介市场规模较小或者较大条件下，制造商与实体零售商所偏好的推介方式是一致的，但是在推介市场规模处于中间值条件下，制造商与实体零售商所偏好的推介方式会出现不一致。此时，为避免渠道冲突，制造商应通过广告、服务体验、价格促销等营销手段有效控制推介市场规模的范围，促使实体零售商与自身对推介方式形成一致偏好。

第 4 章　网络销售效率影响下考虑制造商推介的双渠道供应链决策

4.1　引　言

随着电商行业与信息技术的快速发展，国内外众多制造商企业为了扩大收益，纷纷在传统批发零售渠道的基础上开设了门户网站以便消费者购买，而此种网络直销渠道的销售模式被各大制造商企业不断复制，如苹果、海尔、联想等企业。于企业而言，获得销售渠道就相当于增加了一种可持续的竞争优势，而销售效率则是渠道优势的体现。在实际商业营运中，各大企业线上直销渠道的销售效率高低不一，在与零售商合作过程中，网络销售效率是制造商进行决策时所考虑的重要因素（邱国斌和徐斌，2022），其直接影响制造商在网络直销渠道的收益（张廷龙等，2017）。

Yan 等（2018）基于制造商在网络销售效率与需求信息双重劣势下，研究了线上渠道引入策略问题。Chen 等（2020）在双渠道供应链中，考察了制造商质量改进投入与零售商服务水平改进投入对供应链均衡决策的影响。研究表明，网络销售效率决定了零售商的服务策略。李陈华（2009）研究了销售效率对双渠道定价决策的影响；在李陈华（2009）的研究基础上，刘汉进等（2015）探讨了零售商主导供应链下销售效率对双渠道定价决策的影响。由于制造商进行线上销售加剧了与零售商的市场竞争，张廷龙等（2017）在考虑销售效率对定价决策的影响基础上，设计了四种收益共享契约协调供应链。而在制造商与零售商博弈决策过程中对于其所获得收益的公平性非常敏感，决策者存在公平关切心理特征（Guthd et al.，1982；Kahneman et al.，1986b）。舒斯亮和柳剑（2017）与邱国斌和徐斌（2019）讨论了制造商或零售商公平关切与销售效率对双渠道供应链最优定价与利润的影响。双渠道供应链模式为消费者提供了更多的选择机会，同时消费者行为也会对供应链成员决策产生影响，学者将消费者行为与销售效率结合到双渠道供应链的研究中，如易余胤和韩桂兰（2021）考虑电商平台分销模式与平台模式销售效率的差异，研究了两种模式下效率差异对于产品定价的影响；邱国斌和徐斌（2022）研究了不同权力结构下，消费者损失厌恶心理与网络销售效率对双渠道供应链最优定价与利润的影响。然而，以上学者仅考虑销售效率对产品定价和利润的影响，以及契约设计问题，并未将推介方式纳入研究内容。

鉴于此，本研究在考虑制造商网络销售效率因素的基础上，建立 3 种不同权力结构模型，求解 3 种权力结构和 2 种推介方式下双渠道供应链的最优定价与利润，对双渠道供应链均衡解进行比较分析，研究不同权力结构下网络销售效率对双渠道供应链均衡决策的影响，分析制造商与实体零售商对推介方式的选择偏好，为双渠道供应链运营管理决策提供理论支持。

4.2　模型基本假设

此处的基本问题和需求函数与第三章一致，不同之处在于，本章欲将实体零售渠道与网络零售渠道的分销效率纳入研究模型。因此，假设实体零售商的单位产品销售成本为 c，制造商的单位产品网络销售成本为 kc。其中，$k \geqslant 0$ 表示制造商相对于实体零售渠道的网络销售效率，如果 $k = 1$，则代表制造商的网络销售效率与实体零售渠道的销售效率一致，k 越大，表明相对于实体零售渠道而言，制造商的网络销售效率越低，反之，制造商的网络销售效率越高。

根据上述模型假设，制造商与实体零售商的利润函数可以分别表示为：

$$\pi_m = wD_r + (p_e - kc)D_e$$

$$\pi_r = (p_r - w - c)D_r \tag{4.1}$$

4.3 不同权力结构下的双渠道供应链博弈模型分析

由于现实中企业在供应链中的主导地位有所不同，而不同的主导地位会导致差异化的决策顺序和决策结果，为此下面分别从制造商主导、实体零售商主导、制造商与实体零售商共同主导三种不同主导情形展开博弈模型分析。

4.3.1 制造商主导下的博弈模型分析

在制造商主导双渠道供应链的条件下，制造商可以依靠自身具有的较强渠道势力优先制定批发价格和网络零售价格，基于制造商的决策，实体零售商随后确定实体零售价格。依据 Stackelberg 博弈理论，该博弈过程可以用如下双层优化模型来表示：

$$\begin{cases} \max\limits_{w,p_e} \pi_m = wD_r + (p_e - kc)D_e \\ s.t.\ \max\limits_{p_r} \pi_r = (p_r - w - c)D_r \end{cases} \tag{4.2}$$

定理 1 在制造商主导双渠道供应链的条件下，若制造商仅推介网络直销渠道，则双渠道供应链的最优批发价格和最优零售价格以及均衡需求分别为：

$$w^{Md*} = \frac{1}{4}(-2c + \delta\alpha_r - (-2 + \delta)\alpha_t)$$

$$p_e^{Md*} = \frac{1}{4}(2ck + \alpha_r + \alpha_t)$$

$$p_r^{Md*} = \frac{1}{4}(c + ck\delta + \delta\alpha_r + (3 - 2\delta)\alpha_t)$$

$$D_r^{Md*} = \frac{c - ck\delta + (-1 + \delta)\alpha_t}{4(-1 + \delta^2)}$$

$$D_e^{Md*} = \frac{-c(-4k + \delta + 3k\delta^2) + 2(-1 + \delta^2)\alpha_r + (-2 + \delta + \delta^2)\alpha_t}{4(-1 + \delta^2)} \tag{4.3}$$

制造商和实体零售商的最优利润分别为：

$$\pi_m^{Md*} = \frac{(c^2(-1 + 2k\delta + k^2(-4 + 3\delta^2)) + (-1 + \delta^2)\alpha_r^2 + 2(-1 + \delta)\alpha_t^2) + A}{8(-1 + \delta^2)}$$

$$\pi_r^{Md*} = \frac{(c(-1+k\delta)-(-1+\delta)\alpha_t)^2}{16(1-\delta^2)} \tag{4.4}$$

其中，$A = -2(-1+\delta^2)\alpha_r(2ck-\alpha_t) - 2c(-1+\delta)(1+k(2+\delta))\alpha_t$

(4.5)

定理 2　在制造商主导双渠道供应链的条件下，若制造商同时推介实体零售渠道和网络直销渠道，则双渠道供应链的最优批发价格和最优零售价格以及均衡需求分别为：

$$w^{Ms*} = \frac{1}{4}(\alpha_r + \alpha_t)$$

$$p_e^{Ms*} = \frac{1}{4}(2k + \alpha_r + \alpha_t)$$

$$p_r^{Ms*} = \frac{1}{8}(2k\delta - (-3+\delta)\alpha_r - (-3+\delta)\alpha_t)$$

$$D_r^{Md*} = \frac{-2k\delta + (-1+\delta)\alpha_r + (-1+\delta)\alpha_t}{4(-1+\delta^2)}$$

$$D_e^{Ms*} = \frac{-2k(-2+\delta^2) + (-2+\delta+\delta^2)\alpha_r + (-2+\delta+\delta^2)\alpha_t}{4(-1+\delta^2)} \tag{4.6}$$

制造商和实体零售商的最优利润分别为：

$$\pi_m^{Ms*} = \frac{4k^2(-2+\delta^2) + k(-4(-1+\delta)(2+\delta)\alpha_r - 4(-2+\delta+\delta^2)\alpha_t) + (-3+2\delta+\delta^2)(\alpha_r+\alpha_t)^2}{16(-1+\delta^2)}$$

$$\pi_r^{Ms*} = -\frac{(-1+\delta)((1+\delta)\alpha_r + (-1+\delta)(k-2\alpha_t))^2}{(7-9\delta)^2(1+\delta)} \tag{4.7}$$

为维护双渠道运作秩序，不同推介方式下制造商的最优定价需满足 $p_e^{Mi*} \geqslant w^{Mi*}$ $(i = d, s)$。由定理 1 和定理 2 可知，在制造商仅推介网络直销渠道情形下，为满足上述条件，需满足：$0 < \alpha_t \leqslant \frac{-2c-2ck-\alpha_r+\delta\alpha_r}{-1+\delta}$；而在制造商同时推介实体零售渠道和网络直销渠道情形下，产品的网络零售价格始终大于批发价格，因此各参数无须进行其他限制。

4.3.2　实体零售商主导下的博弈模型分析

在实体零售商主导双渠道供应链的条件下，实体零售商可以依靠自身具有的较强渠道势力优先制定实体零售价格，基于实体零售商的决策，制造商随后确定批发价格和网络零售价格。依据 Stackelberg 博弈理论，该博弈过程可以用如下双层优化模型来表示：

$$\begin{cases}\max\limits_{p_r}\pi_r = (p_r - w - c)D_r \\ s.t.\ \max\limits_{w,p_e}\pi_m = wD_r + (p_e - kc)D_e\end{cases} \tag{4.8}$$

定理 3 在实体零售商主导双渠道供应链的条件下，若制造商仅推介网络直销渠道，则双渠道供应链的最优批发价格和最优零售价格分别为：

$$\begin{aligned}
w^{Rd*} &= \frac{1}{4}(-c(1+k\delta)+\delta\alpha_r+\alpha_t) \\
p_e^{Rd*} &= \frac{1}{4}(2ck+\alpha_r+\alpha_t) \\
p_r^{Rd*} &= \frac{1}{4}(c+ck\delta+\delta\alpha_r+(3-2\delta)\alpha_t) \\
D_r^{Rd*} &= \frac{c-ck\delta+(-1+\delta)\alpha_t}{4(-1+\delta^2)} \\
D_e^{Rd*} &= \frac{-c(-4k+\delta+3k\delta^2)+2(-1+\delta^2)\alpha_r+(-2+\delta+\delta^2)\alpha_t}{4(-1+\delta^2)}
\end{aligned} \tag{4.9}$$

制造商和实体零售商的最优利润分别为：

$$\begin{aligned}
\pi_m^{Rd*} &= \frac{(c^2(-1+2k\delta+k^2(-8+7\delta^2))+2(-1+\delta^2)\alpha_r^2+(-3+2\delta+\delta^2)\alpha_t^2)+B}{16(-1+\delta^2)} \\
\pi_r^{Rd*} &= \frac{(c(-1+k\delta)-(-1+\delta)\alpha_t)^2}{8(1-\delta^2)}
\end{aligned} \tag{4.10}$$

其中，$B=-4(-1+\delta^2)\alpha_r(2ck-\alpha_t)-2c(-1+\delta)(1+k(4+3\delta))\alpha_t$

(4.11)

定理 4 在实体零售商主导双渠道供应链的条件下，若制造商同时推介实体零售渠道和网络直销渠道，则双渠道供应链的最优批发价格和最优零售价格以及均衡需求分别为：

$$w^{Rs*} = \frac{1}{8}(-2k\delta+(1+\delta)\alpha_r+(1+\delta)\alpha_t)$$

$$p_e^{Rs*} = \frac{1}{4}(2k+\alpha_r+\alpha_t)$$

$$p_r^{Rs*} = \frac{1}{8}(2k\delta - (-3+\delta)\alpha_r - (-3+\delta)\alpha_t)$$

$$D_r^{Rs*} = \frac{-2k\delta + (-1+\delta)\alpha_r + (-1+\delta)\alpha_t}{4(-1+\delta^2)}$$

$$D_e^{Rs*} = \frac{-2k(-2+\delta^2) + (-2+\delta+\delta^2)\alpha_r + (-2+\delta+\delta^2)\alpha_t}{4(-1+\delta^2)} \tag{4.12}$$

制造商和实体零售商的最优利润分别为：

$$\pi_m^{Rs*} = \frac{4k^2(-4+3\delta^2) + k(-4(-1+\delta)(4+3\delta)\alpha_r - 4(-4+\delta+3\delta^2)\alpha_t) + (-5+2\delta+3\delta^2)(\alpha_r+\alpha_t)^2}{32(-1+\delta^2)}$$

$$\pi_r^{Rs*} = \frac{(-2k\delta + (-1+\delta)\alpha_r + (-1+\delta)\alpha_t)^2}{16(1-\delta^2)} \tag{4.13}$$

为维护双渠道运作秩序，不同推介方式下制造商的最优定价需满足 $p_e^{Ri*} \geqslant w^{Ri*}(i = d, s)$。由定理 3 和定理 4 可知，无论何种推介方式，产品的网络零售价格均始终大于批发价格，因此各参数无须再进行其他限制。

4.3.3　制造商与实体零售商共同主导下的博弈模型分析

在制造商与实体零售商共同主导双渠道供应链的条件下，任何一方都无法依靠自身的渠道势力进行优先决策，二者只能同时分别制定批发价格和网络零售价格以及实体零售价格。依据 Bertrand 博弈理论，该博弈过程可以用如下优化模型来表示：

$$\begin{cases} \max\limits_{w,p_e}\pi_m = wD_r + (p_e - kc)D_e \\ \max\limits_{p_r}\pi_r = (p_r - w - c)D_r \end{cases} \tag{4.14}$$

定理 5　在制造商与实体零售商共同主导双渠道供应链的条件下，若制造商仅推介网络直销渠道，则双渠道供应链的最优批发价格和最优零售价格分别为：

$$w^{Nd*} = \frac{1}{12}(-2c(2+k\delta) + 3\delta\alpha_r - (-4+\delta)\alpha_t)$$

$$p_e^{Nd*} = \frac{1}{4}(2ck + \alpha_r + \alpha_t)$$

$$p_r^{Nd*} = \frac{1}{12}(2c(2+k\delta)+3\delta\alpha_r+(8-5\delta)\alpha_t)$$

$$D_r^{Nd*} = \frac{c-ck\delta+(-1+\delta)\alpha_t}{3(-1+\delta^2)}$$

$$D_e^{Nd*} = \frac{-2c(-3k+\delta+2k\delta^2)+3(-1+\delta^2)\alpha_r+(-3+2\delta+\delta^2)\alpha_t}{6(-1+\delta^2)} \tag{4.15}$$

制造商和实体零售商的最优利润分别为：

$$\pi_m^{Nd*} = \frac{(4c^2(-2+4k\delta+k^2(-9+7\delta^2))+9(-1+\delta^2)\alpha_r^2+(-17+16\delta+\delta^2)\alpha_t^2)+C}{72(-1+\delta^2)}$$

$$\pi_r^{Nd*} = \frac{(c(-1+k\delta)-(-1+\delta)\alpha_t)^2}{9(1-\delta^2)} \tag{4.16}$$

其中，$C=-18(-1+\delta^2)\alpha_r(2ck-\alpha_t)-4c(-1+\delta)(4+k(9+5\delta))\alpha_t$ (4.17)

定理6 在制造商与实体零售商共同主导双渠道供应链的条件下，若制造商同时推介实体零售渠道和网络直销渠道，则双渠道供应链的最优批发价格和最优零售价格以及均衡需求分别为：

$$w^{Ns*} = \frac{1}{12}(-2k\delta+(2+\delta)\alpha_r+(2+\delta)\alpha_t)$$

$$p_e^{Ns*} = \frac{1}{4}(2k+\alpha_r+\alpha_t)$$

$$p_r^{Ns*} = \frac{1}{12}(2k\delta-(-4+\delta)\alpha_r-(-4+\delta)\alpha_t)$$

$$D_r^{Ns*} = \frac{-2k\delta+(-1+\delta)\alpha_r+(-1+\delta)\alpha_t}{3(-1+\delta^2)}$$

$$D_e^{Ns*} = \frac{-2k(-3+\delta^2)+(-3+2\delta+\delta^2)\alpha_r+(-3+2\delta+\delta^2)\alpha_t}{6(-1+\delta^2)} \tag{4.18}$$

制造商和实体零售商的最优利润分别为：

$$\pi_m^{Ns*} = \frac{4k^2(-9+5\delta^2)+(-13+8\delta+5\delta^2)(\alpha_r+\alpha_t)^2+k(-4(-1+\delta)(9+5\delta)\alpha_r-4(-9+4\delta+5\delta^2)\alpha_t)}{72(-1+\delta^2)}$$

$$\pi_r^{Ns*} = \frac{(-2k\delta + (-1+\delta)\alpha_r + (-1+\delta)\alpha_t)^2}{18(1-\delta^2)} \tag{4.19}$$

为维护双渠道运作秩序，不同推介方式下制造商的最优定价需满足 $p_e^{Ni*} \geqslant w^{Ni*}(i=d, s)$。由定理 5 和定理 6 可知，在制造商仅推介网络直销渠道情形下，为满足上述条件，需满足：$0 < \alpha_t \leqslant \frac{-4c-6ck-2ck\delta-3\alpha_r+3\delta\alpha_r}{-1+\delta}$；而在制造商同时推介实体零售渠道和网络直销渠道情形下，产品的网络零售价格始终大于批发价格，因此各参数无须进行其他限制。

4.4　模型结果分析

命题 1　(1) 当 $\alpha_r > \alpha_t$ 时，$w^{Ms*} > w^{Md*}$；$w^{Rs*} > w^{Rd*}$；$w^{Ns*} > w^{Nd*}$；$p_r^{Ms*} > p_r^{Md*}$；$p_r^{Rs*} > p_r^{Rd*}$；$p_r^{Ns*} > p_r^{Nd*}$；当 $\alpha_r \leqslant \alpha_t$ 时，$w^{Ms*} \leqslant w^{Md*}$；$w^{Rs*} \leqslant w^{Rd*}$；$w^{Ns*} \leqslant w^{Nd*}$；$p_r^{Ms*} \leqslant p_r^{Md*}$；$p_r^{Rs*} \leqslant p_r^{Rd*}$；$p_r^{Ns*} \leqslant p_r^{Nd*}$；(2) $p_e^{Ms*} = p_e^{Md*} = p_e^{Rs*} = p_e^{Rd*} = p_e^{Ns*} = p_e^{Nd*}$。

证明：

$$w^{Ms*} - w^{Md*} = -\frac{1}{4}(-1+\delta)(\alpha_r - \alpha_t)$$

$$w^{Rs*} - w^{Rd*} = -\frac{1}{8}(-1+\delta)(\alpha_r - \alpha_t)$$

$$w^{Ns*} - w^{Nd*} = -\frac{1}{6}(-1+\delta)(\alpha_r - \alpha_t)$$

$$p_r^{Ms*} - p_r^{Md*} = -\frac{3}{8}(-1+\delta)(\alpha_r - \alpha_t)$$

$$p_r^{Rs*} - p_r^{Rd*} = -\frac{3}{8}(-1+\delta)(\alpha_r - \alpha_t)$$

$$p_r^{Ns*} - p_r^{Nd*} = -\frac{1}{3}(-1+\delta)(\alpha_r - \alpha_t)$$

$$p_e^{Ms*} = p_e^{Md*} = p_e^{Rs*} = p_e^{Rd*} = p_e^{Ns*} = p_e^{Nd*} = \frac{1}{4}(2ck + \alpha_r + \alpha_t) \tag{4.20}$$

由命题 1 可知，3 种权力结构下推介方式并不会影响网络零售价格，但会改变批发价格和实体零售价格。具体而言，无论何种权力结构下，与制造商仅推介网络直销渠道相比，制造商同时推介实体零售渠道和网络直销渠道时，若推介型消费者市场规模大于传统型消费者市场规模，则批发价格和实体零售价格均提高，否则均降低。在实体零售渠道价格决策中，面对两种推介方式，制造商与实体零售商会根据推介型消费者市场规模的大小调整价格策略。具体来看，当推介型消费者市场规模较大时，在不同权力结构下，制造商与实体零售商总是会因为共享推介市场而制定更高的批发价格和实体零售价格。这是因为相比于仅推介网络直销渠道，制造商将访问其官网的较大规模消费者同时推介到实体零售渠道时，网络直销渠道需求会降低，这对于制造商而言是不利的，为此制造商不得不通过提高批发价格的方式赚取利润。然而批发价格的提高导致实体零售商利润被压缩，因而实体零售商也跟着提高了产品的零售价格。

命题 2 无论何种权力结构，若 $k^2 > \frac{-(E+2c^2)}{2c^2\delta^2}$，制造商与实体零售商均偏好于同时推介实体零售渠道和网络直销渠道，若 $k^2 \leqslant \frac{-(E+2c^2)}{2c^2\delta^2}$，则制造商与实体零售商均偏好于仅推介网络直销渠道，其中 $E=(-1+\delta)^2(\alpha_r^2+2\alpha_r\alpha_t-\alpha_t^2)+4c(-ck\delta-(-1+\delta)(-1+k\delta)\alpha_r)$。

证明：

$$\pi_m^{Ms*}-\pi_m^{Md*}=\frac{2c^2+2c^2k^2\delta^2+E}{16(1-\delta^2)};\quad \pi_m^{Rs*}-\pi_m^{Rd*}=\frac{2c^2+2c^2k^2\delta^2+E}{32(1-\delta^2)}$$
$$\pi_m^{Ns*}-\pi_m^{Nd*}=\frac{2c^2+2c^2k^2\delta^2+E}{18(1-\delta^2)};\quad \pi_r^{Ms*}-\pi_r^{Md*}=\frac{2c^2+2c^2k^2\delta^2+E}{32(1-\delta^2)}$$
$$\pi_r^{Rs*}-\pi_r^{Rd*}=\frac{2c^2+2c^2k^2\delta^2+E}{16(1-\delta^2)};\quad \pi_r^{Ns*}-\pi_r^{Nd*}=\frac{2c^2+2c^2k^2\delta^2+E}{18(1-\delta^2)}\tag{4.21}$$

显然，当 $2c^2+2c^2k^2\delta^2+E>0$ 即 $k^2>\frac{-(E+2c^2)}{2c^2\delta^2}$ 时，有 $\pi_m^{Ms*}>\pi_m^{Md*}$；$\pi_m^{Rs*}>\pi_m^{Rd*}$；$\pi_m^{Ns*}>\pi_m^{Nd*}$；$\pi_r^{Ms*}>\pi_r^{Md*}$；$\pi_r^{Rs*}>\pi_r^{Rd*}$；$\pi_r^{Ns*}>\pi_r^{Nd*}$ 成立。故当 $k^2\leqslant\frac{-(E+2c^2)}{2c^2\delta^2}$ 时，$\pi_m^{Ms*}\leqslant\pi_m^{Md*}$；$\pi_m^{Rs*}\leqslant\pi_m^{Rd*}$；$\pi_m^{Ns*}\leqslant\pi_m^{Nd*}$；$\pi_r^{Ms*}\leqslant\pi_r^{Md*}$；$\pi_r^{Rs*}\leqslant\pi_r^{Rd*}$；$\pi_r^{Ns*}\leqslant\pi_r^{Nd*}$。

命题 2 表明，无论何种权力结构下，当网络销售效率较大时制造商与实体零售商会选择同时推介实体零售渠道和网络直销渠道，当网络销售效率较小时制造商与实体零售商会选择仅推介网络直销渠道。当网络销售效率较大时，对于制造商而言，此时其网络销售成本较高，故制造商更愿意选择通过将访问其官网的消费者同时推介到实体零售渠道的方式增加利润。对于实体零售商而言，通过制造商将访问官网的消费者推介实体零售渠道，实体零售商也能获得关注与购买需求，从而实现获利。而当网络销售效率较小时，此时制造商的网络销售成本较低，制造商更愿意独享销售渠道，通过将访问官网的消费者仅推介到自己经营的网络直销渠道购买，以此实现获利。

命题 3　当制造商仅推介网络直销渠道时，三种不同主导地位下的制造商利润和实体零售商利润分别存在如下关系：$\pi_m^{Md*} > \pi_m^{Nd*} > \pi_m^{Rd*}$，$\pi_r^{Rd*} > \pi_r^{Nd*} > \pi_r^{Md*}$。当制造商同时推介实体零售渠道和网络直销渠道时，三种不同主导地位下的制造商利润和实体零售商利润分别存在如下关系：$\pi_m^{Ms*} > \pi_m^{Ns*} > \pi_m^{Rs*}$；$\pi_r^{Rs*} > \pi_r^{Ns*} > \pi_r^{Ms*}$。

证明：（1）当制造商仅推介网络直销渠道时：

$$\pi_m^{Md*} - \pi_m^{Rd*} = \frac{(c(-1+k\delta) - (-1+\delta)\alpha_t)^2}{16(1-\delta^2)} > 0$$

$$\pi_m^{Md*} - \pi_m^{Nd*} = \frac{(c(-1+k\delta) - (-1+\delta)\alpha_t)^2}{72(1-\delta^2)} > 0$$

$$\pi_m^{Rd*} - \pi_m^{Nd*} = \frac{7\,(c(-1+k\delta) - (-1+\delta)\alpha_t)^2}{144(-1+\delta^2)} < 0$$

$$\pi_r^{Md*} - \pi_r^{Rd*} = \frac{(c(-1+k\delta) - (-1+\delta)\alpha_t)^2}{16(-1+\delta^2)} < 0$$

$$\pi_r^{Md*} - \pi_r^{Nd*} = \frac{7\,(c(-1+k\delta) - (-1+\delta)\alpha_t)^2}{144(-1+\delta^2)} < 0$$

$$\pi_r^{Rd*} - \pi_r^{Nd*} = -\frac{(c(-1+k\delta) - (-1+\delta)\alpha_t)^2}{72(-1+\delta^2)} > 0 \tag{4.22}$$

（2）当制造商同时推介实体零售渠道和网络直销渠道：

$$\pi_m^{Ms*} - \pi_m^{Rs*} = -\frac{(-2k\delta + (-1+\delta)\alpha_r + (-1+\delta)\alpha_t)^2}{32(-1+\delta^2)} > 0$$

$$\pi_m^{Ms*} - \pi_m^{Ns*} = -\frac{(-2k\delta + (-1+\delta)\alpha_r + (-1+\delta)\alpha_t)^2}{144(-1+\delta^2)} > 0$$

$$\pi_m^{Rs*} - \pi_m^{Ns*} = \frac{7(-2k\delta + (-1+\delta)\alpha_r + (-1+\delta)\alpha_t)^2}{288(-1+\delta^2)} < 0$$

$$\pi_r^{Ms*} - \pi_r^{Rs*} = \frac{(-2k\delta + (-1+\delta)\alpha_r + (-1+\delta)\alpha_t)^2}{32(-1+\delta^2)} < 0$$

$$\pi_r^{Ms*} - \pi_r^{Ns*} = \frac{7(-2k\delta + (-1+\delta)\alpha_r + (-1+\delta)\alpha_t)^2}{288(-1+\delta^2)} < 0$$

$$\pi_r^{Rs*} - \pi_r^{Ns*} = -\frac{(-2k\delta + (-1+\delta)\alpha_r + (-1+\delta)\alpha_t)^2}{144(-1+\delta^2)} > 0 \tag{4.23}$$

命题3表明，无论制造商采取何种推介方式，制造商和实体零售商均在各自主导供应链时获得的利润最多，在权力平衡时获得的利润次之，在对方主导供应链时获得的利润最少，即制造商和实体零售商利润均随着各自权力下移而减小。可以发现，无论何种推介方式，对于制造商与实体零售商而言，获得渠道主导权可以掌握先动优势，以此制定更加有利于自身利润最大化的定价策略，因此在制造商与实体零售商实际合作过程中，取得供应链主导权可以使制造商或实体零售商实现利润最优。

命题4 当制造商仅推介网络直销渠道时，三种不同主导地位下的各均衡价格分别存在如下关系：$p_e^{Md*} = p_e^{Rd*} = p_e^{Nd*}$；当 $0 < k < \frac{c-(1-\delta)\alpha_t}{\delta c}$ 时，$w^{Rd*} > w^{Nd*} > w^{Md*}$；$p_r^{Md*} = p_r^{Rd*} < p_r^{Nd*}$；当 $k \geqslant \frac{c-(1-\delta)\alpha_t}{\delta c}$ 时，$w^{Md*} \geqslant w^{Nd*} \geqslant w^{Rd*}$；$p_r^{Md*} = p_r^{Rd*} \geqslant p_r^{Nd*}$。当制造商同时推介实体零售渠道和网络直销渠道时，三种不同主导地位下的批发价格存在如下关系：$w^{Ms*} > w^{Ns*} > w^{Rs*}$；$p_r^{Ms*} = p_r^{Rs*} > p_r^{Ns*}$；$p_e^{Ms*} = p_e^{Rs*} = p_e^{Ns*}$。

证明：（1）当制造商仅推介网络直销渠道时：

$$w^{Md*} - w^{Rd*} = \frac{1}{4}(c(-1+k\delta) - (-1+\delta)\alpha_t)$$

$$w^{Md*} - w^{Nd*} = \frac{1}{6}(c(-1+k\delta) - (-1+\delta)\alpha_t)$$

$$w^{Rd*} - w^{Nd*} = \frac{1}{12}(c - ck\delta + (-1+\delta)\alpha_t)$$

$$p_r^{Md*} = p_r^{Rd*} = \frac{1}{8}(2k\delta - (-3+\delta)\alpha_r - (-3+\delta)\alpha_t)$$

$$p_e^{Md*} - p_e^{Nd*} = \frac{1}{12}(c(-1+k\delta) - (-1+\delta)\alpha_t)$$

$$p_e^{Md*} - p_e^{Rd*} = 0;\ p_e^{Md*} - p_e^{Nd*} = 0;\ p_e^{Rd*} - p_e^{Nd*} = 0 \tag{4.24}$$

当 $k \geqslant \frac{c-(1-\delta)\alpha_t}{\delta c}$ 时，$c(-1+k\delta) - (-1+\delta)\alpha_t \geqslant 0$，故 $w^{Md*} \geqslant w^{Nd*} \geqslant w^{Rd*}$；$p_r^{Md*} = p_r^{Rd*} \geqslant p_r^{Nd*}$；当 $0 < k < \frac{c-(1-\delta)\alpha_t}{\delta c}$ 时，$c(-1+k\delta) - (-1+\delta)\alpha_t < 0$；$w^{Rd*} > w^{Nd*} > w^{Md*}$；$p_r^{Md*} = p_r^{Rd*} < p_r^{Nd*}$。

（2）当制造商同时推介实体零售渠道和网络直销渠道时：

$$w^{Ms*} - w^{Rs*} = \frac{1}{8}(2k\delta - (-1+\delta)\alpha_r - (-1+\delta)\alpha_t) > 0$$

$$w^{Rs*} - w^{Ns*} = \frac{1}{24}(-2k\delta + (-1+\delta)\alpha_r + (-1+\delta)\alpha_t) < 0$$

$$p_e^{Ms*} - p_e^{Rs*} = 0;\ p_e^{Ms*} - p_e^{Ns*} = 0;\ p_e^{Rs*} - p_e^{Ns*} = 0$$

$$p_r^{Ms*} - p_r^{Rs*} = 0$$

$$p_r^{Ns*} - p_r^{Rs*} = \frac{1}{24}(-2k\delta + (-1+\delta)\alpha_r + (-1+\delta)\alpha_t) < 0 \tag{4.25}$$

命题 4 表明，（1）在制造商仅推介当网络直销渠道情形下，当制造商网络销售效率较小时，批发价格在实体零售商主导模式下最高，在权力平衡模式下居中，在制造商主导模式下最低；在制造商与实体零售商主导模式下的实体零售价格相等且小于权力平衡模式的实体零售价格。当制造商网络销售效率较大时，批发价格在制造商主导模式下最高，在权力均衡模式下居中，在实体零售商主导模式下最低；在制造商与实体零售商主导模式下的实体零售价格相等且大于权力平衡模式的实体零售价格。这是因为当网络销售效率较大时，制造商网络销售成本增加，对于制造商而言，其会选择提高批发价格以此提高收益，此时无论是制造商或实体零售商主导供应链，实体零售商均会提高实体零售价格确保收益。而当网络销售效率较小时，意味着制造商网络销售成本减少，制造商会降低批发价格让利实体零售商，实体零售商以此获得价格优势，其可以通过薄利多销的方式获利。（2）在制造商同时推介实体零售渠道和网络直销渠道情形下，批发价格在制造商主导模式下最高，在权力平衡模式下居中，在实体零售商主导模式下最低；实体零售价格在制造商与实体零售商主导模式下相等且大于权力平衡模式。最直观的解释是，制造商会利用先动优势制定较高的批发价格，而随着权力结构的下行，其批发价格也不断随着权力结构的变化而随之降低。而当制造商制定较高的批发价格时，实体零售商也会制定较高的实体零售价格增加获利。（3）无论何种权力结构，网络零售价格均相等，因网络零售价格受制造商控制，并不会因为实体零售商权力结构的变化而受影响。

命题 5 （1）$\frac{\partial w^{Md*}}{\partial k}=0$；$\frac{\partial w^{Rd*}}{\partial k}<0$；$\frac{\partial w^{Nd*}}{\partial k}<0$；$\frac{\partial w^{Ms*}}{\partial k}=0$；$\frac{\partial w^{Rs*}}{\partial k}<0$；$\frac{\partial w^{Ns*}}{\partial k}<0$；（2）$\frac{\partial p_e^{Md*}}{\partial k}=\frac{\partial p_e^{Ms*}}{\partial k}=\frac{\partial p_e^{Rd*}}{\partial k}=\frac{\partial p_e^{Rs*}}{\partial k}=\frac{\partial p_e^{Nd*}}{\partial k}=\frac{\partial p_e^{Ns*}}{\partial k}>0$；（3）$\frac{\partial p_r^{Md*}}{\partial k}>0$；$\frac{\partial p_r^{Rd*}}{\partial k}>0$；$\frac{\partial p_r^{Nd*}}{\partial k}>0$；$\frac{\partial p_r^{Ms*}}{\partial k}>0$；$\frac{\partial p_r^{Rs*}}{\partial k}>0$；$\frac{\partial p_r^{Ns*}}{\partial k}>0$。

证明：$\frac{\partial w^{Rd*}}{\partial k}=\frac{\partial w^{Rs*}}{\partial k}=-\frac{c\delta}{4}<0$；$\frac{\partial w^{Nd*}}{\partial k}=\frac{\partial w^{Ns*}}{\partial k}=-\frac{c\delta}{6}<0$

$$\frac{\partial p_e^{Md*}}{\partial k}=\frac{\partial p_e^{Ms*}}{\partial k}=\frac{\partial p_e^{Rd*}}{\partial k}=\frac{\partial p_e^{Rs*}}{\partial k}=\frac{\partial p_e^{Nd*}}{\partial k}=\frac{\partial p_e^{Ns*}}{\partial k}=\frac{c}{2}>0$$

$$\frac{\partial p_r^{Md*}}{\partial k}=\frac{\partial p_r^{Ms*}}{\partial k}=\frac{\partial p_r^{Rd*}}{\partial k}=\frac{\partial p_r^{Rs*}}{\partial k}=\frac{c\delta}{4}>0\quad \frac{\partial p_r^{Nd*}}{\partial k}=\frac{\partial p_r^{Ns*}}{\partial k}=\frac{\delta}{6}>0 \tag{4.26}$$

命题 5 表明，无论何种权力结构和何种推介方式，网络零售价格与实体零售价格均与网络销售效率呈正相关；无论何种推介方式，在实体零售商主导模式下或权力平衡模式下批发价格与网络销售效率呈负相关，在制造商主导模式下，批发价格变化与网络销售效率增减无关。这是由于网络销售效率的增加导致制造商网络销售成本增加，故制造商会提高网络零售价格，此时实体零售商也会相应提高实体零售价格保证收益。在制造商主导供应链下，制造商可以自主决定批发价格，不随网络销售效率变化而变化，而随着权力结构的下移，制造商失去制定价格的先动优势，随着实体零售商渠道权力的增加，实体零售商议价能力不断增强，制造商被迫会制定较低的批发价格。

命题 6 （1）当 $0<\alpha_r<\frac{-(-4k+\delta+3k\delta^2)}{-2(-1+\delta^2)}$ 且 $\frac{-2c-2ck-\alpha_r+\delta\alpha_r}{-1+\delta}\geqslant$

$\alpha_t > \dfrac{\delta + k(-4+3\delta^2) - 2(-1+\delta^2)\alpha_r}{-2+\delta+\delta^2}$ 时，$\dfrac{\partial \pi_m^{Md*}}{\partial k} < 0$，当 $0 < \alpha_r < \dfrac{-(-4k+\delta+3k\delta^2)}{-2(-1+\delta^2)}$ 且 $0 < \alpha_t < \dfrac{\delta + k(-4+3\delta^2) - 2(-1+\delta^2)\alpha_r}{-2+\delta+\delta^2}$ 时，$\dfrac{\partial \pi_m^{Md*}}{\partial k} > 0$；当 $0 < \alpha_r < \dfrac{2c(\delta + k(-2+\delta^2))}{-2+\delta+\delta^2}$ 且 $\alpha_t > \dfrac{2c(\delta + k(-2+\delta^2))}{-2+\delta+\delta^2} - \alpha_r$ 时，$\dfrac{\partial \pi_m^{Ms*}}{\partial k} < 0$，当 $0 < \alpha_r < \dfrac{2c(\delta + k(-2+\delta^2))}{-2+\delta+\delta^2}$ 且 $0 < \alpha_t < \dfrac{2c(\delta + k(-2+\delta^2))}{-2+\delta+\delta^2} - \alpha_r$ 时，$\dfrac{\partial \pi_m^{Ms*}}{\partial k} > 0$；当 $0 < \alpha_r < \dfrac{c(\delta + k(-8+7\delta^2))}{4(-1+\delta^2)}$ 且 $0 < \alpha_t < \dfrac{-c(-8k+\delta+7k\delta^2) + 4(-1+\delta^2)\alpha_r}{-(-4+\delta+3\delta^2)}$ 时，$\dfrac{\partial \pi_m^{Rd*}}{\partial k} > 0$，当 $0 < \alpha_r < \dfrac{c(\delta + k(-8+7\delta^2))}{4(-1+\delta^2)}$ 且 $\alpha_t > \dfrac{-c(-8k+\delta+7k\delta^2) + 4(-1+\delta^2)\alpha_r}{-(-4+\delta+3\delta^2)}$ 时，$\dfrac{\partial \pi_m^{Rd*}}{\partial k} < 0$；当 $0 < \alpha_r < \dfrac{2c(-4k+\delta+3k\delta^2)}{4-\delta-3\delta^2}$ 且 $0 < \alpha_t < \dfrac{2c(-4k+\delta+3k\delta^2)}{4-\delta-3\delta^2} - \alpha_r$ 时，$\dfrac{\partial \pi_m^{Rs*}}{\partial k} > 0$，当 $0 < \alpha_r < \dfrac{2c(-4k+\delta+3k\delta^2)}{4-\delta-3\delta^2}$ 且 $\alpha_t > \dfrac{2c(-4k+\delta+3k\delta^2)}{4-\delta-3\delta^2} - \alpha_r$ 时，$\dfrac{\partial \pi_m^{Rs*}}{\partial k} < 0$；当 $0 < \alpha_r < \dfrac{2c(-9k+2\delta+7k\delta^2)}{9(-1+\delta^2)}$ 且 $0 < \alpha_t < \dfrac{9(-1+\delta^2)\alpha_r - 2c(-9k+2\delta+7k\delta^2)}{(9-4\delta-5\delta^2)}$ 时，$\dfrac{\partial \pi_m^{Nd*}}{\partial k} > 0$，当 $0 < \alpha_r < \dfrac{2c(-9k+2\delta+7k\delta^2)}{9(-1+\delta^2)}$ 且 $\dfrac{-4c-6ck-2ck\delta-3\alpha_r+3\delta\alpha_r}{-1+\delta} \geqslant \alpha_t > \dfrac{9(-1+\delta^2)\alpha_r - 2c(-9k+2\delta+7k\delta^2)}{(9-4\delta-5\delta^2)}$ 时，$\dfrac{\partial \pi_m^{Nd*}}{\partial k} < 0$；当 $0 < \alpha_r < \dfrac{2c(-9k+4\delta+5k\delta^2)}{(9-4\delta-5\delta^2)}$ 且 $0 < \alpha_t < \dfrac{2c(-9k+4\delta+5k\delta^2)}{(9-4\delta-5\delta^2)} - \alpha_r$ 时，$\dfrac{\partial \pi_m^{Ns*}}{\partial k} > 0$，当 $0 < \alpha_r < \dfrac{2c(-9k+4\delta+5k\delta^2)}{(9-4\delta-5\delta^2)}$ 且 $\alpha_t > \dfrac{2c(-9k+4\delta+5k\delta^2)}{(9-4\delta-5\delta^2)} - \alpha_r$ 时，$\dfrac{\partial \pi_m^{Ns*}}{\partial k} < 0$；

（2）当 $0 < \delta < \dfrac{1}{k}$ 且 $0 < \alpha_t < \dfrac{c(1-k\delta)}{1-\delta}$ 时，$\dfrac{\partial \pi_r^{Md*}}{\partial k} < 0$；$\dfrac{\partial \pi_r^{Rd*}}{\partial k} < 0$；

$\frac{\partial \pi_r^{Nd*}}{\partial k} < 0$；当$0 < \delta < \frac{1}{k}$且$\frac{-2c - 2ck - \alpha_r + \delta\alpha_r}{-1+\delta} \geqslant \alpha_t > \frac{c(1-k\delta)}{1-\delta}$时，$\frac{\partial \pi_r^{Md*}}{\partial k} > 0$；当$0 < \delta < \frac{1}{k}$且$\alpha_t > \frac{c(1-k\delta)}{1-\delta}$时，$\frac{\partial \pi_r^{Rd*}}{\partial k} > 0$；当$0 < \delta < \frac{1}{k}$且$\frac{-4c - 6ck - 2ck\delta - 3\alpha_r + 3\delta\alpha_r}{-1+\delta} \geqslant \alpha_t > \frac{c(1-k\delta)}{1-\delta}$时，$\frac{\partial \pi_r^{Nd*}}{\partial k} > 0$；当$0 < \alpha_r < \frac{2c(1-k\delta)}{1-\delta}$且$0 < \alpha_t < \frac{2c(1-k\delta)}{1-\delta} - \alpha_r$时，$\frac{\partial \pi_r^{Ms*}}{\partial k} < 0$；$\frac{\partial \pi_r^{Rs*}}{\partial k} < 0$；$\frac{\partial \pi_r^{Ns*}}{\partial k} < 0$；当$0 < \alpha_r < \frac{2c(1-k\delta)}{1-\delta}$且$\alpha_t > \frac{2c(1-k\delta)}{1-\delta} - \alpha_r$时，$\frac{\partial \pi_r^{Ms*}}{\partial k} > 0$；$\frac{\partial \pi_r^{Rs*}}{\partial k} > 0$；$\frac{\partial \pi_r^{Ns*}}{\partial k} > 0$；

证明：

$$\frac{\partial \pi_m^{Md*}}{\partial k} = \frac{c(c(-4k+\delta+3k\delta^2) - 2(-1+\delta^2)\alpha_r - (-2+\delta+\delta^2)\alpha_t)}{4(-1+\delta^2)}$$

$$\frac{\partial \pi_m^{Rd*}}{\partial k} = \frac{c(c(-8k+\delta+7k\delta^2) - 4(-1+\delta^2)\alpha_r - (-4+\delta+3\delta^2)\alpha_t)}{8(-1+\delta^2)}$$

$$\frac{\partial \pi_m^{Nd*}}{\partial k} = \frac{c(2c(-9k+2\delta+7k\delta^2) - 9(-1+\delta^2)\alpha_r + (9-4\delta-5\delta^2)\alpha_t)}{18(-1+\delta^2)}$$

$$\frac{\partial \pi_m^{Ms*}}{\partial k} = \frac{c(2c(\delta+k(-2+\delta^2)) - (-2+\delta+\delta^2)\alpha_r - (-2+\delta+\delta^2)\alpha_t)}{4(-1+\delta^2)}$$

$$\frac{\partial \pi_m^{Rs*}}{\partial k} = \frac{c(2c(-4k+\delta+3k\delta^2) - (-4+\delta+3\delta^2)\alpha_r - (-4+\delta+3\delta^2)\alpha_t)}{8(-1+\delta^2)}$$

$$\frac{\partial \pi_m^{Ns*}}{\partial k} = \frac{c(2c(-9k+4\delta+5k\delta^2) + (9-4\delta-5\delta^2)\alpha_r + (9-4\delta-5\delta^2)\alpha_t)}{18(-1+\delta^2)}$$

$$\frac{\partial \pi_r^{Md*}}{\partial k} = \frac{c\delta(c - ck\delta + (-1+\delta)\alpha_t)}{8(-1+\delta^2)}$$

$$\frac{\partial \pi_r^{Rd*}}{\partial k} = \frac{c\delta(c - ck\delta + (-1+\delta)\alpha_t)}{4(-1+\delta^2)}$$

$$\frac{\partial \pi_r^{Nd*}}{\partial k} = \frac{2c\delta(c - ck\delta + (-1+\delta)\alpha_t)}{9(-1+\delta^2)}$$

$$\frac{\partial \pi_r^{Ms*}}{\partial k} = \frac{c\delta(-2c(-1+k\delta) + (-1+\delta)\alpha_r + (-1+\delta)\alpha_t)}{8(-1+\delta^2)}$$

$$\frac{\partial \pi_r^{Rs*}}{\partial k} = \frac{c\delta(-2c(-1+k\delta)+(-1+\delta)\alpha_r+(-1+\delta)\alpha_t)}{4(-1+\delta^2)}$$

$$\frac{\partial \pi_r^{Ns*}}{\partial k} = \frac{2c\delta(2c(-1+k\delta)-(-1+\delta)\alpha_r-(-1+\delta)\alpha_t)}{9(1-\delta^2)} \qquad (4.27)$$

命题 6 表明，无论何种权力结构和推介方式，当传统型消费者市场规模较小时，制造商利润与网络销售效率正相关，实体零售商利润与网络销售效率负相关；而当传统型消费者市场规模较大时，制造商利润与网络销售效率负相关，实体零售商利润与网络销售效率正相关。这是因为：在实际经营过程中，供应链成员在实体零售渠道的收益依赖于传统型消费者市场规模的大小。当传统型消费者市场规模较小时，由于网络销售效率增加，网络销售成本增加，制造商无法从传统实体零售批发渠道获得更多利润，其会选择将大量访问官网的消费者仅推介到自己经营的网络直销渠道购买，此时制造商利润会随网络销售效率增加而不断增加。此时实体零售商传统型消费者市场需求有限，因此会随网络销售效率增加而降低；当传统型消费者市场规模较大时，由命题 5 可知，批发价格与网络销售效率负相关，制造商批发价格下降且网络销售成本不断增加，制造商利润会随网络销售效率增加而不断下降。此时实体零售商传统型消费者市场需求较大，零售商提高实体零售价格获得更多收益，因此实体零售商利润会随网络销售效率增加而不断增加。

4.5　数值分析

为分析不同推介方式对最优定价决策的影响，令参数取值为：$c=2$，$\delta=0.6$，$k=2$。不同权力结构下两种推介方式对应的最优定价如图 4 - 1 所示。

观察图 4 - 1(a) 至图 4 - 1(f) 可以发现，当传统型消费者市场规模大于推介型消费者市场规模时，制造商仅推介网络直销渠道下的批发价格和实体零售价格均大于制造商同时推介实体零售渠道和网络直销渠道的价格；当传统型消费者市场规模小于推介型消费者市场规模时，制造商仅推介网络直销渠道下的批发价格和实体零售价格均小于制造商同时推介实体零售渠道和网络直销渠道的价格。观察图 4 - 1(g) 至图 4 - 1(i) 可以发现，3 种权力结构下网络零售价格不受推介方式的影响。这验证了命题 1 的相关结论。

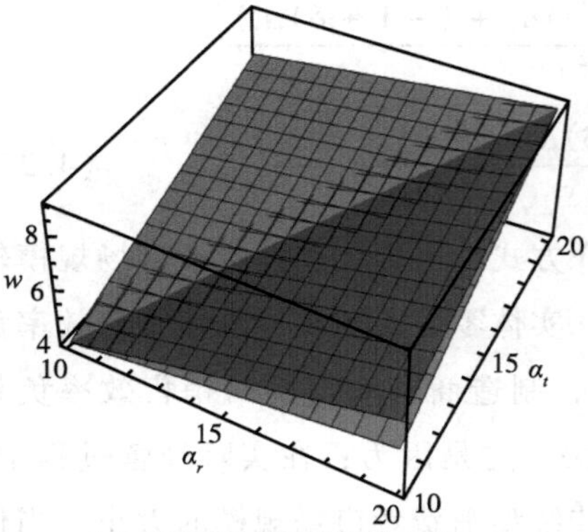

（a）制造商主导下的批发价格

w^{Md*}　w^{Ms*}

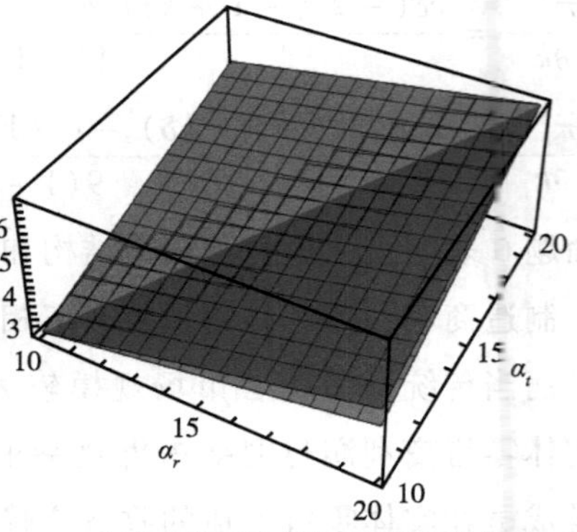

（b）实体零售商主导下的批发价格

w^{Rd*}　w^{Rs*}

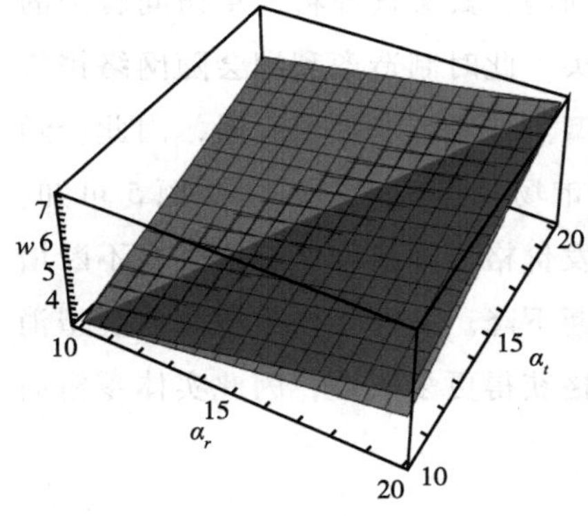

（c）共同主导下的批发价格

w^{Nd*}　w^{Ns*}

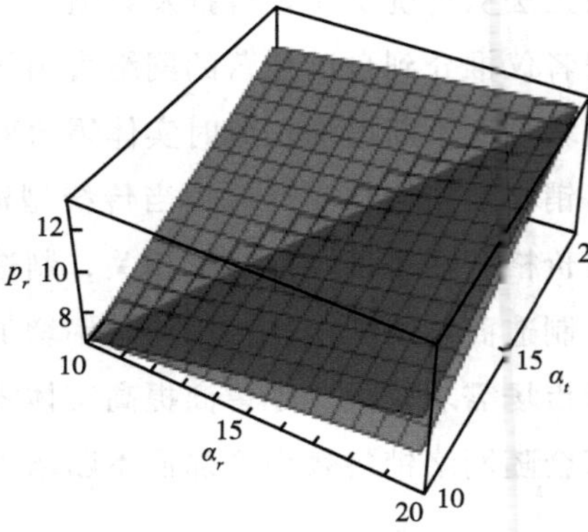

（d）制造商主导下的实体零售价格

P_r^{Md*}　P_r^{Ms*}

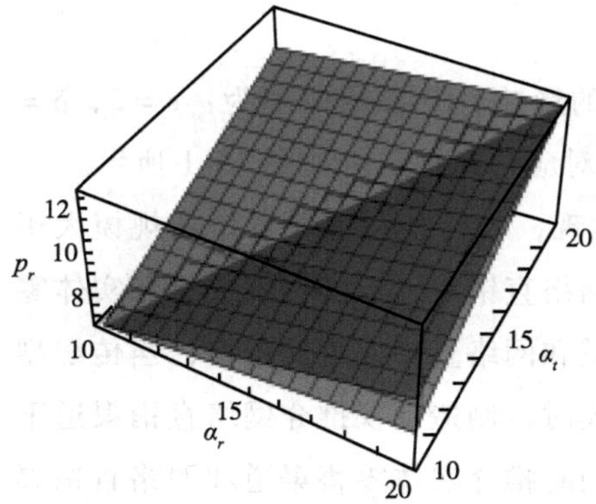

（e）实体零售商主导下的实体零售价格

P_r^{Rd*}　P_r^{Rs*}

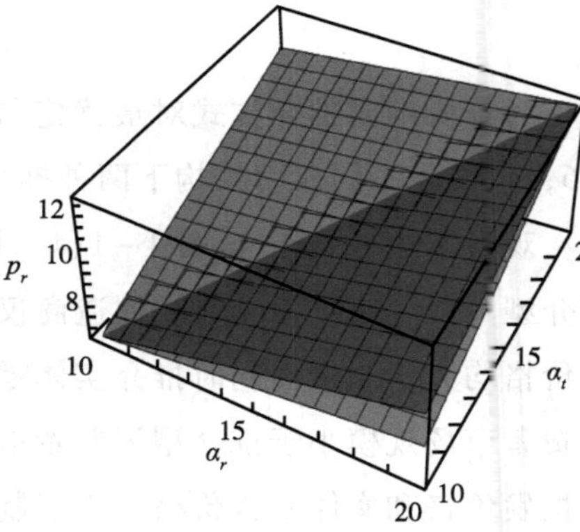

（f）共同主导下的实体零售价格

P_r^{Nd*}　P_r^{Ns*}

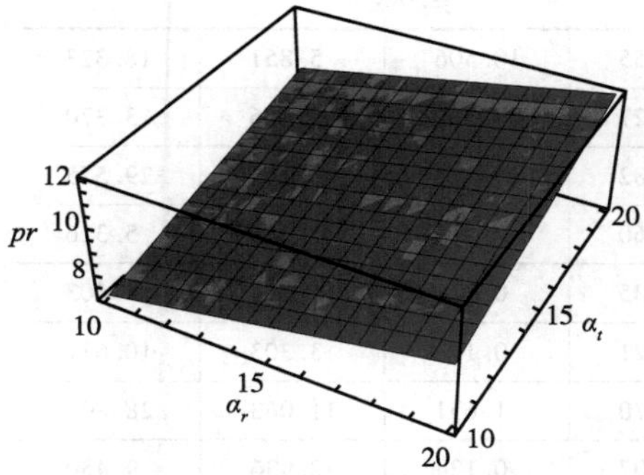

（g）制造商主导下的网络零售价格

■ P_e^{Md*}　■ P_e^{Ms*}

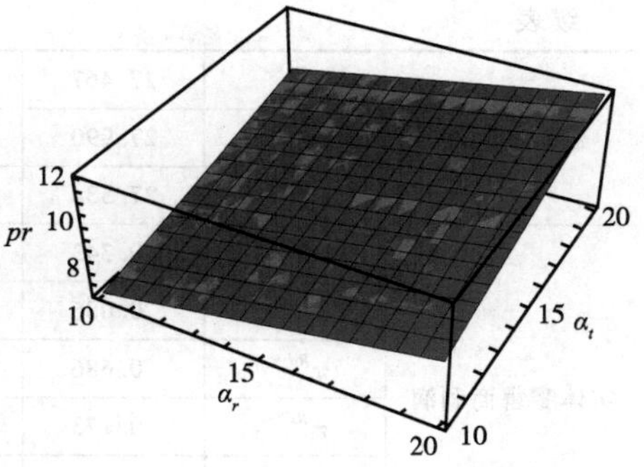

（h）实体零售商主导下的网络零售价格

■ P_e^{Rd*}　■ P_e^{Rs*}

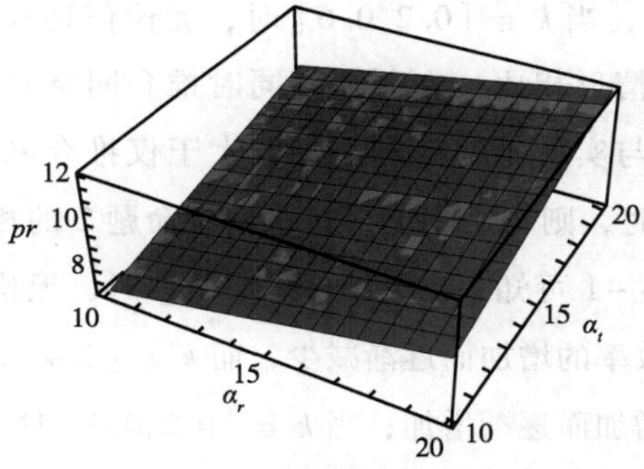

（i）共同主导下的网络零售价格

■ P_e^{Nd*}　■ P_e^{Ns*}

图 4－1　不同推介方式对供应链成员最优定价的影响

为分析不同权力结构下制造商与实体零售商对推介方式的偏好，并考察网络销售效率对制造商和实体零售商利润的影响，令参数取值为：$\alpha_r=12$，$\alpha_t=4$，$c=3$，$\delta=0.75$。3 种权力结构下两种推介方式对应的制造商利润和实体零售商利润见表 4－1。

表 4－1　网络销售效率对推介方式选择的影响

网络销售效率	k	0.2	0.6	1.2	2.4	3.6
制造商利润	π_m^{Md*}	28.067	19.341	9.820	3.623	11.551
	π_m^{Ms*}	27.553	19.290	11.331	11.383	32.726
	π_m^{Rd*}	27.723	19.280	9.750	1.971	9.236

续表

制造商利润	π_m^{Rs*}	27.467	19.255	10.506	5.851	18.323
	π_m^{Nd*}	27.990	19.327	9.804	3.256	13.370
	π_m^{Ns*}	27.534	19.282	11.148	10.154	29.525
实体零售商利润	π_r^{Md*}	0.343	0.060	0.070	1.651	5.316
	π_r^{Ms*}	0.086	0.035	0.826	5.531	14.403
	π_r^{Rd*}	0.686	0.121	0.140	3.303	10.631
	π_r^{Rs*}	0.173	0.070	1.651	11.063	28.806
	π_r^{Nd*}	0.610	0.107	0.124	2.936	9.450
	π_r^{Ns*}	0.154	0.062	1.468	9.834	25.605

由表 4-1 可知，当 $k \in [0.2,0.6]$ 时，无论何种权力结构，与制造商仅推介网络直销渠道情形相比，在制造商同时推介网络直销渠道与实体零售渠道情形下，制造商与实体零售商利润均较大于仅推介网络直销渠道情形，而当 $k \in [0.6,3.6]$ 时，则与之相反，这验证了命题 2 的相关结论。

进一步观察表 4-1 可知，当 $k \in [0.2,2.4]$ 时，无论何种推介方式制造商利润随着网络销售效率的增加而逐渐减少，而 $k \in [2.4,3.6]$ 时，制造商利润随着网络销售效率的增加而逐渐增加；当 $k \in [0.2,0.6]$ 时，无论何种推介方式实体零售商利润随着网络销售效率的增加而逐渐减少，而 $k \in [0.6,3.6]$ 时，实体零售商利润随着网络销售效率的增加而逐渐增加，这验证了命题 6 的相关结论。

为分析推介方式对制造商与实体零售商先动优势的影响，并探究主导地位变化及网络销售效率对制造商与实体零售商最优定价与最优利润的影响，令参数取值为：$\alpha_r = 12$，$\alpha_t = 4$，$c = 2$，$\delta = 0.6$。

由图 4-2 可观察到，无论何种推介方式，制造商与实体零售商均是在获得主导权时能够获得最大收益，在对方主导模式下所获收益最小，验证了命题 3 的相关结论。

由图 4-3(b)、图 4-3(d) 可知，当 $k \in [0,0.33]$ 时，在制造商仅推介网络直销渠道下，批发价格在实体零售商主导下最高，权力均衡下居中，制造商主导下最低；实体零售价格在权力均衡下最高，且制造商主导与实体零售商主导下的实体零售价格相等。当 $k \in [0.33,2]$ 时，批发价格在制造商主导下最高，权力均衡下次之，在实体零售商主导下最低；在制造商与实体零售商主

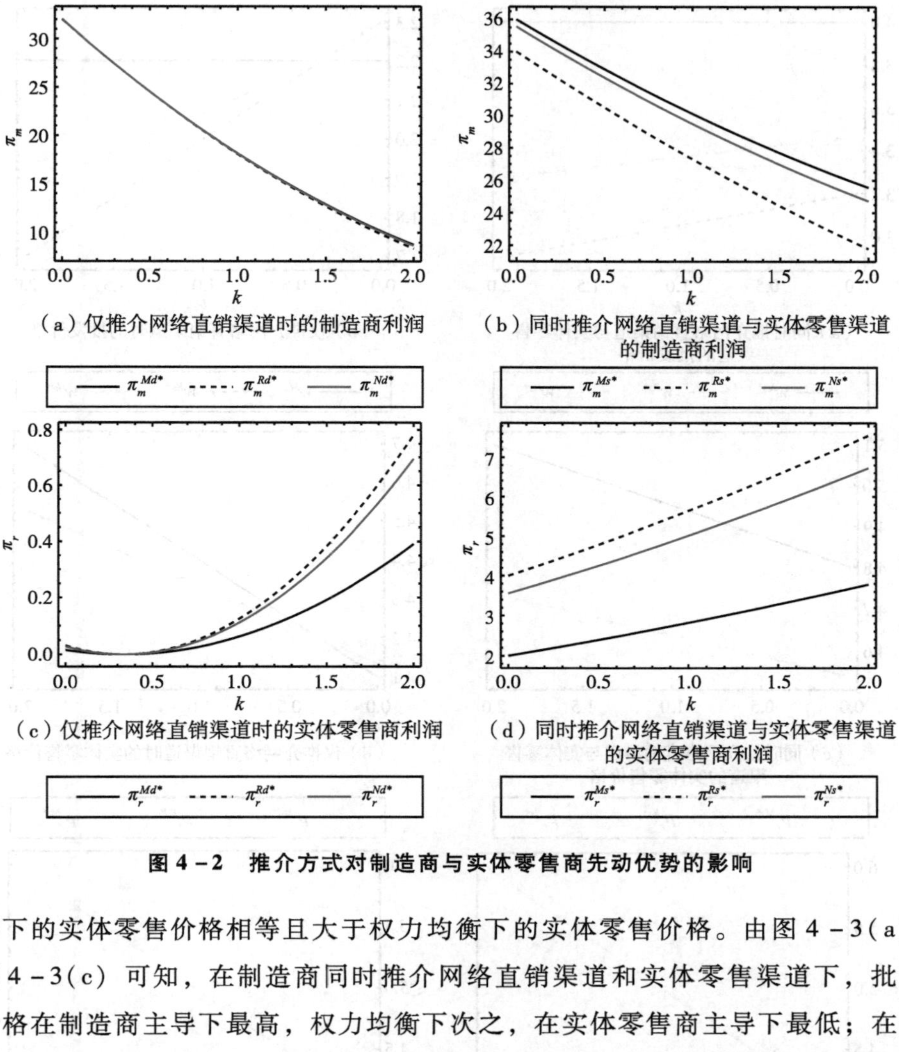

（a）仅推介网络直销渠道时的制造商利润

（b）同时推介网络直销渠道与实体零售渠道的制造商利润

（c）仅推介网络直销渠道时的实体零售商利润

（d）同时推介网络直销渠道与实体零售渠道的实体零售商利润

图 4－2　推介方式对制造商与实体零售商先动优势的影响

导下的实体零售价格相等且大于权力均衡下的实体零售价格。由图 4－3(a)、图 4－3(c) 可知，在制造商同时推介网络直销渠道和实体零售渠道下，批发价格在制造商主导下最高，权力均衡下次之，在实体零售商主导下最低；在制造商与实体零售商主导下的实体零售价格相等且大于权力均衡下的实体零售价格，验证了命题 4 中批发价格与实体零售价格的相关结论。

由图 4－3(a) 和图 4－3(b) 可知，除制造商主导下产品批发价格不受网络销售效率影响外，其余模式下产品批发价格与网络销售效率负相关，验证了命题 5 中批发价格变化规律；由图 4－3(c) 至图 4－3(f) 可以发现，无论何种推介方式以及何种权力结构，实体零售价格与网络零售价格均与网络销售效率正相关，验证了命题 5 中实体零售价格与网络零售价格的相关结论。

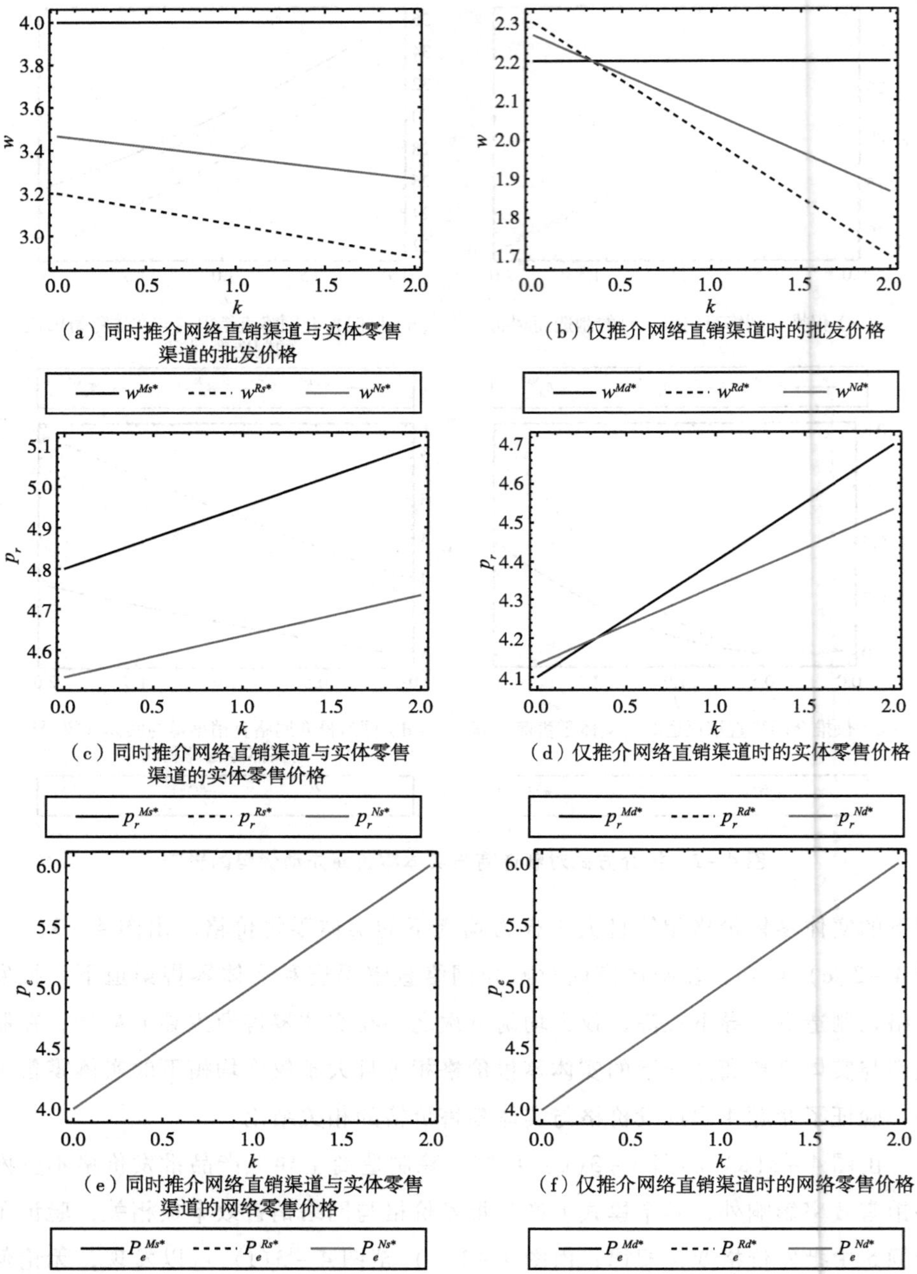

（a）同时推介网络直销渠道与实体零售渠道的批发价格

（b）仅推介网络直销渠道时的批发价格

（c）同时推介网络直销渠道与实体零售渠道的实体零售价格

（d）仅推介网络直销渠道时的实体零售价格

（e）同时推介网络直销渠道与实体零售渠道的网络零售价格

（f）仅推介网络直销渠道时的网络零售价格

图 4－3　不同推介方式下供应链成员的最优定价

4.6　本章小结

本章在考虑网络销售效率的基础上，分析了制造商主导 Stackelberg 博弈、实体零售商主导 Stackelberg 博弈、制造商与实体零售商 Nash 均衡博弈的双渠道供应链均衡决策，通过对均衡决策的比较分析，得到以下主要结论与启示：

（1）无论何种权力结构和何种推介方式，网络零售价格与实体零售价格均与网络销售效率呈正相关；无论何种推介方式，在实体零售商主导模式下或权力平衡模式下批发价格与网络销售效率呈负相关，在制造商主导模式下，批发价格变化与网络销售效率增减无关。无论何种权力结构和推介方式，当传统型消费者市场规模较小时，制造商利润与网络销售效率正相关，实体零售商利润与网络销售效率负相关；反之则反。因此，对于制造商而言，其应降低网络销售效率，从而获得最优定价优势。对实体零售商而言，其需通过市场营销手段扩大传统型消费者市场规模，从而抵消网络销售效率的负向影响。

（2）无论何种权力结构，当网络销售效率较大时制造商与实体零售商会偏好选择同时推介实体零售渠道和网络直销渠道，反之，则偏好选择仅推介网络直销渠道。因此，制造商可以根据网络销售效率的大小调整推介方式。

（3）无论何种权力结构下，推介方式对批发价格、网络零售价格和实体零售价格的影响存在差异。推介方式不会影响网络零售价格，但会改变批发价格和实体零售价格。无论何种推介方式，制造商和实体零售商均在各自主导供应链时获得的利润最多，在权力平衡时获得的利润次之，在对方主导供应链时获得的利润最少。因此，制造商与实体零售商均需要争取供应链的主导权，从而制定最优定价，实现利润最大化。

第5章　考虑公平关切制造商推介的双渠道供应链决策

5.1　引　言

现实中，供应链成员有时会从收入和地位的角度进行比较，当一个成员在获得小部分利润时可能感到被忽视，并且期望得到其他成员的公平对待（Rabin，1993）。也就是说，企业不仅关注自身的利润，而且会关注供应链其他成员的利润分配情况。所谓公平关切是指现实中人们在追求个人利益最大化的同时，也注重利益分配的公平性。Katok 和 Pavlov（2013）设计了一系列行为实验，研究表明公平关切、有限理性和不完全信息都是供应链效率低下的原因，其中公平关切尤为重要。可见，供应链成员对供应链利润分配公平性的担忧会影响供应链的长期稳定性。

关于公平关切在供应链的研究主要集中在公平关切对供应链决策的影响和公平关切下供应链的契约协调等方面。例如，Zhang 等（2019）探讨了消费者环境意识和零售商公平关切对闭环供应链定价决策的影响；Deng 等（2023）研究了政府补贴下零售商公平关切对供应链最优定价决策的作用；王晓迪等（2019）通过设计一种新型收益分担契约消除了“双重边际”效应，实现了公平关切下闭环供应链的有效协调；覃燕红和王少杰（2023）将农户公平关切引入农产品供应链中，使用收益共享契约协调了农产品供应链。许民利等（2020）进一步地研究了双向公平关切下，两回收平台竞争的逆向供应链最优回收策略。然而以上研究只针对传统实体销售或网络平台销售的单渠道供应链，并未涉及同时进行传统实体销售和网络平台销售的双渠道供应链。为此，学者们进一步将公平关切拓展到双渠道供应链的研究中。袁宇翔等（2023）

探究了零售商的公平关切和风险厌恶双重行为偏好对双渠道供应链定价决策的影响。李重莲等（2021）更进一步地对双向公平关切下双渠道供应链的线上线下融合进行了契约设计。

目前，零售企业的不断发展壮大使得供应链的权力结构也呈现出多元化的发展趋势，不仅存在制造商或者实体零售商主导的供应链权力结构，也存在制造商和实体零售商势均力敌的供应链权力结构。由于不同权力结构下的双渠道供应链涉及更复杂的决策环境，渠道利润的分配也更难达到公平合理，此时双渠道供应链成员更容易产生对公平行为的关注。因此，本研究考虑制造商的公平关切行为，分别构建不同权力结构下的双渠道供应链决策模型并进行求解分析。本研究主要探讨以下几个问题：（1）在 3 种权力结构下，制造商公平关切行为程度如何影响双渠道供应链产品定价、渠道市场总需求以及成员利润？（2）当制造商存在公平关切行为时，不同权力结构下制造商（实体零售商）如何对仅推介网络直销渠道和同时推介实体零售渠道与网络直销渠道这两种推介方式进行选择？（3）制造商的公平关切行为将怎样影响制造商（实体零售商）的推介方式选择策略？

5.2　研究假设

此处的基本问题、需求函数与第三章一致，不同之处在于，本章欲将制造商的公平关切行为纳入研究模型。假设实体零售商始终保持公平中性，追求自身利益最大化，制造商具有公平关切行为，追求自身效用最大化。参照杜少甫等（2010）对公平关切行为的刻画，将制造商的效用函数表示为：

$$U_m = \pi_m - \gamma(\pi_r - \pi_m) \tag{5.1}$$

其中，$\gamma(\gamma > 0)$ 表示制造商的公平关切程度，当 $\pi_m \geqslant \pi_r$ 时，制造商的效用随着利润差异的增加而减少；而当 $\pi_m < \pi_r$ 时，制造商效用随着利润差异的增加而增加。而当 $\gamma = 0$ 时，制造商是公平中性的。

5.3 不同权力结构下的双渠道供应链博弈模型构建与求解

下面运用 Stackelberg 和 Bertrand 博弈理论构建用以刻画不同权力结构的双渠道供应链优化模型，并通过优化模型求得制造商主导、实体零售商主导、制造商与实体零售商共同主导时的双渠道供应链均衡。

5.3.1 制造商主导时的双渠道供应链博弈模型构建与求解

当制造商主导供应链时，制造商较实体零售商而言具有更大的权力，可优先进行定价决策，而实体零售商只能依据制造商的反应进行定价决策。基于 Stackelberg 博弈理论，该决策过程可以用如下双层优化模型来表示：

$$\begin{cases} \max\limits_{w,p_e} U_m = (wD_r + p_e D_e) - \gamma(\pi_r - \pi_m) \\ s.t.\ \max\limits_{p_r} \pi_r = (p_r - w)D_r \end{cases} \tag{5.2}$$

将不同推介方式下实体零售渠道和网络直销渠道的市场总需求分别代入式（5.2），并利用逆推归纳法求解，得到不同推介方式下制造商和实体零售商的最优定价，再将其代入对应的需求函数和效用函数可求得不同推介方式下的均衡需求和利润，如表 5－1 所示。

表 5－1　制造商主导时的双渠道供应链模型结果

模型结果	仅推介网络直销渠道 $(i=d)$	同时推介实体零售渠道和网络直销渠道 $(i=s)$
w^{Mi*}	$-\frac{-2\delta\alpha_r - 3\gamma\delta\alpha_r - 4\alpha_t - 8\gamma\alpha_t + 2\delta\alpha_t + 5\gamma\delta\alpha_t}{4(2+3\gamma)}$	$\frac{1}{4}(\alpha_r + \alpha_t)$
p_e^{Mi*}	$\frac{1}{4}(\alpha_r + \alpha_t)$	$\frac{1}{4}(\alpha_r + \alpha_t)$
p_r^{Mi*}	$\frac{(2+3\gamma)\delta\alpha_r + (6+\gamma(10-7\delta)-4\delta)\alpha_t}{8+12\gamma}$	$-\frac{1}{8}(-3+\delta)(\alpha_r + \alpha_t)$

续表

模型结果	仅推介网络直销渠道 ($i=d$)	同时推介实体零售渠道和网络直销渠道 ($i=s$)
D_e^{Mi*}	$\frac{1}{2}\left(\alpha_r+\frac{(2+\delta+\gamma(3+2\delta))\alpha_t}{(2+3\gamma)(1+\delta)}\right)$	$\frac{(2+\delta)(\alpha_r+\alpha_t)}{4(1+\delta)}$
D_r^{Mi*}	$\frac{(1+\gamma)\alpha_t}{2(2+3\gamma)(1+\delta)}$	$\frac{\alpha_r+\alpha_t}{4+4\delta}$
π_m^{Mi*}	$\frac{1}{8}\left(\alpha_r^2+2\alpha_r\alpha_t+\frac{(8+24\gamma+\gamma^2(17+\delta))\alpha_t^2}{(2+3\gamma)^2(1+\delta)}\right)$	$\frac{(3+\delta)(\alpha_r+\alpha_t)^2}{16(1+\delta)}$
π_r^{Mi*}	$-\frac{(1+\gamma)^2(-1+\delta)\alpha_t^2}{4(2+3\gamma)^2(1+\delta)}$	$-\frac{(-1+\delta)(\alpha_r+\alpha_t)^2}{32(1+\delta)}$

为维护双渠道运作秩序，不同推介方式下制造商的最优定价需满足 $p_e^{Mi*} \geqslant w^{Mi*}$，在制造商仅推介网络直销渠道情形下，为满足上述条件，需满足 $\alpha_r \geqslant \frac{(2+5\gamma)\alpha_t}{2+3\gamma}$；在制造商同时推介实体零售渠道和网络直销渠道情形下，为满足上述条件，需满足 $\gamma=0$，即这种情形下制造商不存在公平关切行为。

5.3.2　实体零售商主导时的双渠道供应链博弈模型构建与求解

当实体零售商主导供应链时，实体零售商较制造商而言具有更大的权力，可优先进行定价决策，而制造商只能依据实体零售商的反应进行定价决策。基于 Stackelberg 博弈理论，该决策过程可以用如下双层优化模型来表示：

$$\begin{cases}\max\limits_{p_r}\pi_r = (p_r - w)D_r \\ s.t.\ \max\limits_{w,p_e}U_m = (wD_r + p_eD_e) - \gamma(\pi_r - \pi_m)\end{cases} \tag{5.3}$$

为求解上述双层优化模型，这里假设实体零售商的单位产品销售利润为 m，则 $p_r = w + m$。将 $p_r = w + m$ 以及不同推介方式下实体零售渠道和网络直销渠道的市场总需求分别代入式（5.3），并利用逆推归纳法求解，得到不同推介方式下制造商和实体零售商的最优定价，再将其代入对应的需求函数和效用函数可求得不同推介方式下的均衡需求和利润，如表 5－2 所示。

表 5－2　实体零售商主导时的双渠道供应链模型结果

模型结果	仅推介网络直销渠道 $(i=d)$	同时推介实体零售渠道和网络直销渠道 $(i=s)$
w^{Ri*}	$\dfrac{(\delta+2\gamma\delta)\alpha_r+(1-2\gamma(-2+\delta))\alpha_t}{4+8\gamma}$	$\dfrac{(1+4\gamma+\delta)(\alpha_r+\alpha_t)}{8+16\gamma}$
p_e^{Ri*}	$\dfrac{1}{4}(\alpha_r+\alpha_t)$	$\dfrac{1}{4}(\alpha_r+\alpha_t)$
p_r^{Ri*}	$\dfrac{1}{4}(\delta\alpha_r+(3-2\delta)\alpha_t)$	$-\dfrac{1}{8}(-3+\delta)(\alpha_r+\alpha_t)$
D_e^{Ri*}	$\dfrac{1}{4}\left(2\alpha_r+\dfrac{(2+\delta)\alpha_t}{1+\delta}\right)$	$\dfrac{(2+\delta)(\alpha_r+\alpha_t)}{4(1+\delta)}$
D_r^{Ri*}	$\dfrac{\alpha_t}{4+4\delta}$	$\dfrac{\alpha_r+\alpha_t}{4+4\delta}$
π_m^{Ri*}	$\dfrac{1}{16}\left(2\alpha_r^2+4\alpha_r\alpha_t+\dfrac{(3+8\gamma+\delta)\alpha_t^2}{(1+2\gamma)(1+\delta)}\right)$	$\dfrac{(5+3\delta+4\gamma(3+\delta))(\alpha_r+\alpha_t)^2}{32(1+2\gamma)(1+\delta)}$
π_r^{Ri*}	$-\dfrac{(1+\gamma)(-1+\delta)\alpha_t^2}{8(1+2\gamma)(1+\delta)}$	$-\dfrac{(1+\gamma)(-1+\delta)(\alpha_r+\alpha_t)^2}{16(1+2\gamma)(1+\delta)}$

为维护双渠道运作秩序，不同推介方式下制造商的最优定价需满足 $p_e^{Ri*}\geqslant w^{Ri*}$，在制造商仅推介网络直销渠道情形下，为满足上述条件，需满足 $\alpha_r\geqslant\dfrac{2\gamma\alpha_t}{1+2\gamma}$；在制造商同时推介实体零售渠道和网络直销渠道情形下，产品的网络零售价格始终大于批发价格，因此各参数无须进行其他限制。

5.3.3　制造商与实体零售商共同主导时的双渠道供应链博弈模型构建与求解

当制造商与实体零售商共同主导时，双方同时进行定价决策。基于 Bertrand 博弈理论，该决策过程可以用如下双层优化模型来表示：

$$\begin{cases}\max\limits_{w,p_e}U_m=(wD_r+p_eD_e)-\gamma(\pi_r-\pi_m)\\ \max\limits_{p_r}\pi_r=(p_r-w)D_r\end{cases}\tag{5.4}$$

同样，为求解上述双层优化模型，这里假设实体零售商的单位产品销售利

润为 m，则 $p_r = w + m$。将 $p_r = w + m$ 以及不同推介方式下实体零售渠道和网络直销渠道的市场总需求分别代入式（5.4），并利用 Nash 博弈规则求解，得到不同推介方式下制造商和实体零售商的最优定价，再将其代入对应的需求函数和利润函数可求得不同推介方式下的均衡需求和利润，如表 5－3 所示。

表 5－3　制造商与实体零售商共同主导时的双渠道供应链模型结果

模型结果	仅推介网络直销渠道 ($i = d$)	同时推介实体零售渠道和网络直销渠道 ($i = s$)
w^{Ni*}	$-\frac{-3\delta\alpha_r - 4\gamma\delta\alpha_r - 4\alpha_t - 8\gamma\alpha_t + \delta\alpha_t + 4\gamma\delta\alpha_t}{4(3+4\gamma)}$	$-\frac{-2\alpha_r - 4\gamma\alpha_r - \delta\alpha_r - 2\alpha_t - 4\gamma\alpha_t - \delta\alpha_t}{4(3+4\gamma)}$
p_e^{Ni*}	$\frac{1}{4}(\alpha_r + \alpha_t)$	$\frac{1}{4}(\alpha_r + \alpha_t)$
p_r^{Ni*}	$\frac{1}{4}\left(\delta\alpha_r + \frac{(8+\gamma(12-8\delta)-5\delta)\alpha_t}{3+4\gamma}\right)$	$-\frac{(-4+2\gamma(-3+\delta)+\delta)(\alpha_r+\alpha_t)}{4(3+4\gamma)}$
D_e^{Ni*}	$\frac{1}{2}\left(\alpha_r + \frac{(3+\delta+2\gamma(2+\delta))\alpha_t}{(3+4\gamma)(1+\delta)}\right)$	$\frac{(3+\delta+2\gamma(2+\delta))(\alpha_r+\alpha_t)}{2(3+4\gamma)(1+\delta)}$
D_r^{Ni*}	$\frac{(1+\gamma)\alpha_t}{(3+4\gamma)(1+\delta)}$	$\frac{(1+\gamma)(\alpha_r+\alpha_t)}{(3+4\gamma)(1+\delta)}$
π_m^{Ni*}	$\frac{1}{8}\left(\alpha_r^2 + 2\alpha_r\alpha_t + \frac{(17+48\gamma+32\gamma^2+\delta)\alpha_t^2}{(3+4\gamma)^2(1+\delta)}\right)$	$\frac{(13+5\delta+12\gamma(3+\delta)+8\gamma^2(3+\delta))(\alpha_r+\alpha_t)^2}{8(3+4\gamma)^2(1+\delta)}$
π_r^{Ni*}	$-\frac{(1+\gamma)^2(-1+\delta)\alpha_t^2}{(3+4\gamma)^2(1+\delta)}$	$-\frac{(1+\gamma)^2(-1+\delta)(\alpha_r+\alpha_t)^2}{2(3+4\gamma)^2(1+\delta)}$

为维护双渠道运作秩序，不同推介方式下制造商的最优定价需满足 $p_e^{Ni*} \geqslant w^{Ni*}$，在制造商仅推介网络直销渠道情形下，为满足上述条件，需满足 $\alpha_r \geqslant \frac{(1+4\gamma)\alpha_t}{3+4\gamma}$；而在制造商同时推介实体零售渠道和网络直销渠道情形下，产品的网络零售价格始终等于批发价格，因此各参数无须进行其他限制。

5.4　模型结果分析

为探索制造商公平关切对双渠道供应链均衡决策的作用机理，分别对不同权力结构下两种推介方式对应的模型结果进行分析。

性质 1 3 种权力结构下，实体零售商利润与制造商的公平关切程度负相关，但制造商的公平关切对制造商利润的影响与权力结构有关，具体而言，随着制造商的公平关切程度的增加，（1）在制造商主导的权力结构下，制造商利润降低；（2）在实体零售商主导的权力结构下和制造商与实体零售商共同主导的权力结构下，制造商利润增加。

证明：（1）当制造商主导供应链时，

$$\frac{\partial \pi_m^{Md*}}{\partial \gamma}=\frac{\gamma(-1+\delta)\alpha_t^2}{2(2+3\gamma)^3(1+\delta)}<0;\ \frac{\partial \pi_r^{Md*}}{\partial \gamma}=\frac{(1+\gamma)(-1+\delta)\alpha_t^2}{2(2+3\gamma)^3(1+\delta)}<0 \tag{5.5}$$

（2）当实体零售商主导供应链时，

$$\frac{\partial \pi_m^{Rd*}}{\partial \gamma}=-\frac{(-1+\delta)\alpha_t^2}{8(1+2\gamma)^2(1+\delta)}>0;\ \frac{\partial \pi_r^{Rd*}}{\partial \gamma}=\frac{(-1+\delta)\alpha_t^2}{8(1+2\gamma)^2(1+\delta)}<0$$

$$\frac{\partial \pi_m^{Rs*}}{\partial \gamma}=-\frac{(-1+\delta)(\alpha_r+\alpha_t)^2}{16(1+2\gamma)^2(1+\delta)}>0;\ \frac{\partial \pi_r^{Rs*}}{\partial \gamma}=\frac{(-1+\delta)(\alpha_r+\alpha_t)^2}{16(1+2\gamma)^2(1+\delta)}<0 \tag{5.6}$$

（3）当制造商与实体零售商共同主导时，

$$\frac{\partial \pi_m^{Nd*}}{\partial \gamma}=-\frac{(-1+\delta)\alpha_t^2}{(3+4\gamma)^3(1+\delta)}>0;\ \frac{\partial \pi_r^{Nd*}}{\partial \gamma}=\frac{2(1+\gamma)(-1+\delta)\alpha_t^2}{(3+4\gamma)^3(1+\delta)}<0$$

$$\frac{\partial \pi_m^{Ns*}}{\partial \gamma}=-\frac{(-1+\delta)(\alpha_r+\alpha_t)^2}{2(3+4\gamma)^3(1+\delta)}>0;\ \frac{\partial \pi_r^{Ns*}}{\partial \gamma}=\frac{(1+\gamma)(-1+\delta)(\alpha_r-\alpha_t)^2}{(3+4\gamma)^3(1+\delta)}<0 \tag{5.7}$$

性质 1 表明，在制造商主导的情况下，制造商公平关切会导致制造商与实体零售商利润下降。制造商公平关切在一定程度上会导致供应链效率的降低，从而导致供应链成员双方的利润都降低。在实体零售商主导和制造商与实体零售商共同主导的情况下，制造商公平关切都会导致制造商利润降低，而实体零售商利润增加。此时制造商在公平关切意识的作用下，对实体零售商进行适度让利，虽然有损制造商自身的利润，但对于供应链的长远发展起到稳定的作用。

性质 2 3 种权力结构下，网络零售价格与制造商的公平关切程度均无关，批发价格与制造商的公平关切程度均正相关，但制造商的公平关切对实体零售价格的影响与权力结构有关，具体而言，随着制造商的公平关切程度的增加，(1) 在制造商主导的权力结构下，仅推介网络直销渠道的实体零售价格增加；(2) 在实体零售商主导的权力结构下，实体零售价格保持不变；(3) 在制造商与实体零售商共同主导的权力结构下，实体零售价格增加，结果与制造商主导的权力结构一致。

证明：(1) 当制造商主导供应链时，

$$\frac{\partial w^{Md*}}{\partial \gamma} = -\frac{(-1+\delta)\alpha_t}{(2+3\gamma)^2} > 0;\ \frac{\partial p_e^{Md*}}{\partial \gamma} = 0;\ \frac{\partial p_r^{Md*}}{\partial \gamma} = -\frac{(-1+\delta)\alpha_t}{2(2+3\gamma)^2} > 0 \tag{5.8}$$

(2) 当实体零售商主导供应链时，

$$\frac{\partial w^{Rd*}}{\partial \gamma} = -\frac{(-1+\delta)\alpha_t}{2(1+2\gamma)^2} > 0;\ \frac{\partial p_e^{Rd*}}{\partial \gamma} = 0;\ \frac{\partial p_r^{Rd*}}{\partial \gamma} = 0$$

$$\frac{\partial w^{Rs*}}{\partial \gamma} = -\frac{(-1+\delta)(\alpha_r+\alpha_t)}{4(1+2\gamma)^2} > 0;\ \frac{\partial p_e^{Rs*}}{\partial \gamma} = 0;\ \frac{\partial p_r^{Rs*}}{\partial \gamma} = 0 \tag{5.9}$$

(3) 当制造商与实体零售商共同主导时，

$$\frac{\partial w^{Nd*}}{\partial \gamma} = -\frac{2(-1+\delta)\alpha_t}{(3+4\gamma)^2} > 0;\ \frac{\partial p_e^{Nd*}}{\partial \gamma} = 0;\ \frac{\partial p_r^{Nd*}}{\partial \gamma} = -\frac{(-1+\delta)\alpha_t}{(3+4\gamma)^2} > 0$$

$$\frac{\partial w^{Ns*}}{\partial \gamma} = -\frac{(-1+\delta)(\alpha_r+\alpha_t)}{(3+4\gamma)^2} > 0;\ \frac{\partial p_e^{Ns*}}{\partial \gamma} = 0;\ \frac{\partial p_r^{Ns*}}{\partial \gamma} = -\frac{(-1+\delta)(\alpha_r+\alpha_t)}{2(3+4\gamma)^2} > 0 \tag{5.10}$$

性质 2 表明，在 3 种权力结构下，制造商公平关切会提高批发价格，但不影响网络零售价格。对于实体零售价格，在制造商主导和制造商与实体零售商共同主导情况下，制造商公平关切会提高实体零售价格，因为此时制造商与实体零售商的讨价还价能力更强，故制造商会主动提高批发价来使自己的效用达到最大，但是该行为会导致实体零售商利润降低，因此，实体零售商不得不选择提高实体零售价格来确保自身收益。而实体零售商主导的情况下，制造商公平关切不影响实体零售价格。

性质 3　制造商的公平关切对实体零售渠道市场总需求和网络直销渠道市场总需求的影响均与权力结构有关，具体而言，随着制造商的公平关切程度的增加，（1）仅推介网络直销渠道情形，在制造商主导的权力结构下，实体零售渠道市场总需求减少，网络直销渠道市场总需求增大；同时推介网络直销渠道和实体零售渠道情形制造商不存在公平关切行为；（2）在实体零售商主导的权力结构下，实体零售渠道市场总需求和网络直销渠道市场总需求均保持不变；（3）在制造商与实体零售商共同主导的权力结构下，实体零售渠道市场总需求减小，网络直销渠道市场总需求增大。

证明：（1）当制造商主导供应链时，

$$\frac{\partial D_e^{Md*}}{\partial \gamma}=\frac{\delta \alpha_t}{2(2+3\gamma)^2(1+\delta)}>0;\ \frac{\partial D_r^{Md*}}{\partial \gamma}=-\frac{\alpha_t}{2(2+3\gamma)^2(1+\delta)}<0 \tag{5.11}$$

（2）当实体零售商主导供应链时，

$$\frac{\partial D_e^{Rd*}}{\partial \gamma}=0;\ \frac{\partial D_r^{Rd*}}{\partial \gamma}=0$$

$$\frac{\partial D_e^{Rs*}}{\partial \gamma}=0;\ \frac{\partial D_r^{Rs*}}{\partial \gamma}=0 \tag{5.12}$$

（3）当制造商与实体零售商共同主导时，

$$\frac{\partial D_e^{Nd*}}{\partial \gamma}=\frac{\delta \alpha_t}{(3+4\gamma)^2(1+\delta)}>0;\ \frac{\partial D_r^{Nd*}}{\partial \gamma}=-\frac{\alpha_t}{(3+4\gamma)^2(1+\delta)}<0$$

$$\frac{\partial D_e^{Ns*}}{\partial \gamma}=\frac{\delta(\alpha_r+\alpha_t)}{(3+4\gamma)^2(1+\delta)}>0;\ \frac{\partial D_r^{Ns*}}{\partial \gamma}=-\frac{\alpha_r+\alpha_t}{(3+4\gamma)^2(1+\delta)}<0 \tag{5.13}$$

性质3表明，当制造商主导供应链或者制造商与实体零售商共同主导时，制造商公平关切对网络直销渠道市场总需求有正向激励作用，对实体零售渠道市场总需求有抑制作用。这是因为当制造商主导供应链或者制造商与实体零售商共同主导时，实体零售价格的增加导致了实体零售渠道的总需求减少，消费者会更多地选择网络直销渠道购买产品。当实体零售商主导供应链时，制造商公平关切不会影响实体零售渠道市场总需求和网络直销渠道市场总需求。

为探究制造商的推介方式选择策略和实体零售商的推介方式选择偏好，这里分别对不同权力结构下两种推介方式对应的均衡利润进行比较分析。

命题1 （1）当制造商主导供应链时，需在 $\alpha_r \geqslant \frac{(2+5\gamma)\alpha_t}{2+3\gamma}$ 这一条件下

分析才有意义，此时制造商的最优推介方式为同时推介实体零售渠道和网络直销渠道；（2）当实体零售商主导供应链时，若 $\alpha_r > -\alpha_t + \sqrt{2}\sqrt{\alpha_t^2}$，则制造商的最优推介方式为同时推介实体零售渠道和网络直销渠道，若 $0 < \alpha_r < -\alpha_t + \sqrt{2}\sqrt{\alpha_t^2}$，则制造商的最优推介方式为仅推介网络直销渠道；（3）当制造商与实体零售商共同主导时，需在 $\alpha_r \geqslant \dfrac{(1+4\gamma)\alpha_t}{3+4\gamma}$ 这一条件下分析才有意义，此时若 $\alpha_r > -\alpha_t + \sqrt{2}\sqrt{\alpha_t^2}$，则制造商的最优推介方式为同时推介实体零售渠道和网络直销渠道，若 $0 < \alpha_r < -\alpha_t + \sqrt{2}\sqrt{\alpha_t^2}$，则制造商的最优推介方式为仅推介网络直销渠道。

证明：（1）当制造商主导供应链时，此时维护双渠道正常运作秩序需满足 $\alpha_r > \dfrac{2+5\gamma}{2+3\gamma}\alpha_t$，因此

$$\pi_m^{Ms*} - \pi_m^{Md*} = -\frac{(-1+\delta)((2+3\gamma)^2\alpha_r^2 + 2(2+3\gamma)^2\alpha_r\alpha_t - (4+12\gamma+7\gamma^2)\alpha_t^2)}{16(2+3\gamma)^2(1+\delta)} > 0 \tag{5.14}$$

（2）当实体零售商主导供应链时，

$$\pi_m^{Rs*} - \pi_m^{Rd*} = -\frac{(1+4\gamma)(-1+\delta)(\alpha_r^2 + 2\alpha_r\alpha_t - \alpha_t^2)}{32(1+2\gamma)(1+\delta)} \tag{5.15}$$

当 $\alpha_r > -\alpha_t + \sqrt{2}\sqrt{\alpha_t^2}$ 时，$\pi_m^{Rs*} - \pi_m^{Rd*} > 0$；当 $0 < \alpha_r < -\alpha_t + \sqrt{2}\sqrt{\alpha_t^2}$ 时，$\pi_m^{Rs*} - \pi_m^{Rd*} < 0$。

（3）当制造商与实体零售商共同主导时，此时维护双渠道正常运作秩序需满足 $\alpha_r \geqslant \dfrac{(1+4\gamma)\alpha_t}{3+4\gamma}$，因此

$$\pi_m^{Ns*} - \pi_m^{Nd*} = -\frac{(1+3\gamma+2\gamma^2)(-1+\delta)(\alpha_r^2 + 2\alpha_r\alpha_t - \alpha_t^2)}{2(3+4\gamma)^2(1+\delta)} \tag{5.16}$$

当 $\alpha_r > -\alpha_t + \sqrt{2}\sqrt{\alpha_t^2}$ 时，$\pi_m^{Ns*} - \pi_m^{Nd*} > 0$；当 $0 < \alpha_r < -\alpha_t + \sqrt{2}\sqrt{\alpha_t^2}$ 时，$\pi_m^{Ns*} - \pi_m^{Nd*} < 0$。

从命题 1 可以看出，当制造商主导供应链时，制造商会选择同时推介实体零售渠道和网络直销渠道的推介方式。当实体零售商主导供应链或制造商与实体零售商共同主导时，只有在推介型消费者市场规模较大的情况下，制造商才

会选择同时推介实体零售渠道和网络直销渠道的推介方式。这是因为，制造商将大量访问官网的消费者仅推介到自己经营的网络直销渠道购买，虽然可以增加自身网络直销渠道的销售利润，但会引发实体零售商的不满，这不仅会降低实体零售商的销售热情，还会加剧渠道竞争。出于渠道协调性的考虑，制造商不得不选择同时推介实体零售渠道和网络直销渠道。而当推介型消费者市场规模较小时，制造商会选择仅推介网络直销渠道的推介方式。

命题 2 （1）当制造商主导供应链时，需在 $\alpha_r \geqslant \frac{(2+5\gamma)\alpha_t}{2+3\gamma}$ 这一条件下分析才有意义，此时实体零售商偏好于制造商同时推介实体零售渠道和网络直销渠道；（2）当实体零售商主导供应链时，若 $\alpha_r > -\alpha_t + \sqrt{2}\sqrt{\alpha_t^2}$，则实体零售商偏好于制造商同时推介实体零售渠道和网络直销渠道，若 $0 < \alpha_r < -\alpha_t + \sqrt{2}\sqrt{\alpha_t^2}$，则实体零售商偏好于制造商仅推介网络直销渠道；（3）当制造商与实体零售商共同主导时，需在 $\alpha_r \geqslant \frac{(1+4\gamma)\alpha_t}{3+4\gamma}$ 这一条件下分析才有意义，此时若 $\alpha_r > -\alpha_t + \sqrt{2}\sqrt{\alpha_t^2}$，则实体零售商偏好于制造商同时推介实体零售渠道和网络直销渠道，若 $0 < \alpha_r < -\alpha_t + \sqrt{2}\sqrt{\alpha_t^2}$，则实体零售商偏好于制造商仅推介网络直销渠道。

证明：（1）当制造商主导供应链时，此时维护双渠道正常运作秩序需满足 $\alpha_r > \frac{2+5\gamma}{2+3\gamma}\alpha_t$，则

$$\pi_r^{Ms*} - \pi_r^{Md*} = -\frac{(-1+\delta)\left((2+3\gamma)^2\alpha_r^2 + 2(2+3\gamma)^2\alpha_r\alpha_t + (-4-4\gamma+\gamma^2)\alpha_t^2\right)}{32(2+3\gamma)^2(1+\delta)} > 0 \tag{5.17}$$

（2）当实体零售商主导供应链时，

$$\pi_r^{Rs*} - \pi_r^{Rd*} = -\frac{(1+\gamma)(-1+\delta)(\alpha_r^2 + 2\alpha_r\alpha_t - \alpha_t^2)}{16(1+2\gamma)(1+\delta)} \tag{5.18}$$

当 $\alpha_r > -\alpha_t + \sqrt{2}\sqrt{\alpha_t^2}$ 时，$\pi_r^{Rs*} - \pi_r^{Rd*} > 0$；当 $0 < \alpha_r < -\alpha_t + \sqrt{2}\sqrt{\alpha_t^2}$ 时，$\pi_r^{Rs*} - \pi_r^{Rd*} < 0$。

（3）当制造商与实体零售商共同主导时，

$$\pi_r^{Ns*} - \pi_r^{Nd*} = -\frac{(1+\gamma)^2(-1+\delta)(\alpha_r^2 + 2\alpha_r\alpha_t - \alpha_t^2)}{2(3+4\gamma)^2(1+\delta)} \tag{5.19}$$

因此时维护双渠道正常运作秩序需满足 $\alpha_r \geqslant \frac{(1+4\gamma)\alpha_t}{3+4\gamma}$，因此当 $\alpha_r > -\alpha_t + \sqrt{2}\sqrt{\alpha_t^2}$ 时，$\pi_r^{Ns*} - \pi_r^{Nd*} > 0$；当 $0 < \alpha_r < -\alpha_t + \sqrt{2}\sqrt{\alpha_t^2}$ 时，$\pi_r^{Ns*} - \pi_r^{Nd*} < 0$。

从命题 2 可以看出，当制造商主导供应链时，实体零售商会选择同时推介实体零售渠道和网络直销渠道的推介方式。当实体零售商主导供应链或制造商与实体零售商共同主导时，只有在推介型消费者市场规模较大的情况下，实体零售商才会选择同时推介实体零售渠道和网络直销渠道的推介方式。这是因为，制造商将大量访问官网的消费者仅推介到自己经营的网络直销渠道购买，会引发实体零售商的不满，这不仅会降低实体零售商的销售热情，还会加剧渠道竞争，不利于供应链整体的稳定性。出于实体零售商利润与渠道协调性的考虑，实体零售商此时会选择同时推介实体零售渠道和网络直销渠道。而当推介型消费者市场规模较小时，实体零售商会选择仅推介网络直销渠道的推介方式。

下面进一步对均衡价格、均衡需求等进行比较分析，识别推介方式对产品定价、渠道市场总需求以及制造商与实体零售商先动优势的影响。

对不同权力结构下两种推介方式对应的均衡价格进行比较分析，得到命题 3。

命题 3　3 种权力结构下，推介方式并不会影响网络零售价格，但会改变批发价格和实体零售价格，具体而言，与制造商仅推介网络直销渠道相比，制造商同时推介实体零售渠道和网络直销渠道时，（1）在制造商主导的权力结构下，同时推介的批发价格较高，若推介型消费者市场规模较大时，实体零售价格均提高，否则均降低；（2）在实体零售商主导的权力结构下，若推介型消费者市场规模大于传统型消费者市场规模，则同时推介情形的批发价格和零售价格较高；推介型消费者市场规模小于传统型消费者市场规模则仅推介网络直销渠道的批发价格和零售价格较高，网络零售价格不变；（3）在制造商与实体零售商共同主导的权力结构下，结果与实体零售商主导的权力结构一致。

证明：（1）当制造商主导供应链时，

$$w^{Ms*} - w^{Md*} = -\frac{(-1+\delta)((2+3\gamma)\alpha_r - (2+5\gamma)\alpha_t)}{8+12\gamma}$$

$$p_e^{Ms*} - p_e^{Md*} = 0$$

$$p_r^{Ms*} - p_r^{Md*} = -\frac{(-1+\delta)((6+9\gamma)\alpha_r - (6+11\gamma)\alpha_t)}{8(2+3\gamma)} \tag{5.20}$$

因此时维护双渠道正常运作秩序需满足 $\alpha_r \geqslant \frac{(2+5\gamma)\alpha_t}{2+3\gamma}$，可得 $w^{Ms*} - w^{Md*} > 0$，$p_r^{Ms*} - p_r^{Md*} > 0$。

（2）当实体零售商主导供应链时，

$$w^{Rs*} - w^{Rd*} = -\frac{(1+4\gamma)(-1+\delta)(\alpha_r - \alpha_t)}{8+16\gamma}$$

$$p_e^{Rs*} - p_e^{Rd*} = 0$$

$$p_r^{Rs*} - p_r^{Rd*} = -\frac{3}{8}(-1+\delta)(\alpha_r - \alpha_t) \tag{5.21}$$

当 $\alpha_r > \alpha_t$，$w^{Rs*} - w^{Rd*} > 0$；当 $\alpha_r < \alpha_t$ 时，$w^{Rs*} - w^{Rd*} < 0$。当 $\alpha_r > \alpha_t$，$p_r^{Rs*} - p_r^{Rd*} > 0$；当 $0 < \alpha_r < \alpha_t$，$p_r^{Rs*} - p_r^{Rd*} < 0$。

（3）当制造商与实体零售商共同主导时，

$$w^{Ns*} - w^{Nd*} = -\frac{(1+2\gamma)(-1+\delta)(\alpha_r - \alpha_t)}{6+8\gamma}$$

$$p_e^{Ns*} - p_e^{Nd*} = 0$$

$$p_r^{Ns*} - p_r^{Nd*} = \frac{(2+3\gamma)(-1+\delta)(\alpha_r - \alpha_t)}{6+8\gamma} \tag{5.22}$$

当 $\alpha_r > \alpha_t$，$w^{Ns*} - w^{Nd*} > 0$；当 $\alpha_r < \alpha_t$ 时，$w^{Ns*} - w^{Nd*} < 0$。当 $c_r > \alpha_t$，$p_r^{Ns*} - p_r^{Nd*} > 0$；当 $0 < \alpha_r < \alpha_t$，$p_r^{Ns*} - p_r^{Nd*} < 0$。

命题3表明，无论哪种权力结构下，网络直销价格不受推介方式的影响，两种推介方式下的网络直销价格均相等。在实体零售渠道价格决策中，面对两种推介方式，制造商与实体零售商会根据推介型消费者市场规模调整价格策略。对于批发价格决策而言，权力结构会改变批发价格的影响因素，具体来看，3种权力结构下，推介型消费者市场规模会影响制造商的批发价格，即当推介型消费者市场规模较大时，制造商同实体零售商共享推介市场时，网络直销渠道收益受损，制造商势必会制定较高的批发价格以增加利润。对于实体零售价格决策而言，实体零售价格仅受到推介型消费者市场规模影响，即推介型消费者市场规模较大时，实体零售商总是会因为共享推介市场而制定更高的实体零售价格，这是因为，制造商将访问其官网的较大规模消费者同时推介到实体零售渠道时，实体零售渠道会出现需求大于供给的情况，因此实体零售商提高了实体零售价格。

对不同权力结构下两种推介方式对应的均衡需求进行比较分析，得到命题4。

命题4　3 种权力结构下，与制造商仅推介网络直销渠道相比，制造商同时推介实体零售渠道和网络直销渠道时，实体零售渠道市场总需求均增大，网络直销渠道市场总需求均减小，并且实体零售渠道市场总需求增大的幅度均大于网络直销渠道市场总需求减小的幅度。

证明：(1) 当制造商主导供应链时，

$$D_e^{Ms*} - D_e^{Md*} = -\frac{\delta((2+3\gamma)\alpha_r + \gamma\alpha_t)}{4(2+3\gamma)(1+\delta)} < 0$$

$$D_r^{Ms*} - D_r^{Md*} = \frac{(2+3\gamma)\alpha_r + \gamma\alpha_t}{4(2+3\gamma)(1+\delta)} > 0$$

$$|D_r^{Ms*} - D_r^{Md*}| - |D_e^{Ms*} - D_e^{Md*}| = -\frac{(-1+\delta)((2+3\gamma)\alpha_r + \gamma\alpha_t)}{4(2+3\gamma)(1+\delta)} > 0 \tag{5.23}$$

(2) 当实体零售商主导供应链时，

$$D_e^{Rs*} - D_e^{Rd*} = -\frac{\delta\alpha_r}{4+4\delta} < 0$$

$$D_r^{Rs*} - D_r^{Rd*} = \frac{\alpha_r}{4+4\delta} > 0$$

$$|D_r^{Rs*} - D_r^{Rd*}| - |D_e^{Rs*} - D_e^{Rd*}| = -\frac{(-1+\delta)\alpha_r}{4(1+\delta)} > 0 \tag{5.24}$$

(3) 当制造商与实体零售商共同主导时，

$$D_e^{Ns*} - D_e^{Nd*} = -\frac{(1+\gamma)\delta\alpha_r}{(3+4\gamma)(1+\delta)} < 0$$

$$D_r^{Ns*} - D_r^{Nd*} = \frac{(1+\gamma)\alpha_r}{(3+4\gamma)(1+\delta)} > 0$$

$$\left|D_r^{Ns*}-D_r^{Nd*}\right|-\left|D_e^{Ns*}-D_e^{Nd*}\right|=-\frac{(1+\gamma)(-1+\delta)\alpha_r}{(3+4\gamma)(1+\delta)}>0 \quad (5.25)$$

命题 4 表明，在 3 种权力结构下，制造商采取同时推介方式会使网络直销渠道市场需求向实体零售渠道转移，进而实体零售渠道市场总需求显著增加。另外，命题 4 也反映出，制造商同时推介实体零售渠道和网络直销渠道对双渠道供应链的市场总需求具有激励作用。

对两种推介方式下不同权力结构对应的均衡利润进行比较分析，得到命题 5。

命题 5 （1）当制造商仅推介网络直销渠道时，3 种权力结构下的制造商利润和实体零售商利润分别存在如下关系：当 $-4-12\gamma-7\gamma^2+4\gamma^3<0$ 且 $\gamma>\frac{1}{\sqrt{2}}$ 时，$\pi_m^{Nd*}>\pi_m^{Md*}>\pi_m^{Rd*}$，当 $-4-12\gamma-7\gamma^2+4\gamma^3>0$ 时，$\pi_m^{Nd*}>\pi_m^{Rd*}>\pi_m^{Md*}$，当 $0<\gamma<\frac{1}{\sqrt{2}}$ 时，$\pi_m^{Md*}>\pi_m^{Nd*}>\pi_m^{Rd*}$；$\pi_r^{Rd*}>\pi_r^{Nd*}>\pi_r^{Md*}$；（2）当制造商同时推介实体零售渠道和网络直销渠道时，3 种权力结构下的制造商利润和实体零售商利润分别存在如下关系：$\pi_m^{Ms*}>\pi_m^{Ns*}>\pi_m^{Rs*}$，$\pi_r^{Rs*}>\pi_r^{Ns*}>\pi_r^{Ms*}$。

证明：（1）当制造商仅推介网络直销渠道时，

$$\pi_m^{Md*}-\pi_m^{Rd*}=\frac{(-4-12\gamma-7\gamma^2+4\gamma^3)(-1+\delta)\alpha_t^2}{16(1+2\gamma)(2+3\gamma)^2(1+\delta)},$$

$$\pi_m^{Md*}-\pi_m^{Nd*}=\frac{(-1-3\gamma+6\gamma^3+4\gamma^4)(-1+\delta)\alpha_t^2}{2(2+3\gamma)^2(3+4\gamma)^2(1+\delta)}$$

$$\pi_m^{Rd*}-\pi_m^{Nd*}=\frac{(7+20\gamma+16\gamma^2)(-1+\delta)\alpha_t^2}{16(1+2\gamma)(3+4\gamma)^2(1+\delta)}>0$$

$$\pi_r^{Rd*}-\pi_r^{Nd*}=-\frac{(1+\gamma)(-1+\delta)\alpha_t^2}{8(1+2\gamma)(3+4\gamma)^2(1+\delta)}>0,$$

$$\pi_r^{Nd*}-\pi_r^{Md*}=-\frac{(1+\gamma)^2(7+24\gamma+20\gamma^2)(-1+\delta)\alpha_t^2}{4(2+3\gamma)^2(3+4\gamma)^2(1+\delta)}>0 \quad (5.26)$$

因此时维护双渠道正常运作秩序需满足 $\alpha_r\geqslant\frac{(2+5\gamma)\alpha_t}{2+3\gamma}$，因此，当 $-4-12\gamma-7\gamma^2+4\gamma^3<0$ 时，$\pi_m^{Md*}>\pi_m^{Rd*}$，当 $-4-12\gamma-7\gamma^2+4\gamma^3>0$ 时，$\pi_m^{Md*}<\pi_m^{Rd*}$；当 $\gamma>\frac{1}{\sqrt{2}}$ 时，$\pi_m^{Md*}<\pi_m^{Nd*}$，当 $0<\gamma<\frac{1}{\sqrt{2}}$ 时，$\pi_m^{Md*}>\pi_m^{Nd*}$。

（2）当制造商同时推介实体零售渠道和网络直销渠道时，

$$\pi_m^{Ms*} - \pi_m^{Ns*} = -\frac{(-1+\delta)(\alpha_r+\alpha_t)^2}{16(3+4\gamma)^2(1+\delta)} > 0,$$

$$\pi_m^{Ns*} - \pi_m^{Rs*} = -\frac{(7+20\gamma+16\gamma^2)(-1+\delta)(\alpha_r+\alpha_t)^2}{32(1+2\gamma)(3+4\gamma)^2(1+\delta)} > 0$$

$$\pi_r^{Rs*} - \pi_r^{Ns*} = -\frac{(1+\gamma)(-1+\delta)(\alpha_r+\alpha_t)^2}{16(1+2\gamma)(3+4\gamma)^2(1+\delta)} > 0,$$

$$\pi_r^{Ns*} - \pi_r^{Ms*} = -\frac{(7+8\gamma)(-1+\delta)(\alpha_r+\alpha_t)^2}{32(3+4\gamma)^2(1+\delta)} > 0 \tag{5.27}$$

命题 5 表明，当制造商仅推介网络直销渠道时，制造商利润受其公平关切行为的影响。当公平关切程度很高，二者权力平衡时获得的利润最高，实体零售商主导时获得的利润次之，制造商主导时获得的利润最低。当公平关切程度适中时，二者权力平衡时获得的利润最高，制造商主导时获得的利润次之，零售商主导时获得的利润最低。当公平关切程度较低时，制造商主导时获得的利润最高，实体零售商主导时获得的利润次之，二者权力平衡时获得的利润最低。当制造商同时推介实体零售渠道和网络直销渠道时，制造商主导时获得的利润最高，二者权力平衡主导时获得的利润次之，实体零售商主导时获得的利润最低。无论何种网络推介方式，实体零售商利润不受权力结构影响，实体零售商均为主导时获得的利润最高，二者权力平衡主导时获得的利润次之，制造商主导时获得的利润最低。由此可见，制造商仅推介网络直销渠道时，其利润和公平关切程度及自身权力有关。其余情况下，供应链成员获得的收益与自身权力正相关。这说明，推介方式不会影响制造商或者实体零售商作为供应链主导者时的先动优势。

进一步对两种推介方式下 3 种权力结构对应的各均衡价格展开比较分析，得到命题 6。

命题 6　（1）当制造商仅推介网络直销渠道时，3 种权力结构下的各均衡价格分别存在如下关系：$w^{Md*} > w^{Nd*} > w^{Rd*}$，$p_e^{Md*} = p_e^{Nd*} = p_e^{Rd*}$，$p_r^{Md*} > p_r^{Rd*} > p_r^{Nd*}$；（2）当制造商同时推介实体零售渠道和网络直销渠道时，3 种权力结构下的各均衡价格分别存在如下关系：$w^{Ms*} > w^{Ns*} > w^{Rs*}$，$p_e^{Ms*} = p_e^{Ns*} = p_e^{Rs*}$，$p_r^{Rs*} = p_r^{Ms*} > p_r^{Ns*}$。

证明：（1）当制造商仅推介网络直销渠道时，

$$w^{Md*}-w^{Nd*}=-\frac{(1+3\gamma+2\gamma^2)(-1+\delta)\alpha_t}{(2+3\gamma)(3+4\gamma)}>0,$$

$$w^{Nd*}-w^{Rd*}=-\frac{(-1+\delta)\alpha_t}{4(1+2\gamma)(3+4\gamma)}>0$$

$$p_e^{Md*}-p_e^{Nd*}=0,\ p_e^{Nd*}-p_e^{Rd*}=0$$

$$p_r^{Md*}-p_r^{Rd*}=-\frac{\gamma(-1+\delta)\alpha_t}{8+12\gamma}>0,\ p_r^{Rd*}-p_r^{Nd*}=-\frac{(-1+\delta)c_t}{4(3+4\gamma)}>0 \tag{5.28}$$

（2）当制造商同时推介实体零售渠道和网络直销渠道时，

$$w^{Ms*}-w^{Ns*}=-\frac{(-1+\delta)(\alpha_r+\alpha_t)}{4(3+4\gamma)}>0,$$

$$w^{Ns*}-w^{Rs*}=-\frac{(-1+\delta)(\alpha_r+\alpha_t)}{8(1+2\gamma)(3+4\gamma)}>0$$

$$p_e^{Ms*}-p_e^{Ns*}=0,\ p_e^{Ns*}-p_e^{Rs*}=0$$

$$p_r^{Rs*}-p_r^{Ms*}=0,\ p_r^{Ms*}-p_r^{Ns*}=-\frac{(-1+\delta)(\alpha_r+\alpha_t)}{8(3+4\gamma)}>0 \tag{5.29}$$

命题6表明，无论制造商采取何种推介方式，批发价格均在制造商主导情形下最大，在制造商与实体零售商共同主导情形下次之，在实体零售商主导情形下最小，即批发价格随着制造商权力的降低而减小。因为实体零售商的权力越大，其与制造商的议价能力也越强，所以制造商制定的批发价格也就越低。此外，网络零售价格在3种权力结构下均相等，因为制造商能够完全控制网络直销渠道，实体零售商的决策不会给制造商销售价格带来直接影响。从命题6还可以看出，制造商采取仅网络推介方式时，实体零售价格在制造商主导情形下和实体零售商主导情形下最大，在制造商与实体零售商共同主导情形下最小。对此可以做出如下解释：在制造商主导的供应链中，制造商会利用自身的优先决策权制定较高的批发价格，这导致实体零售商不得不跟着提高产品实体零售价格，类似地，在实体零售商主导的供应链中，实体零售商为了赚取更多销售利润，也会利用自身的优先决策权制定较高的网络零售价格，而在制造商与实体零售商共同主导的供应链中，双方在话语权上势均力敌，二者间的竞争博弈导致网络销售价格有所降低。而在制造商采取同时推介实体零售渠道和网络直销渠道时，制造商主导下的网络销售价格大于实体零售商主导下的网络销售价格，制造商与实体零售商共同主导情形下的网络销售价格最低。

由以上分析结果可以得知，推介方式不会影响制造商或者实体零售商作为供应链主导者时的先动优势的原因在于，占据主导地位的供应链成员对供应链的控制能力更强，其总会利用自身的权力制定出更加有利于自己的决策，并事先与竞争对手争夺销售利润，从而保证了自身的优势地位。

5.5　仿真分析

本节通过仿真分析验证模型研究结论，将模型中的参数设置为：$\delta = 0.6$，$\alpha_t = 100$。基于上述参数值，利用 Mathematica 软件计算不同权力结构下制造商公平关切对两种推介方式均衡决策的影响。

5.5.1　不同权力结构下制造商与实体零售商对两种推介方式的偏好分析

首先分析不同权力结构下制造商与实体零售商对两种推介方式的偏好情况，结果如图 5－1 至图 5－3 所示。

图 5－1 描述了制造商主导时，制造商与实体零售商对两种推介方式的偏好情况。可以看出，制造商主导情况下，与制造商仅推介网络直销渠道相比，制造商同时推介实体零售渠道和网络直销渠道时，制造商和实体零售商获得的利润均更多，故二者更青睐于同时推介实体零售渠道和网络直销渠道。

图 5－2 描述了实体零售商主导时，制造商与实体零售商对两种推介方式的偏好情况。可以看出，$0 < \alpha_r < \alpha_{r1}$ 情形下，与制造商同时推介实体零售渠道和网络直销渠道相比，制造商仅推介网络直销渠道时，制造商和实体零售商获得的利润均更多，故二者更青睐于仅推介网络直销渠道。$\alpha_{r1} < \alpha_r$ 情形下，与制造商仅推介网络直销渠道相比，制造商同时推介实体零售渠道和网络直销渠道时，制造商和实体零售商获得的利润均更多，故二者更青睐于同时推介实体零售渠道和网络直销渠道。

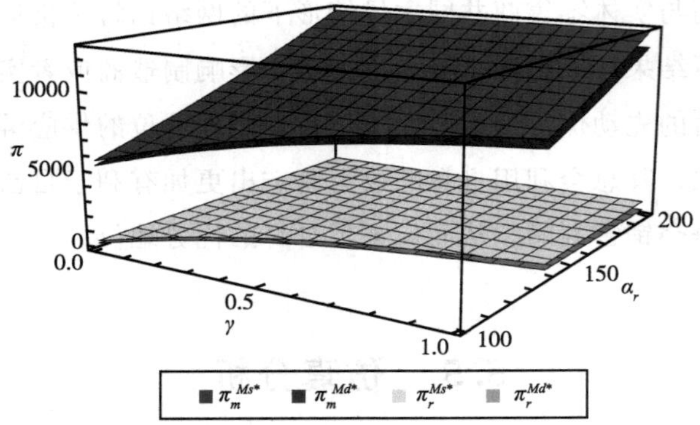

图 5－1　制造商主导下的推介方式偏好分析

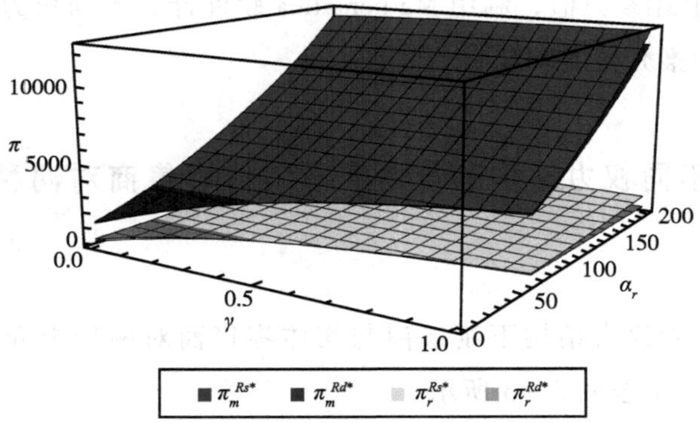

图 5－2　实体零售商主导下的推介方式偏好分析

图 5－3 描述了制造商与实体零售商共同主导时，制造商与实体零售商对两种推介方式的偏好情况。可以看出，$0<\alpha_r<\alpha_{r2}$ 情形下，与制造商同时推介实体零售渠道和网络直销渠道相比，制造商仅推介网络直销渠道时，制造商和实体零售商获得的利润均更多，故二者更青睐于仅推介网络直销渠道。$\alpha_{r2}<\alpha_r$ 情形下，与制造商仅推介网络直销渠道相比，制造商同时推介实体零售渠道和网络直销渠道时，制造商和实体零售商获得的利润均更多，故二者更青睐于同时推介实体零售渠道和网络直销渠道。以上算例分析结果与命题 1 和命题 2 结论一致。

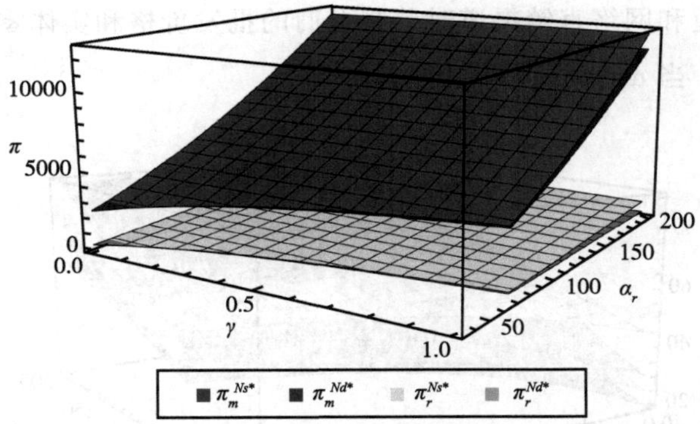

图 5－3　制造商与实体零售商共同主导下的推介方式偏好分析

5.5.2　不同权力结构下推介方式对均衡决策的影响分析

其次分析不同权力结构下推介方式对均衡决策的影响，结果如图 5－4 至图 5－9 所示。

图 5－4 描述了制造商主导时，制造商与实体零售商的最优定价情况。可以看出与制造商仅推介网络直销渠道相比，制造商同时推介实体零售渠道和网络直销渠道时，制造商的批发价格和实体零售商的网络零售价格均更高。无论何种推介方式，制造商的网络零售价格相同。

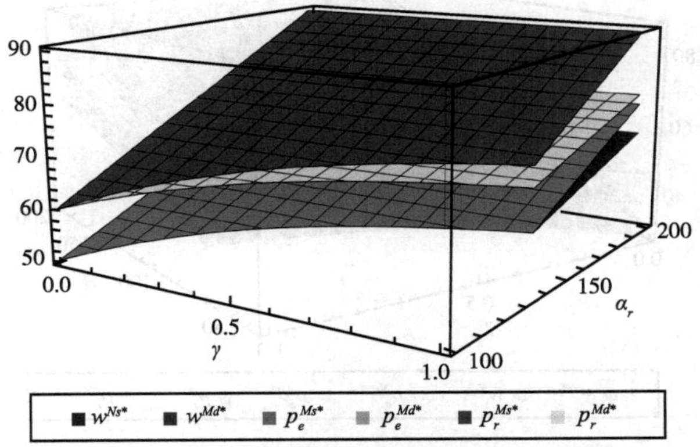

图 5－4　制造商主导下的模型结果比较分析

图 5－5 描述了实体零售商主导时，制造商与实体零售商的最优定价情况。可以看出，当 $\alpha_t < \alpha_r$ 时，与制造商仅推介网络直销渠道相比，制造商同时推

介实体零售渠道和网络直销渠道时，制造商的批发价格和实体零售商的网络零售价格均更高。当 $\alpha_t > \alpha_r$ 时，则情况相反。

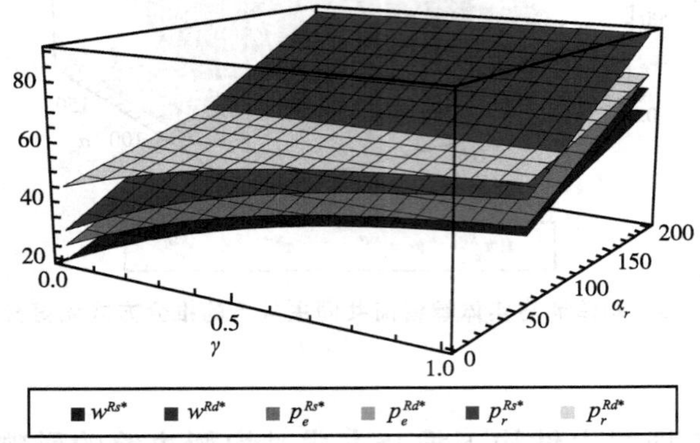

图 5-5　实体零售商主导下的均衡解比较分析

图 5-6 描述了制造商与实体零售商共同主导时，制造商与实体零售商的最优定价情况。可以看出，当 $\alpha_t < \alpha_r$ 时，与制造商仅推介网络直销渠道相比，制造商同时推介实体零售渠道和网络直销渠道时，制造商的批发价格和实体零售商的网络零售价格均更高。当 $\alpha_t > \alpha_r$ 时，则情况相反。以上算例分析结果与命题 3 结论一致。

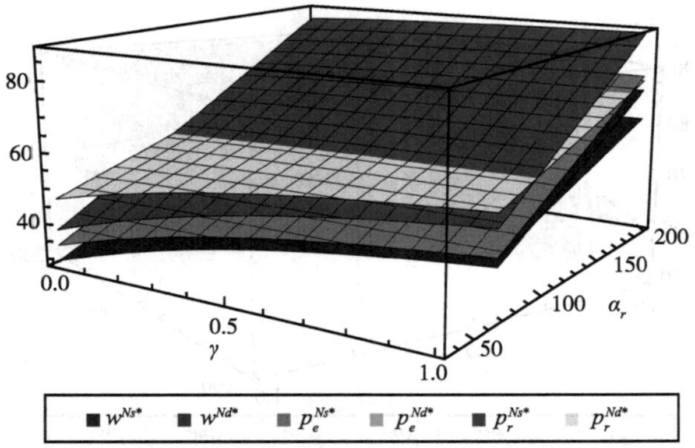

图 5-6　制造商与实体零售商共同主导下的均衡解比较分析

图 5-7 描述了制造商主导时，实体零售渠道市场和网络直销渠道市场总需求的变化情况。可以看出，与制造商仅推介网络直销渠道相比，制造商同时

推介实体零售渠道和网络直销渠道时，实体零售渠道市场总需求增大，网络直销渠道市场总需求减小。

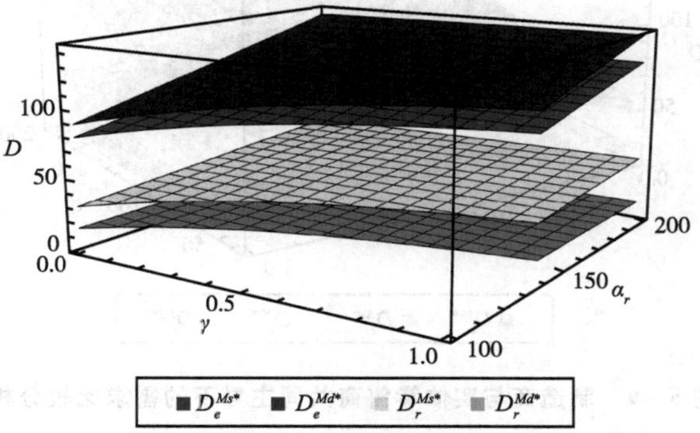

图 5－7　制造商主导下的需求比较分析

图 5－8 描述了零售商主导时，实体零售渠道市场和网络直销渠道市场总需求的变化情况。可以看出，与制造商仅推介网络直销渠道相比，制造商同时推介实体零售渠道和网络直销渠道时，实体零售渠道市场总需求增大，网络直销渠道市场总需求减小。

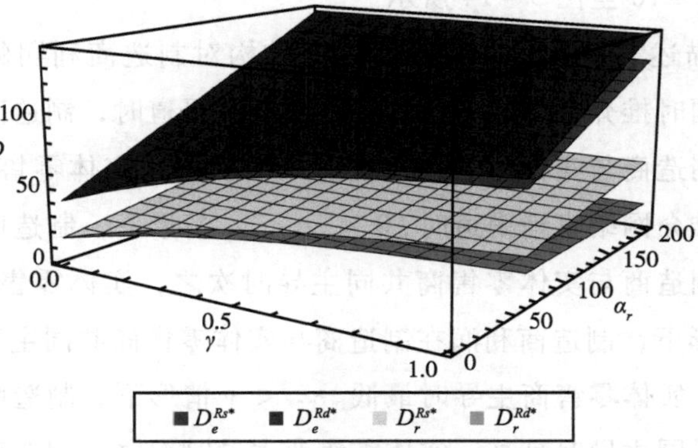

图 5－8　零售商主导下的需求比较分析

图 5－9 描述了制造商与实体零售商共同主导时，实体零售渠道市场和网络直销渠道市场总需求的变化情况。可以看出，与制造商仅推介网络直销渠道相比，制造商同时推介实体零售渠道和网络直销渠道时，实体零售渠道市场总需求增大，网络直销渠道市场总需求减小。图 5－7 至图 5－9 的算例分析结果与命题 4 结论一致。

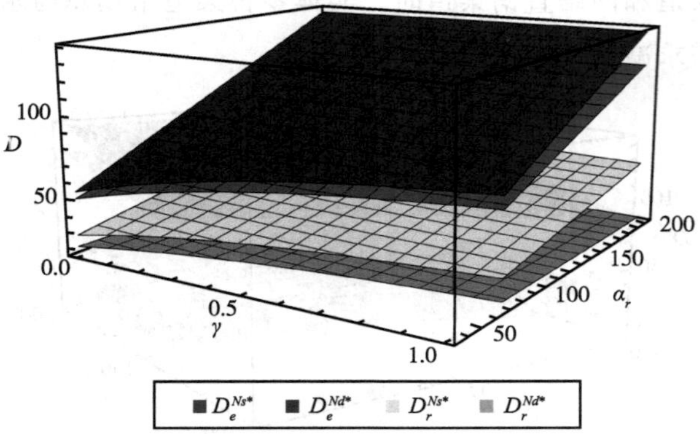

图 5 - 9 制造商与实体零售商共同主导下的需求比较分析

5.5.3 权力结构变化对制造商与实体零售商最优定价与最优利润的影响

最后分析权力结构变化对制造商与实体零售商最优定价与最优利润的影响，结果如图 5 - 10 至图 5 - 14 所示。

图 5 - 10 描述了两种推介方式下权力结构对制造商利润的影响。可以看出，当制造商同时推介实体零售渠道和网络直销渠道时，制造商利润在制造商主导时最高，制造商与实体零售商共同主导时次之，实体零售商主导时最低。而当制造商仅推介网络直销渠道时，$0 < \gamma < \gamma_1$ 情形下，制造商利润在制造商主导时最高，制造商与实体零售商共同主导时次之，实体零售商主导时最低；$\gamma_1 < \gamma < \gamma_2$ 情形下，制造商利润在制造商与实体零售商共同主导时最高，制造商主导时次之，实体零售商主导时最低。$\gamma_2 < \gamma$ 情形下，制造商利润在制造商与实体零售商共同主导时最高，实体零售商主导时次之，制造商主导时最低。

图 5 - 11 描述了两种推介方式下权力结构对实体零售商利润的影响。可以看出，无论制造商采取何种推介方式，实体零售商利润均为实体零售商主导时最高，在制造商与实体零售商共同主导时次之，制造商主导时最低。

图 5 - 12 描述了两种推介方式下权力结构对批发价格的影响。可以看出，无论制造商采取何种推介方式，批发价格均在制造商主导情形下最大，在制造商与实体零售商权力平衡情形下次之，在实体零售商主导情形下最小。

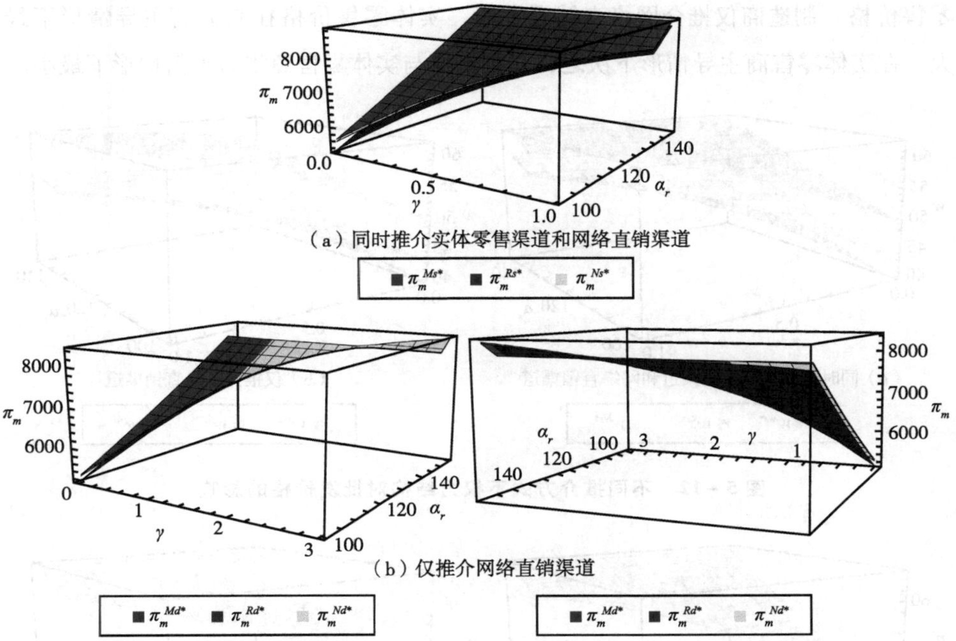

（a）同时推介实体零售渠道和网络直销渠道

（b）仅推介网络直销渠道

图 5－10　不同推介方式下权力结构对制造商利润的影响

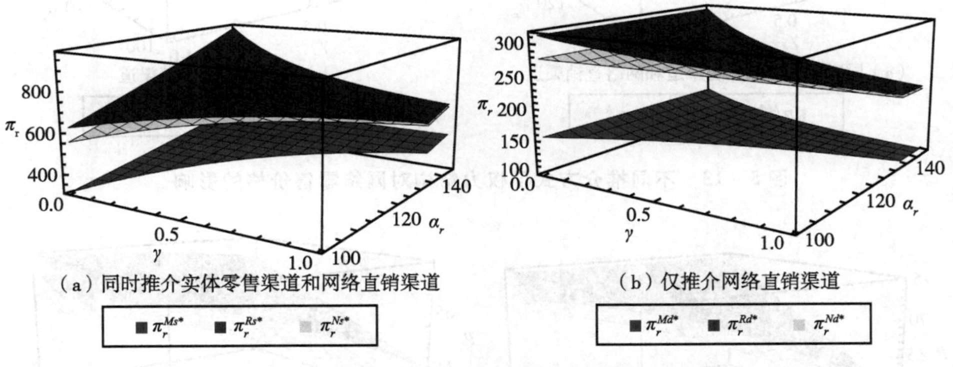

（a）同时推介实体零售渠道和网络直销渠道　　（b）仅推介网络直销渠道

图 5－11　不同推介方式下权力结构对实体零售商利润的影响

图 5－13 描述了两种推介方式下权力结构对网络零售价格的影响。可以看出，无论制造商采取何种推介方式，不同权力结构下的网络零售价格均相等。

图 5－14 描述了两种推介方式下权力结构对实体零售价格的影响。可以看出，制造商同时推介实体零售渠道和网络直销渠道时，实体零售价格在制造商主导和实体零售商主导时相等，且大于制造商与实体零售商权力平衡情形下的实体

零售价格。制造商仅推介网络直销渠道时，实体零售价格在制造商主导情形下最大，在实体零售商主导情形下次之，在制造商与实体零售商权力平衡情形下最小。

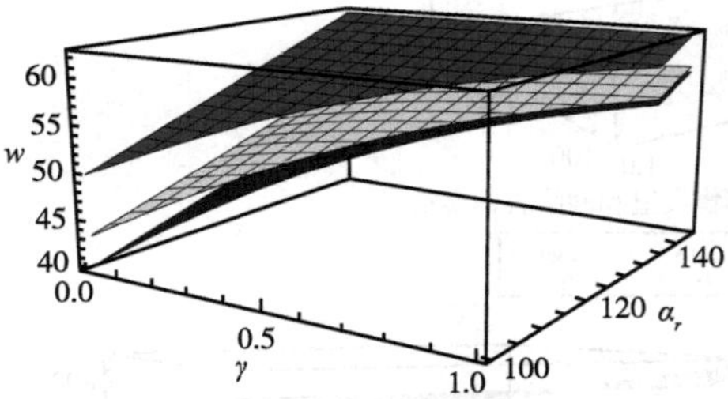

（a）同时推介实体零售渠道和网络直销渠道

w^{Ms*}　w^{Rs*}　w^{Ns*}

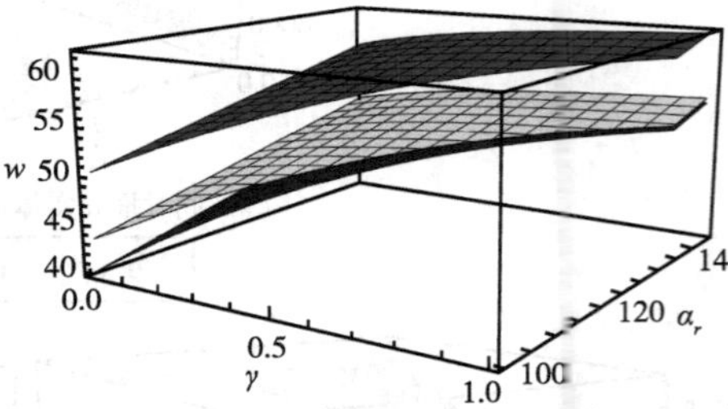

（b）仅推介网络直销渠道

w^{Md*}　w^{Rd*}　w^{Nd*}

图 5－12　不同推介方式下权力结构对批发价格的影响

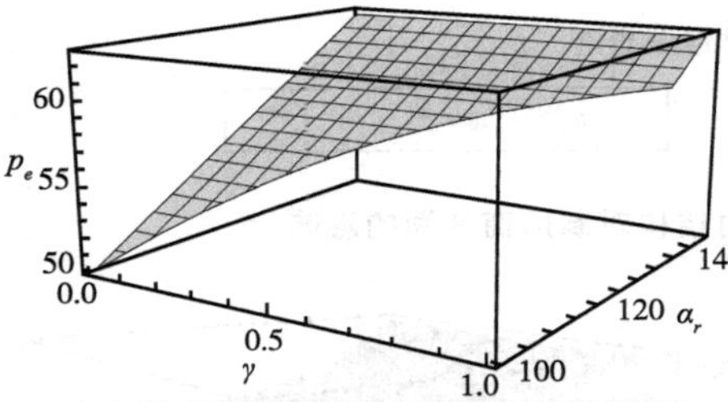

（a）同时推介实体零售渠道和网络直销渠道

p_e^{Ms*}　p_e^{Rs*}　p_e^{Ns*}

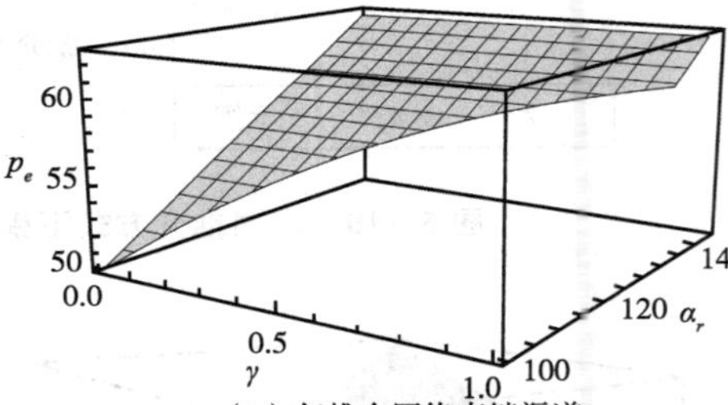

（b）仅推介网络直销渠道

p_e^{Md*}　p_e^{Rd*}　p_e^{Nd*}

图 5－13　不同推介方式下权力结构对网络零售价格的影响

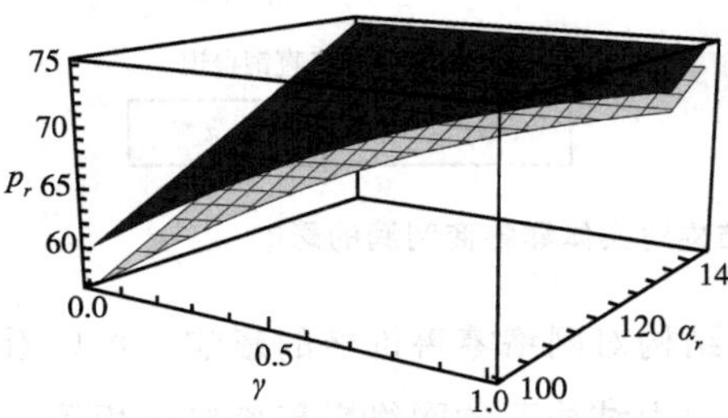

（a）同时推介实体零售渠道和网络直销渠道

p_r^{Ms*}　p_r^{Rs*}　p_r^{Ns*}

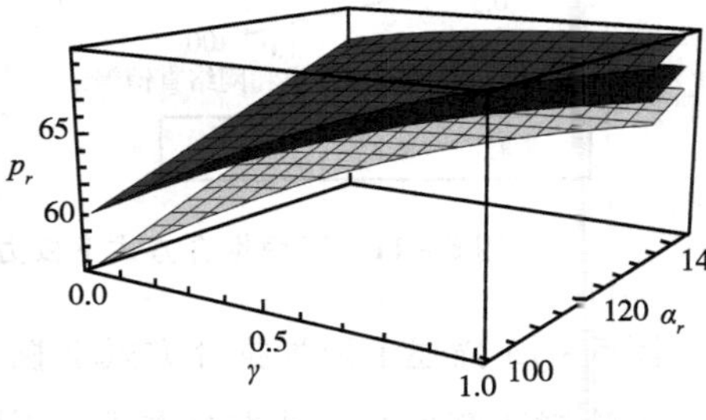

（b）仅推介网络直销渠道

p_r^{Md*}　p_r^{Rd*}　p_r^{Nd*}

图 5－14　不同推介方式下权力结构对实体零售价格的影响

5.6　本章小结

在制造商主导、实体零售商主导、制造商与实体零售商共同主导 3 种权力结构下，本章探讨了制造商存在公平关切行为时双渠道供应链中的制造商与实体零售商对仅推介网络直销渠道和同时推介实体零售渠道与网络直销渠道这两种推介方式的选择偏好，并探讨了推介方式对产品定价、渠道市场总需求以及制造商与实体零售商先动优势的影响。研究表明：

（1）在双渠道供应链中，制造商主导情况下，制造商公平关切会导致制造商利润降低，而零售商利润也会降低。制造商公平关切水平的提高不一定有利于零售商利润的提高。制造商公平关切在一定程度上会导致供应链效率的降低，从而导致供应链成员双方的利润都降低。在零售商主导和制造商与实体零售商共同主导的情况下，制造商公平关切都会导致制造商利润降低，而零售商利润增加。此时制造商在公平关切意识的作用下，对零售商进行适度让利，虽然有损制造商自身的利润，但对于供应链的长远发展起到稳定的作用。

（2）当制造商主导供应链时，制造商会选择同时推介实体零售渠道和网络直销渠道的推介方式。当零售商主导供应链或制造商与实体零售商共同主导时，只有在推介型消费者市场规模较大的情况下，制造商才会选择同时推介实体零售渠道和网络直销渠道的推介方式。而当推介型消费者市场规模较小时，制造商会选择仅推介网络直销渠道的推介方式。因此，制造商需根据推介型消费者市场规模的大小调整推介方式，当制造商处于渠道劣势时，其公平关切程度也是影响推介偏好的重要因素。

（3）3 种权力结构下，推介方式并不会影响网络零售价格，批发价格随着制造商权力的降低而减小，实体零售价格在制造商主导情形下和实体零售商主导情形下较大，在制造商与实体零售商共同主导情形下较小。制造商采取同时推介方式会使网络直销渠道市场需求向实体零售渠道转移。

（4）推介方式不影响实体零售商作为供应链主导者的先动优势，但会影响制造商作为供应链主导者的先动优势。

第6章　实体零售商公平关切下考虑制造商推介的双渠道供应链决策

6.1　引　言

正如大量行为经济学研究表明，决策者在交易过程中追求的不仅是自身物质利益的最大化，还会与参与同一经济活动的其他主体的物质收益进行对比，追求互惠公平、社会认同等心理偏好（Festinger，1954；Fehr and Schmidt，1999；Rabin，1993）；实证研究也表明公平关切对决策结果有着重要的影响（Loch and Wu，2008；Kumar et al.，1995；Cui and Mallucci，2016）。在现实中，不仅制造商会对公平表现出很大的关注，与之合作的实体零售商也会对公平表现出很大的关注。例如英国零售商 Marks & Spencer 在与其制造商交易的过程中一直坚持公平性原则（赵燕飞和王勇，2023）；由于电子销售渠道给服装品牌“以纯”分配的利润过少，所以“以纯”坚持采用传统渠道进行销售，拒绝电子渠道（姜跃等，2024）。这就说明了零售商的公平关切必然会影响供应链定价等相关决策，但是目前还没有发现关于零售商公平关切对制造商推介决策的影响研究。为此，本研究在制造商推介下，将实体零售商公平关切引入到双渠道供应链决策模型中，运用 Stackelberg 和 Bertrand 博弈理论研究不同权力结构下双渠道供应链的最优决策问题。本研究试图回答如下问题：（1）在3种权力结构下，实体零售商的公平关切程度对双渠道供应链产品定价、渠道市场总需求以及成员利润有何影响？（2）当实体零售商存在公平关切行为时，不同权力结构下制造商（实体零售商）对仅推介网络直销渠道和同时推介实体零售渠道与网络直销渠道这两种推介方式如何进行选择？（3）实体零售商公平关切行为如何影响制造商（实体零售商）的推介方式选择策略？

6.2 模型基本假设

此处的基本问题、需求函数与第三章一致，不同之处在于，本章欲将实体零售商的公平关切行为纳入研究模型。假设制造商始终保持公平中性，追求自身利益最大化，实体零售商具有公平关切行为，追求自身效用最大化。参照杜少甫等（2010）对公平关切行为的刻画，实体零售商的公平关切效用函数可以表示为：$U_r=\pi_r-\lambda(\pi_m-\pi_r)$，其中，$\lambda\geqslant0$ 表示实体零售商的公平关切程度，特别地当 $\lambda=0$ 时，实体零售商是公平中性的。

6.3 不同权力结构下的双渠道供应链决策分析

下面运用 Stackelberg 和 Bertrand 博弈理论构建用以刻画不同权力结构的双渠道供应链优化模型，并通过优化模型求得制造商主导、实体零售商主导、制造商与实体零售商共同主导时的双渠道供应链决策结果。

6.3.1 制造商主导时的双渠道供应链决策分析

当制造商主导供应链时，制造商较实体零售商而言具有更大的权力，可优先进行定价决策，而实体零售商只能依据制造商的反应进行定价决策。基于 Stackelberg 博弈理论，该决策过程可以用如下双层优化模型来表示：

$$\begin{cases}\max\limits_{w,p_e}\pi_m=wD_r+p_eD_e\\ s.t.\ \max\limits_{p_r}U_r=(1+\lambda)(p_r-w)D_r-\lambda\pi_m\end{cases}\tag{6.1}$$

将不同推介方式下实体零售渠道和网络直销渠道的市场总需求分别代入式（6.1），并利用逆推归纳法求解，得到不同推介方式下制造商和实体零售商的最优定价，再将其代入对应的需求函数和利润函数可求得不同推介方式下的均衡需求和利润，如表6-1所示。

表 6-1　　制造商主导时的双渠道供应链决策结果

决策结果	仅推介网络直销渠道 ($i=d$)	同时推介实体零售渠道和网络直销渠道 ($i=s$)
w^{Mi*}	$\dfrac{(\delta+2\delta\lambda)\alpha_r+(2-\delta+2\lambda)\alpha_t}{4+8\lambda}$	$\dfrac{(1+\lambda+\delta\lambda)(\alpha_r+\alpha_t)}{4+8\lambda}$
p_e^{Mi*}	$\dfrac{1}{4}(\alpha_r+\alpha_t)$	$\dfrac{1}{4}(\alpha_r+\alpha_t)$
p_r^{Mi*}	$\dfrac{1}{4}(\delta\alpha_r+(3-2\delta)\alpha_t)$	$-\dfrac{1}{8}(-3+\delta)(\alpha_r+\alpha_t)$
D_e^{Mi*}	$\dfrac{1}{4}\left(2\alpha_r+\dfrac{(2+\delta)\alpha_t}{1+\delta}\right)$	$\dfrac{(2+\delta)(\alpha_r+\alpha_t)}{4(1+\delta)}$
D_r^{Mi*}	$\dfrac{\alpha_t}{4+4\delta}$	$\dfrac{\alpha_r+\alpha_t}{4+4\delta}$
π_m^{Mi*}	$\dfrac{1}{8}\left(\alpha_r^2+2\alpha_r\alpha_t+\dfrac{(2+(3+\delta)\lambda)\alpha_t^2}{(1+\delta)(1+2\lambda)}\right)$	$\dfrac{(3+\delta+5\lambda+3\delta\lambda)(\alpha_r+\alpha_t)^2}{16(1+\delta)(1+2\lambda)}$
π_r^{Mi*}	$\dfrac{(1-\delta)(1+4\lambda)\alpha_t^2}{16(1+\delta)(1+2\lambda)}$	$\dfrac{(1-\delta)(1+4\lambda)(\alpha_r+\alpha_t)^2}{32(1+\delta)(1+2\lambda)}$

为维护双渠道运作秩序，不同推介方式下制造商的最优定价需满足 $p_e^{Mi*} \geqslant w^{Mi*}$，在制造商仅推介网络直销渠道情形下，为满足上述条件，需满足 $\alpha_r \geqslant \dfrac{\alpha_t}{1+2\lambda}$，而在制造商同时推介实体零售渠道和网络直销渠道情形下，产品的网络零售价格始终大于批发价格，因此各参数无须进行其他限制。

6.3.2　实体零售商主导时的双渠道供应链决策分析

当实体零售商主导供应链时，实体零售商较制造商而言具有更大的权力，可优先进行定价决策，而制造商只能依据实体零售商的反应进行定价决策。基于 Stackelberg 博弈理论，该决策过程可以用如下双层优化模型来表示：

$$\begin{cases}\max\limits_{p_r} U_r = (1+\lambda)(p_r-w)D_r - \lambda\pi_m \\ s.t.\ \max\limits_{w,p_e} \pi_m = wD_r + p_eD_e\end{cases} \tag{6.2}$$

为求解上述双层优化模型，这里假设实体零售商的单位产品销售利润为 m，

则 $p_r = w + m$。将 $p_r = w + m$ 以及不同推介方式下实体零售渠道和网络直销渠道的市场总需求分别代入式（6.2）并利用逆推归纳法求解，得到不同推介方式下制造商和实体零售商的最优定价，再将其代入对应的需求函数和利润函数可求得不同推介方式下的均衡需求和利润，如表 6-2 所示。

表 6-2　实体零售商主导时的双渠道供应链决策结果

决策结果	仅推介网络直销渠道 $(i=d)$	同时推介实体零售渠道和网络直销渠道 $(i=s)$
w^{Ri*}	$\frac{\delta(2+3\lambda)\alpha_r+(2+(2+\delta)\lambda)\alpha_t}{8+12\lambda}$	$\frac{1}{4}\left(\alpha_r+\alpha_t+\frac{(-1+\delta)(1+2\lambda)(\alpha_r+\alpha_t)}{2+3\lambda}\right)$
p_e^{Ri*}	$\frac{1}{4}(\alpha_r+\alpha_t)$	$\frac{1}{4}(\alpha_r+\alpha_t)$
p_r^{Ri*}	$\frac{\delta(2+3\lambda)\alpha_r+(6+10\lambda-\delta(4+7\lambda))\alpha_t}{8+12\lambda}$	$-\frac{(-3+\delta-5\lambda+2\delta\lambda)(\alpha_r+\alpha_t)}{8+12\lambda}$
D_e^{Ri*}	$\frac{1}{2}\left(\alpha_r+\frac{(2+\delta+3\lambda+2\delta\lambda)\alpha_t}{(1+\delta)(2+3\lambda)}\right)$	$\frac{(2+\delta+3\lambda+2\delta\lambda)(\alpha_r+\alpha_t)}{2(1+\delta)(2+3\lambda)}$
D_r^{Ri*}	$\frac{(1+\lambda)\alpha_t}{2(1+\delta)(2+3\lambda)}$	$\frac{(1+\lambda)(\alpha_r+\alpha_t)}{2(1+\delta)(2+3\lambda)}$
π_m^{Ri*}	$\frac{1}{8}\left(\alpha_r^2+2\alpha_r\alpha_t+\frac{(6+16\lambda+11\lambda^2+\delta(2+8\lambda+7\lambda^2))\alpha_t^2}{(1+\delta)(2+3\lambda)^2}\right)$	$\frac{(5+14\lambda+10\lambda^2+\delta(3+10\lambda+8\lambda^2))(\alpha_r+\alpha_t)^2}{8(1+\delta)(2+3\lambda)^2}$
π_r^{Ri*}	$\frac{(1-\delta)(1+\lambda)(1+2\lambda)\alpha_t^2}{2(1+\delta)(2+3\lambda)^2}$	$\frac{(1-\delta)(1+\lambda)(1+2\lambda)(\alpha_r+\alpha_t)^2}{4(1+\delta)(2+3\lambda)^2}$

为维护双渠道运作秩序，不同推介方式下制造商的最优定价需满足 $p_e^{Ri*} \geqslant w^{Ri*}$，无论何种推介方式，产品的网络零售价格均始终大于批发价格，因此各参数无须进行其他限制。

6.3.3　制造商与实体零售商共同主导时的双渠道供应链决策分析

当制造商与实体零售商共同主导时，双方同时进行定价决策。基于 Bertrand

博弈理论，该决策过程可以用如下双层优化模型来表示：

$$\begin{cases} \max\limits_{w,p_e} \pi_m = wD_r + p_e D_e \\ s.t.\ \max\limits_{p_r} U_r^T = (1+\lambda)(p_r - w)D_r - \lambda \pi_m \end{cases} \tag{6.3}$$

同样，为求解上述双层优化模型，这里假设实体零售商的单位产品销售利润为 m，则 $p_r = w + m$。将 $p_r = w + m$ 以及不同推介方式下实体零售渠道和网络直销渠道的市场总需求分别代入式（6.3），并利用 Nash 博弈规则求解，得到不同推介方式下制造商和实体零售商的最优定价，再将其代入对应的需求函数和利润函数可求得不同推介方式下的均衡需求和利润，如表 6－3 所示。

表 6－3　制造商与实体零售商共同主导时的双渠道供应链决策结果

决策结果	仅推介网络直销渠道 ($i = d$)	同时推介实体零售渠道和网络直销渠道 ($i = s$)
w^{Ni*}	$\frac{1}{4}\left(\delta\alpha_r + \frac{(4-\delta+4\lambda)\alpha_t}{3+4\lambda}\right)$	$\frac{(2+\delta+2\lambda+2\delta\lambda)(\alpha_r+\alpha_t)}{4(3+4\lambda)}$
p_e^{Ni*}	$\frac{1}{4}(\alpha_r+\alpha_t)$	$\frac{1}{4}(\alpha_r+\alpha_t)$
p_r^{Ni*}	$\frac{1}{4}\left(\delta\alpha_r + \frac{(8+12\lambda-\delta(5+8\lambda))\alpha_t}{3+4\lambda}\right)$	$-\frac{(-4+\delta-6\lambda+2\delta\lambda)(\alpha_r+\alpha_t)}{4(3+4\lambda)}$
D_e^{Ni*}	$\frac{1}{2}\left(\alpha_r + \frac{(3+\delta+4\lambda+2\delta\lambda)\alpha_t}{(1+\delta)(3+4\lambda)}\right)$	$\frac{(3+\delta+4\lambda+2\delta\lambda)(\alpha_r+\alpha_t)}{2(1+\delta)(3+4\lambda)}$
D_r^{Ni*}	$\frac{(1+\lambda)\alpha_t}{(1+\delta)(3+4\lambda)}$	$\frac{(1+\lambda)(\alpha_r+\alpha_t)}{(1+\delta)(3+4\lambda)}$
π_m^{Ni*}	$\frac{(1+\lambda)\alpha_t(\delta(3+4\lambda)\alpha_r+(4-\delta+4\lambda)\alpha_t)}{4(1+\delta)(3+4\lambda)^2} + \frac{1}{8}(\alpha_r+\alpha_t)\left(\alpha_r + \frac{(3+\delta+4\lambda+2\delta\lambda)\alpha_t}{(1+\delta)(3+4\lambda)}\right)$	$\frac{(13+32\lambda+20\lambda^2+\delta(5+16\lambda+12\lambda^2))(\alpha_r-\alpha_t)^2}{8(1+\delta)(3+4\lambda)^2}$
π_r^{Ni*}	$\frac{(1-\delta)(1+\lambda)(1+2\lambda)\alpha_t^2}{(1+\delta)(3+4\lambda)^2}$	$\frac{(1-\delta)(1+\lambda)(1+2\lambda)(\alpha_r+\alpha_t)^2}{2(1+\delta)(3+4\lambda)^2}$

为维护双渠道运作秩序，不同推介方式下制造商的最优定价需满足 $p_e^{Ni*} \geqslant w^{Ni*}$，在制造商仅推介网络直销渠道情形下，为满足上述条件，需满足 $\alpha_r \geqslant \frac{\alpha_t}{3+4\lambda}$，而在制造商同时推介实体零售渠道和网络直销渠道情形下，产品的

网络零售价格始终大于批发价格，因此各参数无须进行其他限制。

6.4　决策结果分析

为探索公平关切对双渠道供应链均衡决策的作用机理，分别对不同权力结构下两种推介方式对应的决策结果进行分析。

性质1　3 种权力结构下，（1）当制造商主导供应链时，制造商利润与实体零售商的公平关切程度负相关，实体零售商利润与实体零售商的公平关切程度正相关。（2）当零售商主导供应链时，制造商利润和实体零售商利润与实体零售商的公平关切程度均负相关。（3）当制造商与实体零售商共同主导时，制造商利润与实体零售商的公平关切程度负相关，实体零售商利润与实体零售商的公平关切程度正相关。

证明：（1）当制造商主导供应链时，

$$\frac{\partial\pi_m^{Md*}}{\partial\lambda}=\frac{(-1+\delta)\alpha_t^2}{8(1+\delta)(1+2\lambda)^2}<0;\ \frac{\partial\pi_r^{Md*}}{\partial\lambda}=-\frac{(-1+\delta)\alpha_t^2}{8(1+\delta)(1+2\lambda)^2}>0$$

$$\frac{\partial\pi_m^{Ms*}}{\partial\lambda}=\frac{(-1+\delta)(\alpha_r+\alpha_t)^2}{16(1+\delta)(1+2\lambda)^2}<0;\ \frac{\partial\pi_r^{Ms*}}{\partial\lambda}=-\frac{(-1+\delta)(\alpha_r+\alpha_t)^2}{16(1+\delta)(1+2\lambda)^2}>0 \tag{6.4}$$

（2）当实体零售商主导供应链时，

$$\frac{\partial\pi_m^{Rd*}}{\partial\lambda}=\frac{(-1+\delta)(1+\lambda)\alpha_t^2}{2(1+\delta)(2+3\lambda)^3}<0;\ \frac{\partial\pi_r^{Rd*}}{\partial\lambda}=\frac{(-1+\delta)\lambda\alpha_t^2}{2(1+\delta)(2+3\lambda)^3}<0$$

$$\frac{\partial\pi_m^{Rs*}}{\partial\lambda}=\frac{(-1+\delta)(1+\lambda)(\alpha_r+\alpha_t)^2}{4(1+\delta)(2+3\lambda)^3}<0;\ \frac{\partial\pi_r^{Rs*}}{\partial\lambda}=\frac{(-1+\delta)\lambda(\alpha_r+\alpha_t)^2}{4(1+\delta)(2+3\lambda)^3}<0 \tag{6.5}$$

（3）当制造商与实体零售商共同主导时，

$$\frac{\partial\pi_m^{Nd*}}{\partial\lambda}=\frac{2(-1+\delta)(1+\lambda)\alpha_t^2}{(1+\delta)(3+4\lambda)^3}<0;\ \frac{\partial\pi_r^{Nd*}}{\partial\lambda}=-\frac{(-1+\delta)\alpha_t^2}{(1+\delta)(3+4\lambda)^3}>0$$

$$\frac{\partial\pi_m^{Ns*}}{\partial\lambda}=\frac{(-1+\delta)(1+\lambda)(\alpha_r+\alpha_t)^2}{(1+\delta)(3+4\lambda)^3}<0;\ \frac{\partial\pi_r^{Ns*}}{\partial\lambda}=-\frac{(-1+\delta)(\alpha_r+\alpha_t)^2}{2(1+\delta)(3+4\lambda)^3}>0 \tag{6.6}$$

从性质1可以看出，在制造商主导和制造商与实体零售商共同主导情况下，实体零售商公平关切都会导致制造商的利润降低，而实体零售商利润增加。此时实体零售商在公平关切意识的作用下，应该对制造商进行适度让利，虽然有损实体零售商自身的利润，但对于供应链的长远发展起到稳定的作用。在实体零售商主导情况下，实体零售商公平关切导致制造商利润降低，而实体零售商利润也会降低，实体零售商公平关切行为一定程度上会导致供应链效率降低，从而导致供应链成员的利润都降低。

性质2 3种权力结构下，网络零售价格与实体零售商的公平关切程度均无关，批发价格与实体零售商的公平关切程度均负相关，但实体零售商的公平关切对实体零售价格的影响与权力结构有关，具体而言，随着实体零售商的公平关切程度的增加。（1）在制造商主导的权力结构下，实体零售价格保持不变；（2）在实体零售商主导的权力结构下和制造商与实体零售商共同主导的权力结构下，实体零售价格均增加。

证明：（1）当制造商主导供应链时，

$$\frac{\partial w^{Md*}}{\partial \lambda}=\frac{(-1+\delta)\alpha_t}{2(1+2\lambda)^2}<0;\ \frac{\partial p_e^{Md*}}{\partial \lambda}=0;\ \frac{\partial p_r^{Md*}}{\partial \lambda}=0$$

$$\frac{\partial w^{Ms*}}{\partial \lambda}=\frac{(-1+\delta)(\alpha_r+\alpha_t)}{4(1+2\lambda)^2}<0;\ \frac{\partial p_e^{Ms*}}{\partial \lambda}=0;\ \frac{\partial p_r^{Ms*}}{\partial \lambda}=0 \tag{6.7}$$

（2）当实体零售商主导供应链时，

$$\frac{\partial w^{Rd*}}{\partial \lambda}=\frac{(-1+\delta)\alpha_t}{2(2+3\lambda)^2}<0;\ \frac{\partial p_e^{Rd*}}{\partial \lambda}=0;\ \frac{\partial p_r^{Rd*}}{\partial \lambda}=\frac{(1-\delta)\alpha_t}{2(2+3\lambda)^2}>0$$

$$\frac{\partial w^{Rs*}}{\partial \lambda}=\frac{(-1+\delta)(\alpha_r+\alpha_t)}{4(2+3\lambda)^2}<0;\ \frac{\partial p_e^{Rs*}}{\partial \lambda}=0;\ \frac{\partial p_r^{Rs*}}{\partial \lambda}=\frac{(1-\delta)(\alpha_r-\alpha_t)}{4(2+3\lambda)^2}>0 \tag{6.8}$$

（3）当制造商与实体零售商共同主导时，

$$\frac{\partial w^{Nd*}}{\partial \lambda}=\frac{(-1+\delta)\alpha_t}{(3+4\lambda)^2}<0;\ \frac{\partial p_e^{Nd*}}{\partial \lambda}=0;\ \frac{\partial p_r^{Nd*}}{\partial \lambda}=\frac{(1-\delta)\alpha_t}{(3+4\lambda)^2}>0$$

$$\frac{\partial w^{Ns*}}{\partial \lambda}=\frac{(-1+\delta)(\alpha_r+\alpha_t)}{2(3+4\lambda)^2}<0;\ \frac{\partial p_e^{Ns*}}{\partial \lambda}=0;\ \frac{\partial p_r^{Ns*}}{\partial \lambda}=\frac{(1-\delta)(\alpha_r+\alpha_t)}{2(3+4\lambda)^2}>0 \tag{6.9}$$

从性质2中可以看出，无论何种权力结构下，实体零售商的公平关切行为会降低制造商的批发价格，但不会影响网络零售价格，对于实体零售价格，在实体零售主导和制造商与实体零售商共同主导下，实体零售商公平关切行为会提高实体零售价格。这是因为当实体零售商存在公平关切行为时，实体零售商的市场讨价还价能力增强，迫使制造商降低批发价格缓和双发的冲突（潘金涛等，2023），而实体零售商为了自身利益则会提高产品的零售价格。

性质 3　实体零售商的公平关切程度对实体零售渠道市场总需求和网络直销渠道市场总需求的影响均与权力结构有关，具体而言，随着实体零售商公平关切程度的增加，（1）在制造商主导的权力结构下，实体零售渠道市场总需求和网络直销渠道市场总需求均保持不变；（2）在实体零售商主导的权力结构下，实体零售渠道市场总需求减少，网络直销渠道市场总需求增加；（3）在制造商与实体零售商共同主导的权力结构下，结果与实体零售商主导的权力结构一致。

证明：（1）当制造商主导供应链时，

$$\frac{\partial D_e^{Md*}}{\partial \lambda} = 0;\ \frac{\partial D_r^{Md*}}{\partial \lambda} = 0$$

$$\frac{\partial D_e^{Ms*}}{\partial \lambda} = 0;\ \frac{\partial D_r^{Ms*}}{\partial \lambda} = 0 \tag{6.10}$$

（2）当实体零售商主导供应链时，

$$\frac{\partial D_e^{Rd*}}{\partial \lambda} = \frac{\delta \alpha_t}{2(1+\delta)(2+3\lambda)^2} > 0;\ \frac{\partial D_r^{Rd*}}{\partial \lambda} = -\frac{\alpha_t}{2(1+\delta)(2+3\lambda)^2} < 0$$

$$\frac{\partial D_e^{Rs*}}{\partial \lambda} = \frac{\delta(\alpha_r+\alpha_t)}{2(1+\delta)(2+3\lambda)^2} > 0;\ \frac{\partial D_r^{Rs*}}{\partial \lambda} = -\frac{\alpha_r+\alpha_t}{2(1+\delta)(2+3\lambda)^2} < 0 \tag{6.11}$$

（3）当制造商与实体零售商共同主导时，

$$\frac{\partial D_e^{Nd*}}{\partial \lambda} = \frac{\delta \alpha_t}{(1+\delta)(3+4\lambda)^2} > 0;\ \frac{\partial D_r^{Nd*}}{\partial \lambda} = -\frac{\alpha_t}{(1+\delta)(3+4\lambda)^2} < 0$$

$$\frac{\partial D_e^{Ns*}}{\partial \lambda} = \frac{\delta(\alpha_r+\alpha_t)}{(1+\delta)(3+4\lambda)^2} > 0;\ \frac{\partial D_r^{Ns*}}{\partial \lambda} = -\frac{\alpha_r+\alpha_t}{(1+\delta)(3+4\lambda)^2} < 0 \tag{6.12}$$

从性质 3 中可以看出，在实体零售商主导和制造商与实体零售商共同主导的情形下，实体零售渠道市场总需求随着实体零售商的公平关切程度增加而减小，网络直销渠道市场随着实体零售商公平关切程度增加而增加，其实不难理解，这是因为当实体零售商主导供应链或制造商与实体零售商共同主导时，实体零售商为追求自身利益最大化，会提高实体零售价格，但这一措施会造成实体零售渠道市场总需求严重下滑，流失的需求量会转向网络直销渠道市场，使得网络直销渠道市场总需求增大。而在制造商主导的权力结构下，实体零售商的公平关切与实体零售渠道市场总需求和网络直销渠道市场总需求无关。

为探究制造商的推介方式选择策略和实体零售商的推介方式选择偏好，这里分别对不同权力结构下两种推介方式对应的均衡利润进行比较分析。

命题1 （1）当制造商主导供应链时，若 $0 < \lambda \leqslant \frac{1}{\sqrt{2}}$ 且 $\alpha_r \geqslant \frac{\alpha_t}{1+2\lambda}$ 或者 $\lambda > \frac{1}{\sqrt{2}}$ 且 $\alpha_r \geqslant (\sqrt{2}-1)\alpha_t$，则制造商的最优推介方式为同时推介实体零售渠道和网络直销渠道，若 $\lambda > \frac{1}{\sqrt{2}}$ 且 $\frac{\alpha_t}{1+2\lambda} \leqslant \alpha_r < (\sqrt{2}-1)\alpha_t$，则制造商的最优推介方式为仅推介网络直销渠道；（2）当零售商主导供应链时，若 $\alpha_r \geqslant (\sqrt{2}-1)\alpha_t$，则制造商的最优推介方式为同时推介实体零售渠道和网络直销渠道，若 $0 < \alpha_r < (\sqrt{2}-1)\alpha_t$，则制造商的最优推介方式为仅推介网络直销渠道；（3）当制造商与实体零售商共同主导时，若 $\alpha_r \geqslant (\sqrt{2}-1)\alpha_t$，则制造商的最优推介方式为同时推介实体零售渠道和网络直销渠道，若 $\frac{\alpha_t}{3+4\lambda} \leqslant \alpha_r < (\sqrt{2}-1)\alpha_t$，则制造商的最优推介方式为仅推介网络直销渠道。

证明：（1）当制造商主导供应链时，

$$\pi_m^{Ms*} - \pi_m^{Md*} = \frac{(1-\delta)(1+\lambda)(\alpha_r^2+2\alpha_r\alpha_t-\alpha_t^2)}{16(1+\delta)(1+2\lambda)} \tag{6.13}$$

当 $0 < \lambda \leqslant \frac{1}{\sqrt{2}}$ 且 $\alpha_r \geqslant \frac{\alpha_t}{1+2\lambda}$ 或者 $\lambda > \frac{1}{\sqrt{2}}$ 且 $\alpha_r \geqslant (\sqrt{2}-1)\alpha_t$，$\pi_m^{Ms*} - \pi_m^{Md*} \geqslant 0$；当 $\lambda > \frac{1}{\sqrt{2}}$ 且 $\frac{\alpha_t}{1+2\lambda} \leqslant \alpha_r < (\sqrt{2}-1)\alpha_t$ 时，$\pi_m^{Ms*} - \pi_m^{Md*} < 0$。

（2）当实体零售商主导供应链时，

$$\pi_m^{Rs*} - \pi_m^{Rd*} = \frac{(1-\delta)(1+\lambda)^2(\alpha_r^2+2\alpha_r\alpha_t-\alpha_t^2)}{8(1+\delta)(2+3\lambda)^2} \tag{6.14}$$

当 $\alpha_r \geqslant (\sqrt{2}-1)\alpha_t$ 时，$\pi_m^{Rs*} - \pi_m^{Rd*} \geqslant 0$；当 $0 < \alpha_r < (\sqrt{2}-1)\alpha_t$ 时，$\pi_m^{Rs*} - \pi_m^{Rd*} < 0$。

（3）当制造商与实体零售商共同主导时，

$$\pi_m^{Ns*} - \pi_m^{Nd*} = \frac{(1-\delta)(1+\lambda)^2(\alpha_r^2 + 2\alpha_r\alpha_t - \alpha_t^2)}{2(1+\delta)(3+4\lambda)^2} \tag{6.15}$$

当 $\alpha_r \geqslant (\sqrt{2}-1)\alpha_t$ 时，$\pi_m^{Ns*} - \pi_m^{Nd*} \geqslant 0$；当 $\frac{\alpha_t}{3+4\lambda} \leqslant \alpha_r < (\sqrt{2}-1)\alpha_t$ 时，$\pi_m^{Ns*} - \pi_m^{Nd*} < 0$。

命题 2　（1）当制造商主导供应链时，若 $0 < \lambda \leqslant \frac{1}{\sqrt{2}}$ 且 $\alpha_r \geqslant \frac{\alpha_t}{1+2\lambda}$ 或 $\lambda > \frac{1}{\sqrt{2}}$ 且 $\alpha_r \geqslant (\sqrt{2}-1)\alpha_t$，则实体零售商偏好于制造商同时推介实体零售渠道和网络直销渠道；若 $\lambda > \frac{1}{\sqrt{2}}$ 且 $\frac{\alpha_t}{1+2\lambda} \leqslant \alpha_r < (\sqrt{2}-1)\alpha_t$，则实体零售商偏好于制造商仅推介网络直销渠道；（2）当实体零售商主导供应链时，若 $\alpha_r \geqslant (\sqrt{2}-1)\alpha_t$，则实体零售商偏好于制造商同时推介实体零售渠道和网络直销渠道若 $0 < \alpha_r < (\sqrt{2}-1)\alpha_t$，则实体零售商偏好于制造商仅推介网络直销渠道；（3）当制造商与实体零售商共同主导时，若 $\alpha_r \geqslant (\sqrt{2}-1)\alpha_t$，则实体零售商偏好于制造商同时推介实体零售渠道和网络直销渠道，若 $\frac{\alpha_t}{3+4\lambda} \leqslant \alpha_r < (\sqrt{2}-1)\alpha_t$，则实体零售商偏好于制造商仅推介网络直销渠道。

证明：（1）当制造商主导供应链时，

$$\pi_r^{Ms*} - \pi_r^{Md*} = \frac{(1-\delta)(1+4\lambda)(\alpha_r^2 + 2\alpha_r\alpha_t - \alpha_t^2)}{32(1+\delta)(1+2\lambda)} \tag{6.16}$$

当 $0 < \lambda \leqslant \frac{1}{\sqrt{2}}$ 且 $\alpha_r \geqslant \frac{\alpha_t}{1+2\lambda}$ 或 $\lambda > \frac{1}{\sqrt{2}}$ 且 $\alpha_r \geqslant (\sqrt{2}-1)\alpha_t$ 时，$\pi_r^{Ms*} - \pi_r^{Md*} \geqslant 0$；当 $\lambda > \frac{1}{\sqrt{2}}$ 且 $\frac{\alpha_t}{1+2\lambda} \leqslant \alpha_r < (\sqrt{2}-1)\alpha_t$ 时，$\pi_r^{Ms*} - \pi_r^{Md*} < 0$。

（2）当实体零售商主导供应链时，

$$\pi_r^{Rs*} - \pi_r^{Rd*} = \frac{(1-\delta)(1+\lambda)(1+2\lambda)(\alpha_r^2 + 2\alpha_r\alpha_t - \alpha_t^2)}{4(1+\delta)(2+3\lambda)^2} \tag{6.17}$$

当 $\alpha_r \geqslant (\sqrt{2}-1)\alpha_t$ 时，$\pi_r^{Rs*} - \pi_r^{Rd*} \geqslant 0$；当 $0 < \alpha_r < (\sqrt{2}-1)\alpha_t$ 时，$\pi_r^{Rs*} - \pi_r^{Rd*} < 0$。

（3）当制造商与实体零售商共同主导时，

$$\pi_r^{Ns*} - \pi_r^{Nd*} = \frac{(1-\delta)(1+\lambda)(1+2\lambda)(\alpha_r^2 + 2\alpha_r\alpha_t - \alpha_t^2)}{2(1+\delta)(3+4\lambda)^2} \tag{6.18}$$

当 $\alpha_r \geqslant (\sqrt{2}-1)\alpha_t$ 时，$\pi_r^{Ns*} - \pi_r^{Nd*} \geqslant 0$；当 $\frac{\alpha_t}{3+4\lambda} \leqslant \alpha_r < (\sqrt{2}-1)\alpha_t$ 时，$\pi_r^{Ns*} - \pi_r^{Nd*} < 0$。

从命题 1 和命题 2 可以看出，无论何种权力结构下，制造商与实体零售商对推介方式的选择均一致，并且二者达成了以下共识：当推介型消费者市场规模较小时，选择仅推介网络直销渠道，否则选择同时推介实体零售渠道和网络直销渠道。这是因为，制造商将少量访问官网的消费者仅推介到自己经营的网络直销渠道购买，可以减少对推介市场获利带来的负面影响，从而有效提高自身利润；与此同时，制造商的这一做法并不会影响实体零售商利润，故实体零售商不会反对。相反，制造商将大量访问官网的消费者仅推介到自己经营的网络直销渠道购买，虽然可以增加自身网络直销渠道的销售利润，但会引发实体零售商产生不满情绪。这不仅会降低实体零售商的销售热情，还会加剧渠道竞争。出于渠道协调性的考虑，制造商不得不选择同时推介实体零售渠道和网络直销渠道。命题 1 和命题 2 表明，权力结构仅会改变制造商和实体零售商选择推介方式的前提条件，但不会影响二者对推介方式的一致性偏好。

下面进一步对均衡价格、均衡需求等进行比较分析，识别推介方式对产品定价、渠道市场总需求以及制造商与实体零售商先动优势的影响。

对不同权力结构下两种推介方式对应的均衡价格进行比较分析，得到命题 3。

命题 3　3 种权力结构下，推介方式并不会影响网络零售价格，但会改变批发价格和实体零售价格，具体而言，与制造商仅推介网络直销渠道相比，制造商同时推介实体零售渠道和网络直销渠道时，（1）在制造商主导的权力结构下，若推介型消费者市场规模大于传统型消费者市场规模，则批发价格和实体零售价格均降低，否则均提高；（2）在实体零售商主导的权力结构下，批发价格和实体零售价格均提高；（3）在制造商与实体零售商共同主导的权力结构下，结果与制造商主导的权力结构一致。

证明：（1）当制造商主导供应链时，

$$w^{Ms*} - w^{Md*} = \frac{(1-\delta)(1+\lambda)(\alpha_r - \alpha_t)}{4+8\lambda}$$

$$p_e^{Ms*} - p_e^{Md*} = 0$$

$$p_r^{Ms*} - p_r^{Md*} = \frac{3}{8}(1-\delta)(\alpha_r - \alpha_t) \tag{6.19}$$

因此时维护双渠道正常运作秩序需满足 $\alpha_r \geqslant \frac{\alpha_t}{1+2\lambda}$，当 $\alpha_r \geqslant \alpha_t$，可得 $w^{Ms*} - w^{Md*} \geqslant 0$，$p_r^{Ms*} - p_r^{Md*} \geqslant 0$；当 $\frac{\alpha_t}{1+2\lambda} \leqslant \alpha_r < \alpha_t$，$w^{Ms*} - w^{Md*} < 0$，$p_r^{Ms*} - p_r^{Md*} < 0$。

（2）当实体零售商主导供应链时，

$$w^{Rs*} - w^{Rd*} = \frac{(1-\delta)(1+\lambda)(\alpha_r - \alpha_t)}{8+12\lambda}$$

$$p_e^{Rs*} - p_e^{Rd*} = 0$$

$$p_r^{Rs*} - p_r^{Rd*} = \frac{(1-\delta)(3+5\lambda)(\alpha_r - \alpha_t)}{8+12\lambda} \tag{6.20}$$

当 $\alpha_r \geqslant \alpha_t$，可得 $w^{Rs*} - w^{Rd*} \geqslant 0$；$p_r^{Rs*} - p_r^{Rd*} \geqslant 0$

当 $\alpha_r < \alpha_t$，可得 $w^{Rs*} - w^{Rd*} < 0$；$p_r^{Rs*} - p_r^{Rd*} < 0$

（3）当制造商与实体零售商共同主导时，

$$w^{Ns*} - w^{Nd*} = \frac{(1-\delta)(1+\lambda)(\alpha_r - \alpha_t)}{8+12\lambda}$$

$$p_e^{Ns*} - p_e^{Nd*} = 0$$

$$p_r^{Ns*} - p_r^{Nd*} = \frac{(1-\delta)(3+5\lambda)(\alpha_r - \alpha_t)}{8+12\lambda} \tag{6.21}$$

因此时维护双渠道正常运作秩序需满足 $\alpha_r \geqslant \frac{\alpha_t}{3+4\lambda}$，故当 $\alpha_r \geqslant \alpha_t$ 时，$w^{Ns*} - w^{Nd*} \geqslant 0$，$p_r^{Ns*} - p_r^{Nd*} \geqslant 0$；当 $\frac{\alpha_t}{3+4\lambda} \leqslant \alpha_r < \alpha_t$ 时，$w^{Ns*} - w^{Nd*} < 0$，$p_r^{Ns*} - p_r^{Nd*} < 0$。

命题 3 表明，在实体零售渠道价格中，面对两种推介方式，制造商与实体零售商会根据消费者市场规模的大小调整价格策略。具体来看，当挂介型消费者市场规模较大时，在不同权力结构下，制造商与实体零售商总是会因为共享推介市场而指定更高的批发价格和实体零售价格。这是因为相比于仅推介网络直销渠道，制造商将访问其官网的较大规模消费者同时推介到实体零售渠道时，网络直销渠道的需求会降低，对于制造商而言是不利的，为此制造商不得不通过提高批发价格的方式获得利润。然而批发价格的提高导致实体零售商利润被压缩，因而实体零售商也提高了产品的零售价格。

对不同权力结构下两种推介方式对应的均衡需求进行比较分析，得到命题4。

命题4 3种权力结构下，与制造商仅推介网络直销渠道相比，制造商同时推介实体零售渠道和网络直销渠道时，实体零售渠道市场总需求均增大，网络直销渠道市场总需求均减小，并且实体零售渠道市场总需求增大的幅度均大于网络直销渠道市场总需求减小的幅度。

证明：（1）当制造商主导供应链时，

$$D_e^{Ms*} - D_e^{Md*} = -\frac{\delta\alpha_r}{4+4\delta} < 0$$

$$D_r^{Ms*} - D_r^{Md*} = \frac{\alpha_r}{4+4\delta} > 0$$

$$|D_r^{Ms*} - D_r^{Md*}| - |D_e^{Ms*} - D_e^{Md*}| = \frac{(1-\delta)\alpha_r}{4(1+\delta)} > 0 \tag{6.22}$$

（2）当零售商主导供应链时，

$$D_e^{Rs*} - D_e^{Rd*} = -\frac{\delta(1+\lambda)\alpha_r}{2(1+\delta)(2+3\lambda)} < 0$$

$$D_r^{Rs*} - D_r^{Rd*} = \frac{(1+\lambda)\alpha_r}{2(1+\delta)(2+3\lambda)} > 0$$

$$|D_r^{Rs*} - D_r^{Rd*}| - |D_e^{Rs*} - D_e^{Rd*}| = -\frac{(-1+\delta)(1+\lambda)\alpha_r}{2(1+\delta)(2+3\lambda)} > 0 \tag{6.23}$$

（3）当制造商与实体零售商共同主导时，

$$D_e^{Ns*} - D_e^{Nd*} = -\frac{\delta(1+\lambda)\alpha_r}{(1+\delta)(3+4\lambda)} < 0$$

$$D_r^{Ns*} - D_r^{Nd*} = \frac{(1+\lambda)\alpha_r}{(1+\delta)(3+4\lambda)} > 0$$

$$|D_r^{Ns*}-D_r^{Nd*}|-|D_e^{Ns*}-D_e^{Nd*}|=-\frac{(-1+\delta)(1+\lambda)\alpha_r}{(1+\delta)(3+4\lambda)}>0 \tag{6.24}$$

命题 4 表明，在 3 种权力结构下，制造商同实体零售商共享推介市场会引发网络直销渠道市场需求向实体零售渠道转移，导致实体零售渠道市场总需求显著增加。另外，命题 4 也说明制造商同时推介实体零售渠道和网络直销渠道对双渠道供应链的市场总需求具有正向激励作用。

对两种推介方式下不同权力结构对应的均衡利润进行比较分析，得到命题 5。

命题 5　(1) 当制造商仅推介网络直销渠道时，3 种权力结构下的制造商利润和实体零售商利润分别存在如下关系：$\pi_m^{Md*}>\pi_m^{Nd*}>\pi_m^{Rd*}$；当 $0<\lambda\leqslant\frac{1}{\sqrt{2}}$ 时，$\pi_r^{Rd*}\geqslant\pi_r^{Nd*}>\pi_r^{Md*}$ 当 $\lambda>\frac{1}{\sqrt{2}}$ 时，$\pi_r^{Nd*}>\pi_r^{Rd*}>\pi_r^{Md*}$；(2) 当制造商同时推介实体零售渠道和网络直销渠道时，3 种权力结构下的制造商利润和实体零售商利润分别存在如下关系：$\pi_m^{Ms*}>\pi_m^{Ns*}>\pi_m^{Rs*}$；当 $0<\lambda\leqslant\frac{1}{\sqrt{2}}$ 时，$\pi_r^{Rs*}\geqslant\pi_r^{Ns*}>\pi_r^{Ms*}$，当 $\lambda>\frac{1}{\sqrt{2}}$ 时，$\pi_r^{Ns*}>\pi_r^{Rs*}>\pi_r^{Ms*}$。

证明：(1) 当制造商仅推介网络直销渠道时，

$$\pi_m^{Md*}-\pi_m^{Nd*}=-\frac{(-1+\delta)(1+\lambda)\alpha_t^2}{8(1+\delta)(1+2\lambda)(3+4\lambda)^2}>0$$

$$\pi_m^{Nd*}-\pi_m^{Rd*}=-\frac{(-1+\delta)(1+\lambda)^2(7+24\lambda+20\lambda^2)\alpha_t^2}{4(1+\delta)(2+3\lambda)^2(3+4\lambda)^2}>0$$

$$\pi_r^{Nd*}-\pi_r^{Md*}=-\frac{(-1+\delta)(7+20\lambda+16\lambda^2)\alpha_t^2}{16(1+\delta)(1+2\lambda)(3+4\lambda)^2}>0$$

$$\pi_r^{Rd*}-\pi_r^{Md*}=\frac{(-1+\delta)(-4-12\lambda-7\lambda^2+4\lambda^3)\alpha_t^2}{16(1+\delta)(1+2\lambda)(2+3\lambda)^2}>0$$

$$\pi_r^{Rd*}-\pi_r^{Nd*}=\frac{(-1+\delta)(1+\lambda)(1+2\lambda)(-1+2\lambda^2)\alpha_t^2}{2(1+\delta)(2+3\lambda)^2(3+4\lambda)^2}\begin{cases}>0\ if\ 0<\lambda<\frac{1}{\sqrt{2}}\\=0\ if\ \lambda=\frac{1}{\sqrt{2}}\\<0\ if\ \frac{1}{\sqrt{2}}<\lambda\end{cases} \tag{6.25}$$

（2）当制造商同时推介实体零售渠道和网络直销渠道时，

$$\pi_m^{Ms*} - \pi_m^{Ns*} = -\frac{(-1+\delta)(1+\lambda)(\alpha_r+\alpha_t)^2}{16(1+\delta)(1+2\lambda)(3+4\lambda)^2} > 0$$

$$\pi_m^{Ns*} - \pi_m^{Rs*} = \frac{(1-\delta)(1+\lambda)^2(7+24\lambda+20\lambda^2)(\alpha_r+\alpha_t)^2}{8(1+\delta)(2+3\lambda)^2(3+4\lambda)^2} > 0$$

$$\pi_r^{Ns*} - \pi_r^{Ms*} = -\frac{(-1+\delta)(7+20\lambda+16\lambda^2)(\alpha_r+\alpha_t)^2}{32(1+\delta)(1+2\lambda)(3+4\lambda)^2} > 0$$

$$\pi_r^{Rs*} - \pi_r^{Ms*} = \frac{(-1+\delta)(-4-12\lambda-7\lambda^2+4\lambda^3)(\alpha_r+\alpha_t)^2}{32(1+\delta)(1+2\lambda)(2+3\lambda)^2} > 0$$

$$\pi_r^{Ns*} - \pi_r^{Rs*} = \frac{(1-\delta)(1+\lambda)(1+2\lambda)(-1+2\lambda^2)(\alpha_r+\alpha_t)^2}{4(1+\delta)(2+3\lambda)^2(3+4\lambda)^2}\begin{cases} > 0 \ if \ \frac{1}{\sqrt{2}} < \lambda \\ = 0 \ if \ \lambda = \frac{1}{\sqrt{2}} \\ < 0 \ if \ 0 < \lambda < \frac{1}{\sqrt{2}} \end{cases} \tag{6.26}$$

从命题5中可以看出，无论制造商采取何种推介方式，制造商主导供应链时获得的利润最多，制造商与实体零售商共同主导时获得利润次之，在零售商主导供应链时获得的利润最少。即制造商的利润随着权力的降低而减小。在实体零售商主导下，实体零售商的利润随着实体零售商的公平关切程度增大而减小。这是因为随着实体零售商公平关切程度增大，实体零售价格增大，实体零售渠道市场总需求减少，导致实体零售商的利润空间进一步被压缩。

进一步对两种推介方式下3种权力结构对应的各均衡价格展开比较分析，得到命题6。

命题6 （1）当制造商仅推介网络直销渠道时，3种权力结构下的各均衡价格分别存在如下关系：$w^{Md*} > w^{Nd*} > w^{Rd*}$，$p_e^{Md*} = p_e^{Nd*} = p_e^{Rd*}$，$p_r^{Rd*} > p_r^{Md*} > p_r^{Nd*}$；（2）当制造商同时推介实体零售渠道和网络直销渠道时，3种权力结构下的各均衡价格分别存在如下关系：$w^{Ms*} > w^{Ns*} > w^{Rs*}$，$p_e^{Ms*} = p_e^{Ns*} = p_e^{Rs*}$，$p_r^{Rs*} > p_r^{Ms*} > p_r^{Ns*}$。

证明：（1）当制造商仅推介网络直销渠道时，

$$w^{Md*} - w^{Nd*} = -\frac{(-1+\delta)(1+\lambda)\alpha_t}{2(1+2\lambda)(3+4\lambda)} > 0$$

$$w^{Nd*} - w^{Rd*} = -\frac{(-1+\delta)(1+3\lambda+2\lambda^2)\alpha_t}{2(2+3\lambda)(3+4\lambda)} > 0$$

$$p_e^{Md*} - p_e^{Nd*} = 0$$

$$p_e^{Nd*} - p_e^{Rd*} = 0$$

$$p_r^{Rd*} - p_r^{Md*} = \frac{(1-\delta)\lambda\alpha_t}{8+12\lambda} > 0$$

$$p_r^{Md*} - p_r^{Nd*} = -\frac{(-1+\delta)\alpha_t}{4(3+4\lambda)} > 0 \tag{6.27}$$

（2）当制造商同时推介实体零售渠道和网络直销渠道时，

$$w^{Ms*} - w^{Ns*} = -\frac{(-1+\delta)(1+\lambda)(\alpha_r+\alpha_t)}{4(1+2\lambda)(3+4\lambda)} > 0$$

$$w^{Ns*} - w^{Rs*} = -\frac{(-1+\delta)(1+3\lambda+2\lambda^2)(\alpha_r+\alpha_t)}{4(2+3\lambda)(3+4\lambda)} > 0$$

$$p_e^{Ms*} - p_e^{Ns*} = 0$$

$$p_e^{Ns*} - p_e^{Rs*} = 0$$

$$p_r^{Rs*} - p_r^{Ms*} = -\frac{(-1+\delta)\lambda(\alpha_r+\alpha_t)}{8(2+3\lambda)} > 0$$

$$p_r^{Ms*} - p_r^{Ns*} = -\frac{(-1+\delta)(\alpha_r+\alpha_t)}{8(3+4\lambda)} > 0 \tag{6.28}$$

从命题 6 中可以看出，无论制造商采取何种推介方式，批发价格均在制造商主导情形下最大，在制造商与实体零售商共同主导情形下居中，在实体零售商主导情形下最小，即批发价格随着制造商权力的降低而减小。其背后的原因在于，实体零售商的权力越大，其与制造商的议价能力也越强，实体零售商会获得较低的批发价格，因此制造商定制的批发价格也就越低。此外，网络零售价格在 3 种权力结构下均相等。这是因为，制造商能够完全控制网络直销渠道，实体零售商的决策不会给制造商零售价格带来直接影响。最后，从命题 6 还可以看出，无论制造商采取何种推介方式，实体零售价格均在实体零售商主导下最大，制造商主导情形下居中，在制造商与实体零售商共同主导情形下最小。对此可以解释：在实体零售商主导的供应链中，实体零售商为了获取更多的销售利润，会利用自身的优先决策制定较高的产品零售价格；在制造商主导的供应链中，制造商会利用自身的优先决策制定较高的批发价格，这导致实体零售商不得不跟着提高产品的零售价格，而在制造商与实体零售商共同主导的供应链中，双方在话语权上势均力敌，二者间的竞争博弈导致零售价格有所降低。

6.5　数值仿真

为了更直观地展示前文的研究结果并证明其正确性，这里采用数值仿真进行验证性分析。

6.5.1　不同权力结构下制造商与实体零售商对两种推介方式的偏好分析

首先分析不同权力结构下制造商与实体零售商对两种推介方式的偏好情况。为保证不同权力结构两种推介方式对应的决策结果均具有经济意义，将模型中的参数设置为：$\delta = 0.6$，$\alpha_t = 100, \alpha_r \in [0,100]$。基于上述参数值，Mathematica 软件计算不同权力结构下两种推介方式对应的均衡利润，结果如图 6-1 至图 6-3 所示。

图 6-1 描述了制造商主导，制造商与实体零售商对两种推介方式的偏好情况。从中可以看出，当实体零售商公平关切程度较低 $\left(0 < \lambda \leqslant \frac{1}{\sqrt{2}}\right)$ 且推介型消费者市场规模较大 $\left(\alpha_r \geqslant \frac{\alpha_t}{1+2\lambda}\right)$ 或者当实体零售商公平关切程度较大 $\left(\lambda > \frac{1}{\sqrt{2}}\right)$ 且推介型消费者市场规模较大 $\alpha_r \geqslant (\sqrt{2}-1)\alpha_t$ 情况下，与仅推介网络直销渠道相比，制造商同时推介实体零售渠道和网络直销渠道时，制造商和实体零售商获得的利润均更多，故二者更青睐于同时推介实体零售渠道和网络直销渠道；当实体零售商公平关切程度较大 $\left(\lambda > \frac{1}{\sqrt{2}}\right)$ 且推介型消费者市场规模较小 $\left(\frac{\alpha_t}{1+2\lambda} \leqslant \alpha_r < (\sqrt{2}-1)\alpha_t\right)$ 情况下，与同时推介实体零售渠道和网络直销渠

道相比，仅推介网络直销渠道时，制造商和实体零售商获得的利润均更多，故二者更青睐于仅推介网络直销渠道。

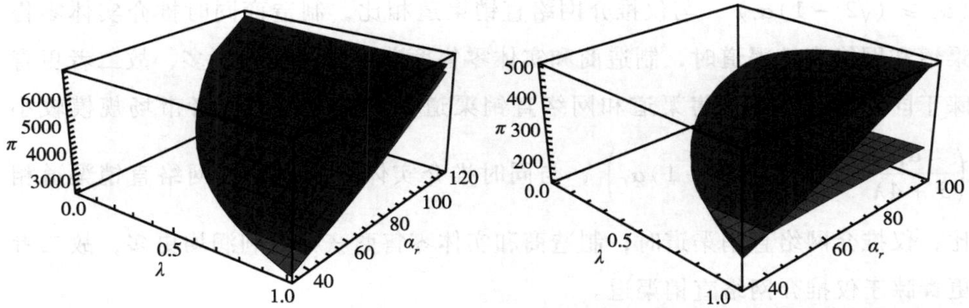

（a）不同推介方式下的制造商利润　　（b）不同推介方式下的实体零售商利润

■ π_m^{Md*}　■ π_m^{Ms*}　　■ π_r^{Md*}　■ π_r^{Ms*}

图 6－1　制造商主导下的推介方式偏好分析

图 6－2 描述了实体零售商主导，制造商与实体零售商对两种推介方式的偏好情况。从中可以看出，当推介型消费者市场规模较大（$\alpha_r \geqslant (\sqrt{2}-1)\alpha_t$）与仅推介网络直销渠道相比，制造商同时推介实体零售渠道和网络直销渠道时，制造商和实体零售商获得的利润均更多，故二者更青睐于同时推介实体零售渠道和网络直销渠道；当推介型消费者市场规模较小（$0<\alpha_r<(\sqrt{2}-1)\alpha_t$）情况下，与同时推介实体零售渠道和网络直销渠道相比，仅推介网络直销渠道时，制造商和实体零售商获得的利润均更多，故二者更青睐于仅推介网络直销渠道。

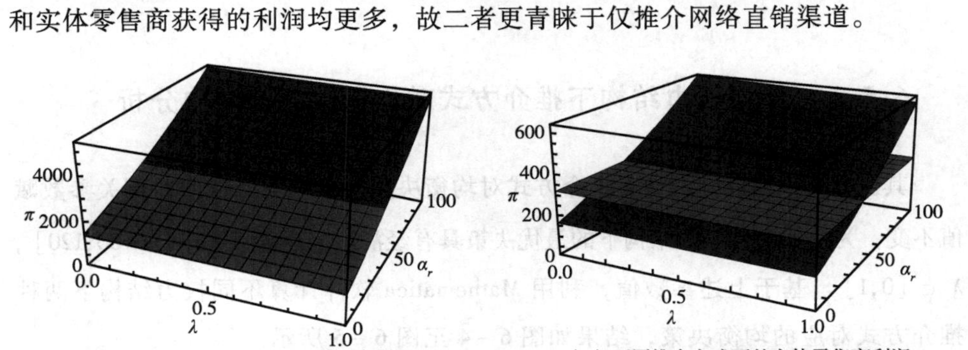

（a）不同推介方式下的制造商利润　　（b）不同推介方式下的实体零售商利润

■ π_m^{Rd*}　■ π_m^{Rs*}　　■ π_r^{Rd*}　■ π_r^{Rs*}

图 6－2　实体零售商主导下的推介方式偏好分析

图6－3描述了制造商与实体零售商共同主导下，制造商与实体零售商对两种推介方式的偏好情况。从中可以看出，当推介型消费者市场规模较大（$\alpha_r \geqslant (\sqrt{2}-1)\alpha_t$），与仅推介网络直销渠道相比，制造商同时推介实体零售渠道和网络直销渠道时，制造商和实体零售商获得的利润均更多，故二者更青睐于同时推介实体零售渠道和网络直销渠道；当推介型消费者市场规模较小$\left(\frac{\alpha_t}{3+4\lambda} \leqslant \alpha_r < (\sqrt{2}-1)\alpha_t\right)$，与同时推介实体零售渠道和网络直销渠道相比，仅推介网络直销渠道时，制造商和实体零售商获得的利润均更多，故二者更青睐于仅推介网络直销渠道。

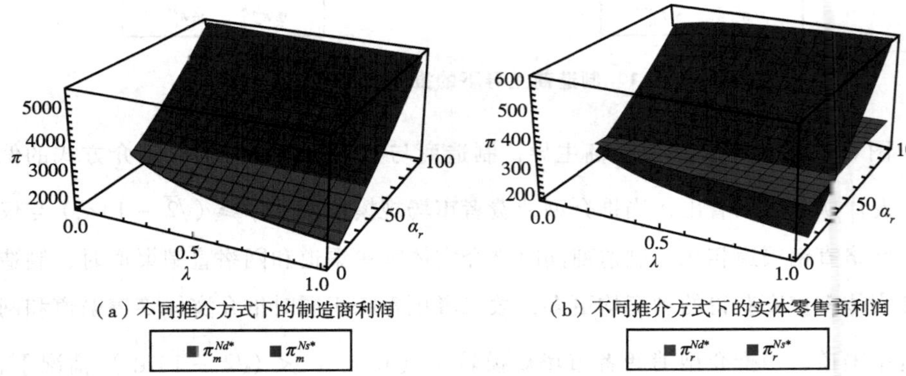

（a）不同推介方式下的制造商利润

（b）不同推介方式下的实体零售商利润

图6－3　制造商与实体零售商共同主导下的推介方式偏好分析

6.5.2　不同权力结构下推介方式对均衡决策的影响分析

其次分析不同权力结构下推介方式对均衡决策的影响。保持前文相关参数赋值不变，为满足3种权力结构下的最优决策具有经济意义，假设：$\alpha_r \in [100,120]$，$\lambda \in [0,1]$。基于上述参数值，利用Mathematica软件计算不同权力结构下两种推介方式对应的均衡决策，结果如图6－4至图6－5所示。

图6－4呈现了在不同的权力结构和推介方式下，批发价格、网络零售价格和实体零售价格的变化趋势。值得注意的是，网络零售价格在这些情境下并未受到影响，保持相对的稳定，而批发价格和实体零售价格则受到一定影响。具体而

言，在三种不同权力结构下，若推介型消费者市场规模较大，则同时推介实体零售渠道和网络直销渠道下的批发价格和实体零售价格均较高，否则均较低。

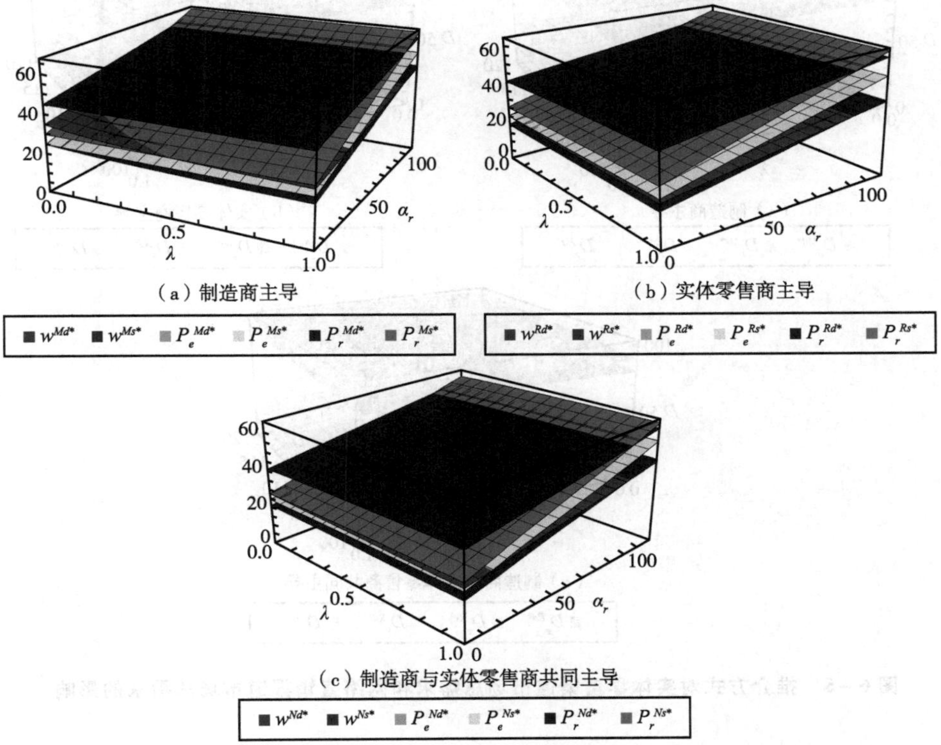

图 6-4　推介方式对均衡价格的影响

图 6-5 说明了实体零售商公平关切对实体零售渠道市场总需求和网络直销渠道市场总需求的影响。值得注意的是，在制造商主导供应链的情况下，随着实体零售商公平关切系数的增加，实体零售渠道市场总需求和网络直销渠道市场总需求保持不变。然而，在实体零售商主导或制造商与实体零售商共同主导的情况下，随着实体零售商公平关切系数的增加，实体零售渠道市场总需求降低，而网络直销渠道市场总需求增加。进一步研究发现，不论权力结构如何变化，在同时推介实体零售渠道和网络直销渠道下，网络直销渠道市场总需求小于仅推介网络直销渠道下的情况，而实体零售渠道市场总需求大于仅推介网络直销渠道下的情况。

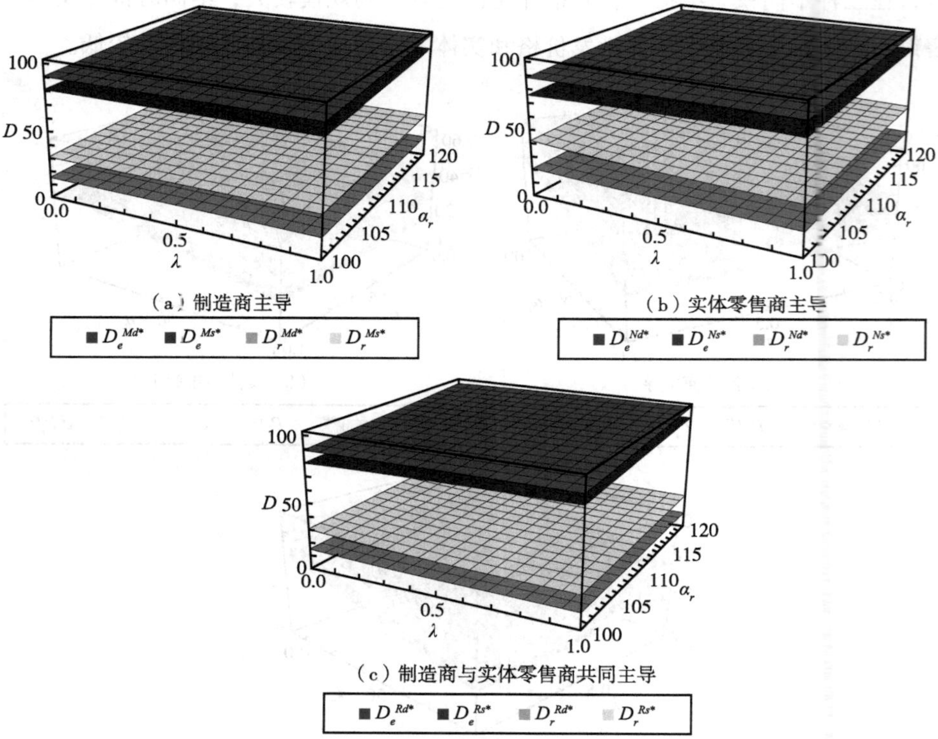

（a）制造商主导

（b）实体零售商主导

（c）制造商与实体零售商共同主导

图 6－5　推介方式对实体零售渠道市场总需求和网络直销渠道市场总需求的影响

6.5.3　权力结构变化对制造商与实体零售商最优利润与最优定价的影响

最后分析权力结构变化对制造商与实体零售商最优利润与最优定价的影响。基于上述参数值，利用 Mathematica 软件计算两种推介方式下制造商与实体零售商的最优定价与最优利润，结果如图 6－6 至图 6－10 所示。

图 6－6 描述了不同推介方式下权力结构对制造商利润的影响。从中可以看出，无论是仅推介网络直销渠道还是同时推介实体零售渠道和网络直销渠道，制造商主导下制造商的利润均最高，实体零售商主导下制造商利润均最低。可见制造商获得的权力越大，获得的销售利润越多，即推介方式不会影响制造商作为供应链主导者的先动优势。

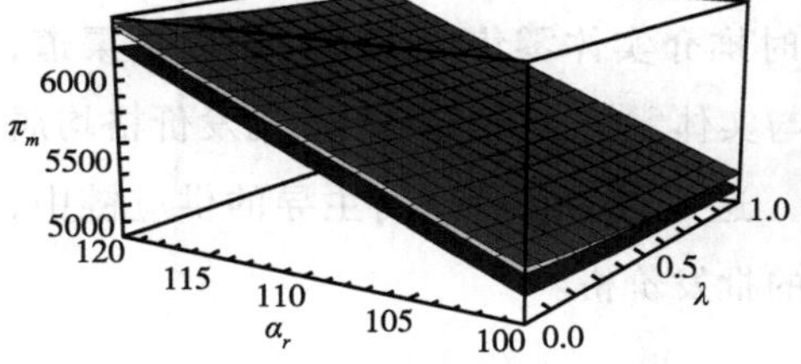

（a）仅推介网络直销渠道

π_m^{Md*}　π_m^{Rd*}　π_m^{Nd*}

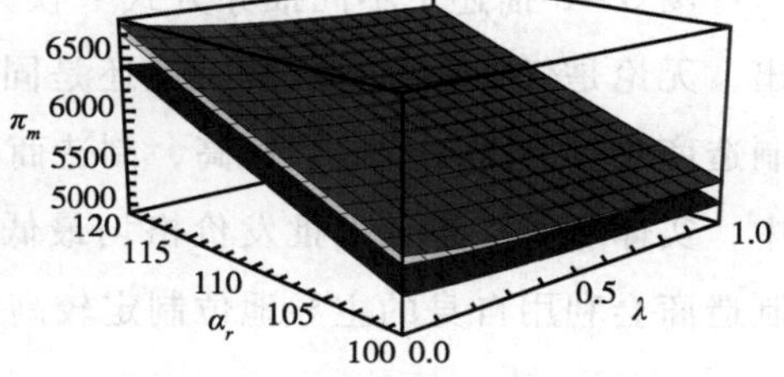

（b）同时推介实体零售渠道和网络直销渠道

π_m^{Ms*}　π_m^{Rs*}　π_m^{Ns*}

图 6-6　不同推介方式下权力结构对制造商利润的影响

图 6-7 描述了不同推介方式下权力结构对实体零售商利润的影响。可以看出，当实体零售商公平关切程度小于一定值的情况下 $\left(0 < \lambda \leqslant \frac{1}{\sqrt{2}}\right)$，无论是仅推介网络直销渠道还是同时推介实体零售渠道和网络直销渠道，实体零售商主导下的实体零售商利润均最高，制造商主导下实体零售商利润均最低；当实体零售商公平关切程度大于一定值的情况下 $\left(\lambda > \frac{1}{\sqrt{2}}\right)$，无论是仅推介网络直销渠道还是同时推介实体零售渠道和网络直销渠道，制造商与实体零售商共同主导下实体零售商利润均最高，制造商主导下实体零售商利润依旧均最低。可见，推介方式对实体零售商作为供应链主导者先动优势的影响受到实体零售商公平关切程度的调节。

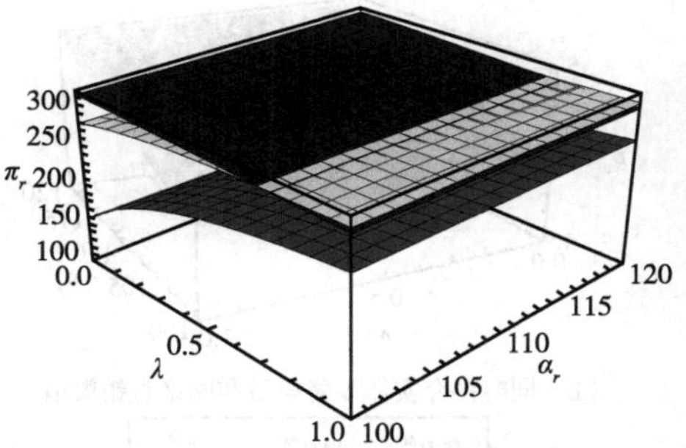

（a）仅推介网络直销渠道

π_r^{Md*}　π_r^{Rd*}　π_r^{Nd*}

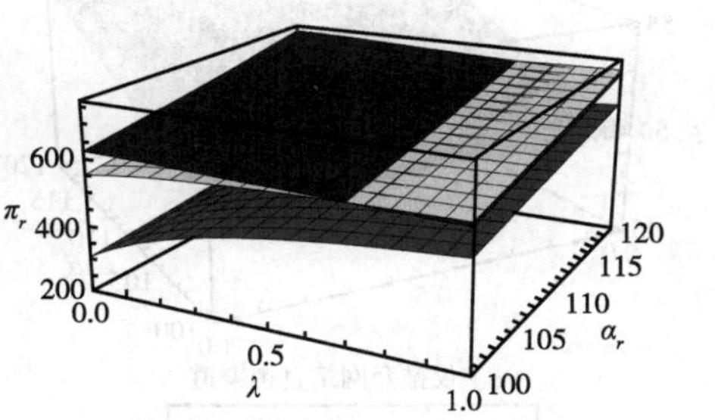

（b）同时推介实体零售渠道和网络直销渠道

π_r^{Ms*}　π_r^{Rs*}　π_r^{Ns*}

图 6-7　不同推介方式下权力结构对实体零售商利润的影响

图 6－8 描述了不同推介方式下权力结构对批发价格的影响。从中可以看出，无论是仅推介网络直销渠道还是同时推介实体零售渠道和网络直销渠道，制造商主导下批发价格均最高，制造商与实体零售商共同主导下批发价格均居中，实体零售商主导下批发价格均最低。这是因为在制造商主导的供应链中，制造商会利用自身的主导地位制定较高的批发价格。

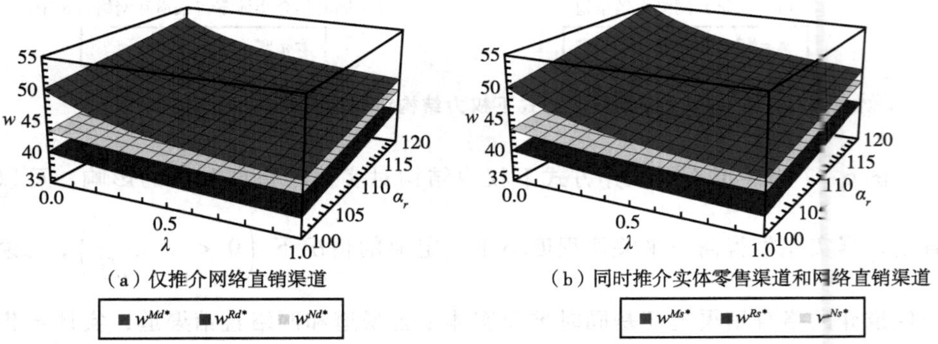

（a）仅推介网络直销渠道　（b）同时推介实体零售渠道和网络直销渠道

图 6－8　不同推介方式下权力结构对批发价格的影响

图 6－9 描述了不同推介方式下权力结构对网络零售价格的影响。从中可以看出，无论是仅推介网络直销渠道还是同时推介实体零售渠道和网络直销渠道，3 种权力结构下仅推介网络零售价格均相同。这时因为实体零售商的公平关切不影响网络零售价格。

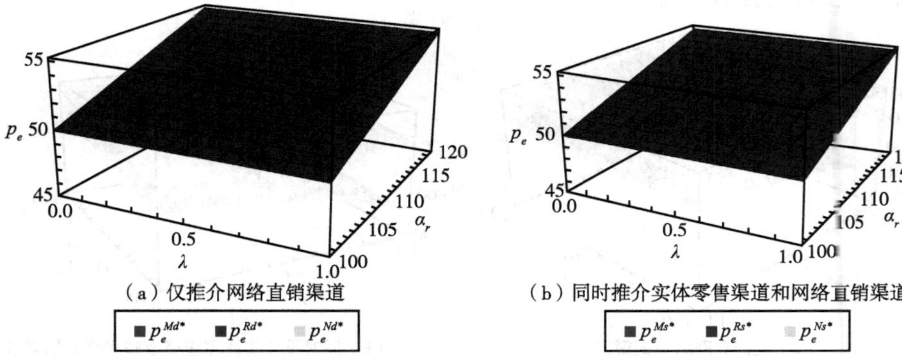

（a）仅推介网络直销渠道　（b）同时推介实体零售渠道和网络直销渠道

图 6－9　不同推介方式下权力结构对网络零售价格的影响

图 6－10 描述了不同推介方式下权力结构对实体零售价格的影响。从中可以看出，无论是仅推介网络直销渠道还是同时推介实体零售渠道和网络直销渠道，实体零售商主导下实体零售价格均最高，制造商与实体零售商共同主导下实体零售价格均最低。这是因为在实体零售商主导下，实体零售商为了获取更多的利润，会利用自身主导优势制定较高的实体零售价格；在制造商主导下，制造商会利用自身优势制定较高的批发价格，而实体零售商为保证自身利润不受影响，不得不跟着提高实体零售价格，而在制造商与实体零售商共同主导下，双方在话语权上势均力敌，二者间的博弈导致实体零售价格有所降低。

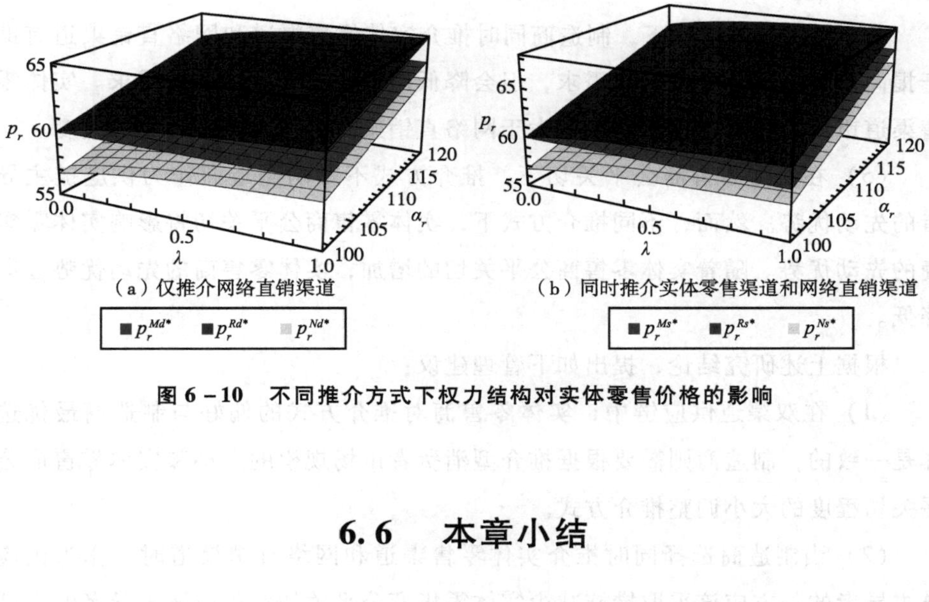

图 6－10　不同推介方式下权力结构对实体零售价格的影响

6.6　本章小结

将实体零售商公平关切引入存在制造商推介的双渠道供应链决策模型中，针对制造商主导、实体零售商主导、制造商与实体零售商共同主导 3 种权力结构，探究了实体零售商公平关切、权力结构变化对制造商和实体零售商的最优定价与最优利润的影响，分析不同权力结构下制造商与实体零售商对两种推介方式的偏好情况。得到了如下主要结论：

（1）3 种权力结构下，实体零售商公平关切对双渠道供应链产生的影响并不相同。网络零售价格并不受实体零售商公平关切的影响，并且在制造商主导时实体零售价格、实体零售渠道市场总需求和网络直销渠道市场总需求也不受实体零售商公平关切的影响。

（2）3 种权力结构下，制造商与实体零售商的推介方式选择偏好保持一致。实体零售商主导和制造商与实体零售商共同主导的情况下，制造商和实体零售商对推介方式的选择均一致，且制造商选择推介方式仅与推介型消费者市场规模的大小有关；而在制造商主导下，制造商和实体零售商的推介方式的选择则受到实体零售商公平关切和消费者市场规模的双重影响。

（3）3 种权力结构下，推介方式对批发价格、网络零售价格和实体零售价格的影响存在差异。推介方式不会影响网络零售价格，但会改变批发价格和实体零售价格。

（4）3 种权力结构下，制造商同时推介实体零售渠道和网络直销渠道有助于提高实体零售渠道市场总需求，但会降低网络直销渠道市场总需求。实体零售渠道市场总需求增大的幅度将大于网络直销渠道市场总需求减小的幅度。

（5）在实体零售商公平关切下，推介方式不影响制造商作为供应链主导者的先动优势。然而，不同推介方式下，实体零售商公平关切将影响实体零售商的先动优势。随着实体零售商公平关切的增加，实体零售商的先动优势逐渐降低。

根据上述研究结论，提出如下管理建议：

（1）在双渠道供应链中，实体零售商对推介方式的偏好与制造商最优选择是一致的，制造商则需要根据推介型消费者市场规模的大小和实体零售商公平关切程度的大小调整推介方式。

（2）当制造商选择同时推介实体零售渠道和网络直销渠道时，作为供应链主导者的一方应该采取措施减少实体零售商公平关切对供应链主导者的先动优势产生的负面影响。如：建立紧密的合作关系，分享市场信息、销售数据等，加深彼此之间的理解，减少销售渠道冲突。

（3）在选择推介方式时，应该详细研究实体零售商的公平关切，了解其对于产品的偏好以及市场需求的影响。并针对实体零售商公平关切，定制差异化的推介方式，以最大化市场需求和满足实体零售商的偏好。

第7章　考虑利他偏好制造商推介的双渠道供应链决策

7.1　引　言

供应链企业之间的决策态度是影响系统运行的重要因素，其中利他偏好行为作为企业决策的内在动力普遍存在于商业实践活动中。为了防止其他渠道成员因为不满收益过低而脱离链条，渠道决策者在关注自身收益的同时也会适当关注其他供应链成员的收益，会让渡自己的部分利润，增加供应链成员合作的积极性，营造良好的渠道竞争与合作环境（Wang et al.，2021）。例如，制造商东风汽车为其供应商宁德时代则提供技术支持，依靠优势互补打造互利共赢的合作局面；沃尔玛推出“农超对接”，为农民和农业合作社提供长期订单，并提供专业种植技术和启动资金（Rong et al.，2022）；丰田要求其供应商在规定的期限内保留一定份额的利润，保证所有供应链企业都能够从合作中获利（Fan et al.，2019）。这些制造商均展现出一定程度的利他偏好行为。与之相反，汽车制造商特斯拉和电池供应商松下之间互相争取利益的多次谈判，以牺牲对方的利益换取自身利益的行为引起供应链成员的不合作，进而导致供应链崩溃，损害供应链成员的利益，得不偿失。由此可见，供应链成员的利他偏好行为影响着双渠道供应链的和谐发展。

近年来，学界对利他偏好行为给予了关注并进行了深度探索。Loch 和 Wu（2008）首次以实证视角探讨了供应链成员的利他主义对企业决策的影响。基于 Loch 和 Wu（2008）的研究，后续学者将其构造的利他偏好效用函数应用到相关研究中。部分学者对单向利他偏好行为进行了多角度探究，姚锋敏等（2023）和王玉燕等（2021）研究了渠道主导者利他偏好行为下的最优定价策略；Liu 等（2023）、Wang 等（2021）以及 Fan 等（2019）在低碳供应链中分析了利他偏好对最优决策的作用；Wang 等（2021）和 Wang 等（2020）分别识别了回收平台利他偏好和再制造商利他偏好下的回收策略；Rong 等（2022）将利他偏好行为引入到绿色供应链领域，剖析了其对均衡策略的影响；Ma 等（2023）和 Meng 等（2023）探索了利他偏好行为对成员竞合策略的影响；Zhou 等（2021）研究了存在消费者存在利他偏好行为时的扶贫模式选择策略。亦有学者如郭军华等（2024）和李娜等（2021）进一步分析了双向利他偏好情形下供应链的博弈均衡策略。然而，以上研究均针对传统实体销售或网络平台销售的单渠道供应链，它们并未涉足同时进行实体和网络销售的双渠道供应链。为此，学者们进一步将研究拓展到了双渠道供应链领域，分析了供应链成员利他偏好行为对定价策略（焦琰等，2021）、创新投入策略（石岿然等，2021）、代理模式选择策略（Wan et al.，2020）以及低碳旅游服务策略（Ma et al.，2021）的影响。

与当前研究不同，本研究借助 Stackelberg 和 Bertrand 博弈理论，在一个具有利他偏好行为的制造商和一个实体零售商构成的双渠道供应链中，研究两种推介方式、三种渠道权力结构下的最优决策问题。本研究的主要贡献有：第一，在 3 种权力结构下，探究了制造商利他偏好行为对供应链均衡决策的影响机理。第二，在制造商存在利他偏好行为的双渠道供应链中，剖析了权力结构差异下制造商（实体零售商）对仅推介网络直销渠道和同时推介实体零售渠道与网络直销渠道这两种推介方式的选择策略。第三，考察了制造商利他偏好行为如何影响制造商（实体零售商）的推介方式选择的问题。

7.2 模型描述

此处的基本问题、需求函数与第 3 章一致，不同之处在于，这里欲将制造商的利他偏好纳入研究模型。根据 Locu 和 Wu（2008）对于利他偏好行为的刻画，将制造商的效用函数表示为：

$$U_m = \pi_m + \sigma\pi_r \tag{7.1}$$

其中，σ（$\sigma \in [0,1]$）表示制造商的利他偏好程度，当 $\sigma = 1$ 时，表示制造

商全以对方利益为主，$\sigma=0$ 则意味着制造商完全以实现自我利益最大化为目标。在现实博弈过程中，利他行为往往表现为利己与利他的结合，此时制造商不再只追求自身利润也会关心对方利润，并为此让出适当的利益，以增加自身效用。

7.3　不同权力结构下的双渠道供应链决策模型分析

下面运用 Stackelberg 和 Bertrand 博弈理论构建用以刻画不同权力结构的双渠道供应链优化模型，并通过优化模型求得制造商主导、实体零售商主导、制造商与实体零售商共同主导时的双渠道供应链均衡。

7.3.1　制造商主导时的双渠道供应链决策模型分析

当制造商主导供应链时，制造商较实体零售商而言具有更大的权力，可优先进行定价决策，而实体零售商只能依据制造商的反应进行定价决策。基于 Stackelberg 博弈理论，该决策过程可以用如下双层优化模型来表示：

$$\begin{cases} \max\limits_{w,p_e} U_m = (wD_r + p_eD_e) + \sigma\pi_r \\ s.t.\ \max\limits_{p_r} \pi_r = (p_r - w)D_r \end{cases} \tag{7.2}$$

将不同推介方式下实体零售渠道和网络直销渠道的市场总需求分别代入式（7.2），并利用逆推归纳法求解，得到不同推介方式下制造商和实体零售商的最优定价，再将其代入对应的需求函数和利润函数可求得不同推介方式下的均衡需求和利润，如表 7－1 所示。

表 7－1　制造商主导时的双渠道供应链模型结果

模型结果	仅推介网络直销渠道 $(i=d)$	同时推介实体零售渠道和网络直销渠道 $(i=s)$
w^{Mi*}	$\frac{1}{4}\left(\delta\alpha_r+\frac{(-4+2\delta+4\sigma-3\delta\sigma)\alpha_t}{-2+\sigma}\right)$	$-\frac{(2+(-2+\delta)\sigma)(\alpha_r+\alpha_t)}{4(-2+\sigma)}$
p_e^{Mi*}	$\frac{1}{4}(\alpha_r+\alpha_t)$	$\frac{1}{4}(\alpha_r+\alpha_t)$

续表

模型结果	仅推介网络直销渠道 $(i=d)$	同时推介实体零售渠道和网络直销渠道 $(i=s)$
p_r^{Mi*}	$\frac{1}{4}\left(\delta\alpha_r+\frac{(-6+\delta(4-3\sigma)+4\sigma)\alpha_t}{-2+\sigma}\right)$	$-\frac{(3+\delta(-1+\sigma)-2\sigma)(\alpha_r+\alpha_t)}{4(-2+\sigma)}$
D_e^{Mi*}	$\frac{1}{2}\left(\alpha_r+\frac{(-2+\delta(-1+\sigma)+\sigma)\alpha_t}{(1+\delta)(-2+\sigma)}\right)$	$\frac{(-2+\delta(-1+\sigma)+\sigma)(\alpha_r+\alpha_t)}{2(1+\delta)(-2+\sigma)}$
D_r^{Mi*}	$\frac{\alpha_t}{4+4\delta-2\sigma-2\delta\sigma}$	$\frac{\alpha_r+\alpha_t}{4+4\delta-2\sigma-2\delta\sigma}$
π_m^{Mi*}	$\frac{1}{8}\left(\alpha_r^2+2\alpha_r\alpha_t+\frac{(8-8\sigma+(1+\delta)\sigma^2)\alpha_t^2}{(1+\delta)(-2+\sigma)^2}\right)$	$\frac{(6-6\sigma+\sigma^2+\delta(2-2\sigma+\sigma^2))(\alpha_r+\alpha_t)^2}{8(1+\delta)(-2+\sigma)^2}$
π_r^{Mi*}	$-\frac{(-1+\delta)\alpha_t^2}{4(1+\delta)(-2+\sigma)^2}$	$-\frac{(-1+\delta)(\alpha_r+\alpha_t)^2}{8(1+\delta)(-2+\sigma)^2}$

为维护双渠道运作秩序，不同推介方式下制造商的最优定价需满足 $p_e^{Mi*}\geqslant w^{Mi*}$，在制造商仅推介网络直销渠道情形下，为满足上述条件，需满足 $\alpha_r\geqslant\alpha_t$ 或者 $0<\alpha_r<\alpha_t$ 且 $\frac{-2\alpha_r+2\alpha_t}{-\alpha_r+3\alpha_t}<\sigma<1$；而在制造商同时推介实体零售渠道和网络直销渠道情形下，产品的网络零售价格始终大于批发价格，因此各参数无须进行其他限制。

7.3.2　实体零售商主导时的双渠道供应链决策模型分析

当实体零售商主导供应链时，实体零售商较制造商而言具有更大的权力，可优先进行定价决策，而制造商只能依据实体零售商的反应进行定价决策。基于 Stackelberg 博弈理论，该决策过程可以用如下双层优化模型来表示：

$$\begin{cases}\max\limits_{p_r}\pi_r=(p_r-w)D_r\\ s.t.\ \max\limits_{w,p_e}U_m=(wD_r+p_eD_e)+\sigma\pi_r\end{cases}\tag{7.3}$$

为求解上述双层优化模型，这里假设实体零售商的单位产品销售利润为 m，则 $p_r=w+m$。将 $p_r=w+m$ 以及不同推介方式下实体零售渠道和网络直销渠道的市场总需求分别代入式（7.3），并利用逆推归纳法求解，得到不同推介方式下制造商和实体零售商的最优定价，再将其代入对应的需求函数和利润函数可求得不同推介方式下的均衡需求和利润，如表 7－2 所示。

表 7－2　　　实体零售商主导时的双渠道供应链模型结果

模型结果	仅推介网络直销渠道 $(i=d)$	同时推介实体零售渠道和网络直销渠道 $(i=s)$
w^{Ri*}	$\frac{1}{4}\left(\delta\alpha_r+\frac{(-1+(3-2\delta)\sigma)\alpha_t}{-1+\sigma}\right)$	$-\frac{(1+\delta-3\sigma+\delta\sigma)(\alpha_r+\alpha_t)}{8(-1+\sigma)}$
p_e^{Ri*}	$\frac{1}{4}(\alpha_r+\alpha_t)$	$\frac{1}{4}(\alpha_r+\alpha_t)$
p_r^{Ri*}	$\frac{1}{4}(\delta\alpha_r+(3-2\delta)\alpha_t)$	$-\frac{1}{8}(-3+\delta)(\alpha_r+\alpha_t)$
D_e^{Ri*}	$\frac{1}{4}\left(2\alpha_r+\frac{(2+\delta)\alpha_t}{1+\delta}\right)$	$\frac{(2+\delta)(\alpha_r+\alpha_t)}{4(1+\delta)}$
D_r^{Ri*}	$\frac{\alpha_t}{4+4\delta}$	$\frac{\alpha_r+\alpha_t}{4+4\delta}$
π_m^{Ri*}	$\frac{1}{16}\left(2\alpha_r^2+4\alpha_r\alpha_t-\frac{(3+\delta-5\sigma+\delta\sigma)\alpha_t^2}{(1+\delta)(-1+\sigma)}\right)$	$\frac{(-5+\delta(-3+\sigma)+7\sigma)(\alpha_r+\alpha_t)^2}{32(1+\delta)(-1+\sigma)}$
π_r^{Ri*}	$\frac{(-1+\delta)\alpha_t^2}{8(1+\delta)(-1+\sigma)}$	$\frac{(-1+\delta)(\alpha_r+\alpha_t)^2}{16(1+\delta)(-1+\sigma)}$

为维护双渠道运作秩序，不同推介方式下制造商的最优定价需满足 $p_e^{Ri*}\geq w^{Ri*}$，无论何种推介方式，产品的网络零售价格均始终大于批发价格，因此各参数无须进行其他限制。

7.3.3　制造商与实体零售商共同主导时的双渠道供应链决策模型分析

当制造商与实体零售商共同主导时，双方同时进行定价决策。基于 Bertrand 博弈理论，该决策过程可以用如下双层优化模型来表示：

$$\begin{cases}\max\limits_{w,p_e}U_m=(wD_r+p_eD_e)+\sigma\pi_r\\\max\limits_{p_r}\pi_r=(p_r-w)D_r\end{cases}\tag{7.4}$$

同样，为求解上述双层优化模型，这里假设实体零售商的单位产品销售利润为 m，则 $p_r = w + m$。将 $p_r = w + m$ 以及不同推介方式下实体零售渠道和网络直销渠道的市场总需求分别代入式（7.4），并利用 Nash 博弈规则求解，得到不同推介方式下制造商和实体零售商的最优定价，再将其代入对应的需求函数和利润函数可求得不同推介方式下的均衡需求和利润，如表 7－3 所示。

表 7－3　制造商主导时的双渠道供应链模型结果

模型结果	仅推介网络直销渠道 $(i=d)$	同时推介实体零售渠道和网络直销渠道 $(i=s)$
w^{Ni*}	$\frac{1}{4}\left(\delta\alpha_r+\frac{(-4+\delta+4\sigma-3\delta\sigma)\alpha_t}{-3+\sigma}\right)$	$-\frac{(2+\delta-2\sigma+\delta\sigma)(\alpha_r+\alpha_t)}{4(-3+\sigma)}$
p_e^{Ni*}	$\frac{1}{4}(\alpha_r+\alpha_t)$	$\frac{1}{4}(\alpha_r+\alpha_t)$
p_r^{Ni*}	$\frac{1}{4}\left(\delta\alpha_r+\frac{(-8+5\delta+4\sigma-3\delta\sigma)\alpha_t}{-3+\sigma}\right)$	$-\frac{(4+\delta(-1+\sigma)-2\sigma)(\alpha_r+\alpha_t)}{4(-3+\sigma)}$
D_e^{Ni*}	$\frac{1}{2}\left(\alpha_r+\frac{(-3+\delta(-1+\sigma)+\sigma)\alpha_t}{(1+\delta)(-3+\sigma)}\right)$	$\frac{(-3+\delta(-1+\sigma)+\sigma)(\alpha_r+\alpha_t)}{2(1+\delta)(-3+\sigma)}$
D_r^{Ni*}	$-\frac{\alpha_t}{(1+\delta)(-3+\sigma)}$	$-\frac{\alpha_r+\alpha_t}{(1+\delta)(-3+\sigma)}$
π_m^{Ni*}	$\frac{1}{8}\left(\alpha_r^2+2\alpha_r\alpha_t+\frac{(17-14\sigma+\sigma^2+\delta(1+\sigma)^2)\alpha_t^2}{(1+\delta)(-3+\sigma)^2}\right)$	$\frac{(13-10\sigma+\sigma^2+\delta(5-2\sigma+\sigma^2))(\alpha_r+\alpha_t)^2}{8(1+\delta)(-3+\sigma)^2}$
π_r^{Ni*}	$-\frac{(-1+\delta)\alpha_t^2}{(1+\delta)(-3+\sigma)^2}$	$-\frac{(-1+\delta)(\alpha_r+\alpha_t)^2}{2(1+\delta)(-3+\sigma)^2}$

为维护双渠道运作秩序，不同推介方式下制造商的最优定价需满足 $p_e^{Ni*} \geq w^{Ni*}$，在制造商仅推介网络直销渠道情形下，为满足上述条件，需满足 $\alpha_r \geq \frac{\alpha_t}{3}$ 或者 $0 < \alpha_r < \frac{\alpha_t}{3}$ 且 $\frac{-3\alpha_r+\alpha_t}{-\alpha_r+3\alpha_t} < \sigma < 1$；而在制造商同时推介实体零售渠道和网络直销渠道情形下，产品的网络零售价格始终等于批发价格，因此各参数无须进行其他限制。

7.4　模型结果分析

为探索利他偏好对双渠道供应链均衡决策的作用机理，分别对不同权力结构下两种推介方式对应的模型结果进行分析。

性质 1　3 种权力结构下，制造商利润与制造商的利他偏好程度均负相关，实体零售商利润与制造商的利他偏好程度均正相关。

证明：（1）当制造商主导供应链时：

$$\frac{\partial \pi_m^{Md*}}{\partial \sigma} = -\frac{(-1+\delta)\sigma\alpha_t^2}{2(1+\delta)(-2+\sigma)^3} < 0$$

$$\frac{\partial \pi_r^{Md*}}{\partial \sigma} = \frac{(-1+\delta)\alpha_t^2}{2(1+\delta)(-2+\sigma)^3} > 0$$

$$\frac{\partial \pi_m^{Ms*}}{\partial \sigma} = -\frac{(-1+\delta)\sigma(\alpha_r+\alpha_t)^2}{4(1+\delta)(-2+\sigma)^3} < 0$$

$$\frac{\partial \pi_r^{Ms*}}{\partial \sigma} = \frac{(-1+\delta)(\alpha_r+\alpha_t)^2}{4(1+\delta)(-2+\sigma)^3} > 0 \tag{7.5}$$

（2）当实体零售商主导供应链时：

$$\frac{\partial \pi_m^{Rd*}}{\partial \sigma} = \frac{(-1+\delta)\alpha_t^2}{8(1+\delta)(-1+\sigma)^2} < 0$$

$$\frac{\partial \pi_r^{Rd*}}{\partial \sigma} = -\frac{(-1+\delta)\alpha_t^2}{8(1+\delta)(-1+\sigma)^2} > 0$$

$$\frac{\partial \pi_m^{Rs*}}{\partial \sigma} = \frac{(-1+\delta)(\alpha_r+\alpha_t)^2}{16(1+\delta)(-1+\sigma)^2} < 0$$

$$\frac{\partial \pi_r^{Rs*}}{\partial \sigma} = -\frac{(-1+\delta)(\alpha_r+\alpha_t)^2}{16(1+\delta)(-1+\sigma)^2} > 0 \tag{7.6}$$

（3）当制造商与实体零售商共同主导时：

$$\frac{\partial \pi_m^{Nd*}}{\partial \sigma} = -\frac{(-1+\delta)(1+\sigma)\alpha_t^2}{(1+\delta)(-3+\sigma)^3} < 0$$

$$\frac{\partial \pi_r^{Nd*}}{\partial \sigma} = \frac{2(-1+\delta)\alpha_t^2}{(1+\delta)(-3+\sigma)^3} > 0$$

$$\frac{\partial\pi_m^{Ns*}}{\partial\sigma}=-\frac{(-1+\delta)(1+\sigma)(\alpha_r+\alpha_t)^2}{2(1+\delta)(-3+\sigma)^3}<0$$

$$\frac{\partial\pi_r^{Ns*}}{\partial\sigma}=\frac{(-1+\delta)(\alpha_r+\alpha_t)^2}{(1+\delta)(-3+\sigma)^3}>0 \tag{7.7}$$

性质 1 表明，在 3 种权力结构下，制造商的利他偏好会导致制造商自身利润降低，而实体零售商的利润会增加。这是因为具有利他偏好的制造商是有限理性的，当感知到对实体零售商不利时会让出自己一部分利润。这说明制造商的利他偏好是一种为供应链成员企业着想的行为，虽然有损制造商自身的利润，但能够维持供应链的稳定，对整个供应链系统有益。

性质 2　3 种权力结构下，网络零售价格与制造商的利他偏好程度均无关，批发价格与制造商的利他偏好程度均负相关，但制造商的利他偏好对实体零售价格的影响与权力结构有关，具体而言，随着制造商的利他偏好程度的增加，(1) 在制造商主导的权力结构下，实体零售价格降低；(2) 在实体零售商主导的权力结构下，实体零售价格保持不变；(3) 在制造商与实体零售商共同主导的权力结构下，结果与制造商主导的权力结构一致。

证明：(1) 当制造商主导供应链时，

$$\frac{\partial w^{Md*}}{\partial\sigma}=\frac{(-1+\delta)\alpha_t}{(-2+\sigma)^2}<0$$

$$\frac{\partial p_e^{Md*}}{\partial\sigma}=0$$

$$\frac{\partial p_r^{Md*}}{\partial\sigma}=\frac{(-1+\delta)\alpha_t}{2(-2+\sigma)^2}<0$$

$$\frac{\partial w^{Ms*}}{\partial\sigma}=\frac{(-1+\delta)(\alpha_r+\alpha_t)}{2(-2+\sigma)^2}<0$$

$$\frac{\partial p_e^{Ms*}}{\partial\sigma}=0$$

$$\frac{\partial p_r^{Ms*}}{\partial\sigma}=\frac{(-1+\delta)(\alpha_r+\alpha_t)}{4(-2+\sigma)^2}<0 \tag{7.8}$$

(2) 当实体零售商主导供应链时，

$$\frac{\partial w^{Rd*}}{\partial\sigma}=\frac{(-1+\delta)\alpha_t}{2(-1+\sigma)^2}<0$$

$$\frac{\partial p_e^{Rd*}}{\partial \sigma} = 0$$

$$\frac{\partial p_r^{Rd*}}{\partial \sigma} = 0$$

$$\frac{\partial w^{Rs*}}{\partial \sigma} = \frac{(-1+\delta)(\alpha_r+\alpha_t)}{4(-1+\sigma)^2} < 0$$

$$\frac{\partial p_e^{Rs*}}{\partial \sigma} = 0$$

$$\frac{\partial p_r^{Rs*}}{\partial \sigma} = 0 \tag{7.9}$$

（3）当制造商与实体零售商共同主导时，

$$\frac{\partial w^{Nd*}}{\partial \sigma} = \frac{2(-1+\delta)\alpha_t}{(-3+\sigma)^2} < 0$$

$$\frac{\partial p_e^{Nd*}}{\partial \sigma} = 0$$

$$\frac{\partial p_r^{Nd*}}{\partial \sigma} = \frac{(-1+\delta)\alpha_t}{(-3+\sigma)^2} < 0$$

$$\frac{\partial w^{Ns*}}{\partial \sigma} = \frac{(-1+\delta)(\alpha_r+\alpha_t)}{(-3+\sigma)^2} < 0$$

$$\frac{\partial p_e^{Ns*}}{\partial \sigma} = 0$$

$$\frac{\partial p_r^{Ns*}}{\partial \sigma} = \frac{(-1+\delta)(\alpha_r+\alpha_t)}{2(-3+\sigma)^2} < 0 \tag{7.10}$$

性质2表明，在3种权力结构下，制造商的利他偏好行为会对降低批发价格，但不会影响网络零售价格。对于实体零售价格而言，在制造商主导或制造商与实体零售商共同主导权力均衡的权力结构下，制造商的利他偏好行为会导致实体零售价格下降，当实体零售商主导时，制造商的利他偏好行为不会影响实体零售价格。其原因是，当制造商感知到实体零售商利润的获取能力较弱时，制造商会主动降低批发价格以让利。对于实体零售价格而言，在制造商主导或制造商与实体零售商共同主导权力均衡的权力结构下，制造商的利他偏好行为能够影响实体零售商的价格策略，实体零售商会适当降低实体零售价格与网络零售渠道竞争。而实体零售商作为主导者时拥有先动优势，可以首先做出定价决策，因此不会由于追随者制造商的利他偏好行为而改变实体零售价格。

性质3 制造商的利他偏好对实体零售渠道市场总需求和网络直销渠道市场总需求的影响均与权力结构有关，具体而言，随着制造商的利他偏好程度的增加，（1）在制造商主导的权力结构下，实体零售渠道市场总需求增加，网络直销渠道市场总需求减小；（2）在实体零售商主导的权力结构下，实体零售渠道市场总需求和网络直销渠道市场总需求均保持不变；（3）在制造商与实体零售商共同主导的权力结构下，结果与制造商主导的权力结构一致。

证明：（1）当制造商主导供应链时，

$$\frac{\partial D_e^{Md*}}{\partial \sigma}=-\frac{\delta\alpha_t}{2(1+\delta)(-2+\sigma)^2}<0$$

$$\frac{\partial D_r^{Md*}}{\partial \sigma}=\frac{\alpha_t}{2(1+\delta)(-2+\sigma)^2}>0$$

$$\frac{\partial D_e^{Ms*}}{\partial \sigma}=-\frac{\delta(\alpha_r+\alpha_t)}{2(1+\delta)(-2+\sigma)^2}<0$$

$$\frac{\partial D_r^{Ms*}}{\partial \sigma}=\frac{\alpha_r+\alpha_t}{2(1+\delta)(-2+\sigma)^2}>0 \tag{7.11}$$

（2）当实体零售商主导供应链时，

$$\frac{\partial D_e^{Rd*}}{\partial \sigma}=0$$

$$\frac{\partial D_r^{Rd*}}{\partial \sigma}=0$$

$$\frac{\partial D_e^{Rs*}}{\partial \sigma}=0$$

$$\frac{\partial D_r^{Rs*}}{\partial \sigma}=0 \tag{7.12}$$

（3）当制造商与实体零售商共同主导时，

$$\frac{\partial D_e^{Nd*}}{\partial \sigma}=-\frac{\delta\alpha_t}{(1+\delta)(-3+\sigma)^2}<0$$

$$\frac{\partial D_r^{Nd*}}{\partial \sigma}=\frac{\alpha_t}{(1+\delta)(-3+\sigma)^2}>0$$

$$\frac{\partial D_e^{Ns*}}{\partial \sigma}=-\frac{\delta(\alpha_r+\alpha_t)}{(1+\delta)(-3+\sigma)^2}<0$$

$$\frac{\partial D_r^{Ns*}}{\partial\sigma} = \frac{\alpha_r + \alpha_t}{(1+\delta)(-3+\sigma)^2} > 0 \tag{7.13}$$

性质 3 表明，当制造商主导或制造商与实体零售商共同主导时，制造商的利他偏好行为会降低网络直销渠道市场总需求，并且对实体零售渠道市场总需求具有正向激励作用，但当实体零售商主导时，制造商的利他偏好行为均不会影响实体零售渠道市场总需求和网络直销渠道市场总需求。这是因为，当制造商主导或制造商与实体零售商共同主导权力均衡时，制造商的利他偏好行为会使实体零售价格下降，且不影响网络零售价格，这会导致实体零售渠道市场总需求增加，致使网络直销渠道市场总需求减少。而在实体零售商主导的权力结构下，制造商的利他偏好程度不会影响实体零售价格和网络零售价格，因此实体零售渠道市场总需求和网络直销渠道市场总需求亦与制造商的利他偏好程度无关。

结合性质 1、性质 2 和性质 3 说明，制造商的利他偏好行为使制造商从批发价格上让利给实体零售商，这一定程度上缓解了双方博弈造成的双重边际效应，从长期来看，制造商的利他偏好行为有利于提高供应链整体利润。

为探究制造商的推介方式选择策略和实体零售商的推介方式选择偏好，这里分别对不同权力结构下两种推介方式对应的均衡利润进行比较分析。

命题 1 （1）当制造商主导供应链时，若 $\alpha_r > \alpha_t$ 或者 $\alpha_t > \alpha_r > (\sqrt{2}-1)\alpha_t$ 且 $\frac{-2\alpha_r + 2\alpha_t}{-\alpha_r + 3\alpha_t} < \sigma < 1$，则制造商的最优推介方式为同时推介实体零售渠道和网络直销渠道，若 $0 < \alpha_r < (\sqrt{2}-1)\alpha_t$ 且 $\frac{-2\alpha_r + 2\alpha_t}{-\alpha_r + 3\alpha_t} < \sigma < 1$，则制造商的最优推介方式为仅推介网络直销渠道；（2）当实体零售商主导供应链时，若 $\alpha_r > (\sqrt{2}-1)\alpha_t$ 且 $0 < \sigma < \frac{1}{3}$ 或者 $0 < \alpha_r < (\sqrt{2}-1)\alpha_t$ 且 $\frac{1}{3} < \sigma < 1$，则制造商的最优推介方式为同时推介实体零售渠道和网络直销渠道，若 $\alpha_r > (\sqrt{2}-1)\alpha_t$ 且 $\frac{1}{3} < \sigma < 1$ 或者 $0 < \alpha_r < (\sqrt{2}-1)\alpha_t$ 且 $0 < \sigma < \frac{1}{3}$，则制造商的最优推介方式为仅推介网络直销渠道；（3）当制造商与实体零售商共同主导时，若 $\alpha_r > (\sqrt{2}-1)\alpha_t$，则制造商的最优推介方式为同时推介实体零售渠道和网络直销渠

道，若 $\frac{\alpha_t}{3} < \alpha_r < (\sqrt{2}-1)\alpha_t$ 或者 $0 < \alpha_r < \frac{\alpha_t}{3}$ 且 $\frac{-3\alpha_r + \alpha_t}{-\alpha_r + 3\alpha_t} < \sigma < 1$，则制造商的最优推介方式为仅推介网络直销渠道。

证明：(1) 当制造商主导供应链时，

$$\pi_m^{Ms*} - \pi_m^{Md*} = \frac{(-1+\delta)(-1+\sigma)(\alpha_r^2 + 2\alpha_r\alpha_t - \alpha_t^2)}{4(1+\delta)(-2+\sigma)^2} \tag{7.14}$$

因此时维护双渠道正常运作秩序需满足 $\alpha_r \geqslant \alpha_t$ 或者 $0 < \alpha_r < \alpha_t$ 且 $\frac{-2\alpha_r + 2\alpha_t}{-\alpha_r + 3\alpha_t} < \sigma < 1$，因此当 $\alpha_r > \alpha_t$ 或者 $\alpha_t > \alpha_r > (\sqrt{2}-1)\alpha_t$ 且 $\frac{-2\alpha_r + 2\alpha_t}{-\alpha_r + 3\alpha_t} < \sigma < 1$ 时，$\pi_m^{Ms*} - \pi_m^{Md*} > 0$；当 $0 < \alpha_r < (\sqrt{2}-1)\alpha_t$ 且 $\frac{-2\alpha_r + 2\alpha_t}{-\alpha_r + 3\alpha_t} < \sigma < 1$ 时，$\pi_m^{Ms*} - \pi_m^{Md*} < 0$。

(2) 当实体零售商主导供应链时，

$$\pi_m^{Rs*} - \pi_m^{Rd*} = -\frac{(-1+\delta)(-1+3\sigma)(\alpha_r^2 + 2\alpha_r\alpha_t - \alpha_t^2)}{32(1+\delta)(-1+\sigma)} \tag{7.15}$$

当 $\alpha_r > (\sqrt{2}-1)\alpha_t$ 且 $0 < \sigma < \frac{1}{3}$ 或者 $0 < \alpha_r < (\sqrt{2}-1)\alpha_t$ 且 $\frac{1}{3} < \sigma < 1$ 时，$\pi_m^{Rs*} - \pi_m^{Rd*} > 0$；当 $\alpha_r > (\sqrt{2}-1)\alpha_t$ 且 $\frac{1}{3} < \sigma < 1$ 或者 $0 < \alpha_r < (\sqrt{2}-1)\alpha_t$ 且 $0 < \sigma < \frac{1}{3}$ 时，$\pi_m^{Rs*} - \pi_m^{Rd*} < 0$。

(3) 当制造商与实体零售商共同主导时，

$$\pi_m^{Ns*} - \pi_m^{Nd*} = \frac{(-1+\delta)(-1+\sigma)(\alpha_r^2 + 2\alpha_r\alpha_t - \alpha_t^2)}{2(1+\delta)(-3+\sigma)^2} \tag{7.16}$$

因此时维护双渠道正常运作秩序需满足 $\alpha_r \geqslant \frac{\alpha_t}{3}$ 或者 $0 < \alpha_r < \frac{\alpha_t}{3}$ 且 $\frac{-3\alpha_r + \alpha_t}{-\alpha_r + 3\alpha_t} < \sigma < 1$，因此当 $\alpha_r > (\sqrt{2}-1)\alpha_t$ 时，$\pi_m^{Ns*} - \pi_m^{Nd*} > 0$；当 $\frac{\alpha_t}{3} < \alpha_r < (\sqrt{2}-1)\alpha_t$ 或者 $0 < \alpha_r < \frac{\alpha_t}{3}$ 且 $\frac{-3\alpha_r + \alpha_t}{-\alpha_r + 3\alpha_t} < \sigma < 1$ 时，$\pi_m^{Ns*} - \pi_m^{Nd*} < 0$。

命题 2 (1) 当制造商主导供应链时，若 $\alpha_r > \alpha_t$ 或者 $\alpha_t > \alpha_r > (\sqrt{2}-1)\alpha_t$ 且 $\frac{-2\alpha_r + 2\alpha_t}{-\alpha_r + 3\alpha_t} < \sigma < 1$，则实体零售商偏好于制造商同时推介实体零售渠道

和网络直销渠道，若 $0 < \alpha_r < (\sqrt{2}-1)\alpha_t$ 且 $\frac{-2\alpha_r + 2\alpha_t}{-\alpha_r + 3\alpha_t} < \sigma < 1$，则实体零售商偏好于制造商仅推介网络直销渠道；（2）当实体零售商主导供应链时，若 $\alpha_r > (\sqrt{2}-1)\alpha_t$，则实体零售商偏好于制造商同时推介实体零售渠道和网络直销渠道，若 $0 < \alpha_r < (\sqrt{2}-1)\alpha_t$，则实体零售商偏好于制造商仅推介网络直销渠道；（3）当制造商与实体零售商共同主导时，若 $\alpha_r > (\sqrt{2}-1)\alpha_t$，则实体零售商偏好于制造商同时推介实体零售渠道和网络直销渠道，若 $\frac{\alpha_t}{3} < \alpha_r < (\sqrt{2}-1)\alpha_t$ 或者 $0 < \alpha_r < \frac{\alpha_t}{3}$ 且 $\frac{-3\alpha_r + \alpha_t}{-\alpha_r + 3\alpha_t} < \sigma < 1$，则实体零售商偏好于制造商仅推介网络直销渠道。

证明：（1）当制造商主导供应链时，

$$\pi_r^{Ms*} - \pi_r^{Md*} = -\frac{(-1+\delta)(\alpha_r^2 + 2\alpha_r\alpha_t - \alpha_t^2)}{8(1+\delta)(-2+\sigma)^2} \tag{7.17}$$

因此时维护双渠道正常运作秩序需满足 $\alpha_r \geq \alpha_t$ 或者 $0 < \alpha_r < \alpha_t$ 且 $\frac{-2\alpha_r + 2\alpha_t}{-\alpha_r + 3\alpha_t} < \sigma < 1$，因此当 $\alpha_r > \alpha_t$ 或者 $\alpha_t > \alpha_r > (\sqrt{2}-1)\alpha_t$ 且 $\frac{-2\alpha_r + 2\alpha_t}{-\alpha_r + 3\alpha_t} < \sigma < 1$ 时，$\pi_r^{Ms*} - \pi_r^{Md*} > 0$；当 $0 < \alpha_r < (\sqrt{2}-1)\alpha_t$ 且 $\frac{-2\alpha_r + 2\alpha_t}{-\alpha_r + 3\alpha_t} < \sigma < 1$ 时，$\pi_r^{Ms*} - \pi_r^{Md*} < 0$。

（2）当实体零售商主导供应链时，

$$\pi_r^{Rs*} - \pi_r^{Rd*} = -\frac{(-1+\delta)(\alpha_r^2 + 2\alpha_r\alpha_t - \alpha_t^2)}{8(1+\delta)(-2+\sigma)^2} \tag{7.18}$$

当 $\alpha_r > (\sqrt{2}-1)\alpha_t$ 时，$\pi_r^{Rs*} - \pi_r^{Rd*} > 0$；当 $0 < \alpha_r < (\sqrt{2}-1)\alpha_t$ 时，$\pi_r^{Rs*} - \pi_r^{Rd*} < 0$。

（3）当制造商与实体零售商共同主导时，

$$\pi_r^{Ns*} - \pi_r^{Nd*} = -\frac{(-1+\delta)(\alpha_r^2 + 2\alpha_r\alpha_t - \alpha_t^2)}{2(1+\delta)(-3+\sigma)^2} \tag{7.19}$$

因此时维护双渠道正常运作秩序需满足 $\alpha_r \geq \frac{\alpha_t}{3}$ 或者 $0 < \alpha_r < \frac{\alpha_t}{3}$ 且

$\frac{-3\alpha_r+\alpha_t}{-\alpha_r+3\alpha_t}<\sigma<1$，因此当 $\alpha_r>(\sqrt{2}-1)\alpha_t$ 时，$\pi_r^{Ns*}-\pi_r^{Nd*}>0$；当 $\frac{\alpha_t}{3}<\alpha_r<(\sqrt{2}-1)\alpha_t$ 或者 $0<\alpha_r<\frac{\alpha_t}{3}$ 且 $\frac{-3\alpha_r+\alpha_t}{-\alpha_r+3\alpha_t}<\sigma<1$ 时，$\pi_r^{Ns*}-\pi_r^{Nd*}<0$。

从命题1和命题2可以看出，在制造商主导或制造商与实体零售商共同主导的情形下，制造商和实体零售商对推介方式的选择均一致：当推介型消费者市场规模较小时，实体零售商会倾向于仅推介网络直销渠道的推介方式，否则实体零售商会选择同时推介实体零售渠道和网络直销渠道的推介方式。这是因为，制造商将少量访问官网的消费者仅推介到自己经营的网络直销渠道购买，网络直销渠道收益增加，制造商出于利他偏好行为会让利给实体零售商，此决策会适当地增加实体零售商利润，故实体零售商不会反对。相反，制造商将大量访问官网的消费者同时推介到实体销售渠道，一方面可以维持双渠道的协调性，另一方面也有利于平衡制造商和实体零售商的收益，这对于有利他偏好的制造商而言，一定程度上避免了制造商利益的流失，因此制造商会倾向于同时推介方式。在实体零售商主导的情形下，制造商和实体零售商对推介方式的一致性偏好与制造商的利他偏好程度有关，即当制造商的利他偏好程度较低时，制造商与实体零售商的推介方式偏好一致，否则二者的推介方式偏好相反。其原因是，实体零售商作为主导者时对供应链有绝对的控制权，最有利于自身获利，仅需考虑市场因素选择推介方式，而当制造商的利他偏好程度较高时，本就处于劣势的制造商若依然让利给实体零售商，则必然会与实体零售商的推介方式偏好相反。命题1和命题2表明，权力结构仅会改变制造商和实体零售商选择推介方式的前提条件和制造商对推介方式的偏好，但不会影响实体零售商对推介方式的偏好。

下面进一步对均衡价格、均衡需求等进行比较分析，识别推介方式对产品定价、渠道市场总需求以及制造商与实体零售商先动优势的影响。

对不同权力结构下两种推介方式对应的均衡价格进行比较分析，得到命题3。

命题3 3种权力结构下，推介方式并不会影响网络零售价格，但会改变批发价格和实体零售价格，具体而言，与制造商仅推介网络直销渠道相比，制造商同时推介实体零售渠道和网络直销渠道时，（1）在制造商主导的权力结构下，若推介型消费者市场规模大于传统型消费者市场规模，批发价格和实体零售价格均提高，否则均降低；（2）在实体零售商主导的权力结构下，若推介型消费者市场规模大于传统型消费者市场规模且制造商的利他偏好程度较低$\left(\sigma \in \left(0, \frac{1}{3}\right)\right)$，或者推介型消费者市场规模小于传统型消费者市场规模且制造商的利他偏好程度较高$\left(\sigma \in \left(\frac{1}{3}, 1\right)\right)$，则批发价格和实体零售价格均提高，否则均降低；（3）在制造商与实体零售商共同主导的权力结构下，结果与制造商主导的权力结构一致。

证明：（1）当制造商主导供应链时，

$$w^{Ms*} - w^{Md*} = -\frac{(-1+\delta)(-1+\sigma)(\alpha_r - \alpha_t)}{2(-2+\sigma)}$$

$$p_e^{Ms*} - p_e^{Md*} = 0$$

$$p_r^{Ms*} - p_r^{Md*} = -\frac{(-1+\delta)(-3+2\sigma)(\alpha_r - \alpha_t)}{4(-2+\sigma)} \tag{7.20}$$

因此时维护双渠道正常运作秩序需满足 $\alpha_r \geqslant \alpha_t$ 或者 $0 < \alpha_r < \alpha_t$ 且 $\frac{-2\alpha_r + 2\alpha_t}{-\alpha_r + 3\alpha_t} < \sigma < 1$，因此当 $\alpha_r > \alpha_t$，可得 $w^{Ms*} - w^{Md*} > 0$，$p_r^{Ms*} - p_r^{Md*} > 0$；当 $0 < \alpha_r < \alpha_t$ 且 $\frac{-2\alpha_r + 2\alpha_t}{-\alpha_r + 3\alpha_t} < \sigma < 1$ 时，$w^{Ms*} - w^{Md*} < 0$，$p_r^{Ms*} - p_r^{Md*} < 0$。

（2）当实体零售商主导供应链时，

$$w^{Rs*} - w^{Rd*} = -\frac{(-1+\delta)(-1+3\sigma)(\alpha_r - \alpha_t)}{8(-1+\sigma)}$$

$$p_e^{Rs*} - p_e^{Rd*} = 0$$

$$p_r^{Rs*} - p_r^{Rd*} = -\frac{3}{8}(-1+\delta)(\alpha_r - \alpha_t) \tag{7.21}$$

当 $\alpha_r > \alpha_t$ 且 $0 < \sigma < \frac{1}{3}$ 或者 $0 < \alpha_r < \alpha_t$ 且 $\frac{1}{3} < \sigma < 1$ 时，$w^{Rs*} - w^{Rd*} > 0$；当 $\alpha_r > \alpha_t$ 且 $\frac{1}{3} < \sigma < 1$ 或者 $0 < \alpha_r < \alpha_t$ 且 $0 < \sigma < \frac{1}{3}$ 时，$w^{Rs*} - w^{Rd*} < 0$。当 $\alpha_r > \alpha_t$，$p_r^{Rs*} - p_r^{Rd*} > 0$；当 $0 < \alpha_r < \alpha_t$，$p_r^{Rs*} - p_r^{Rd*} < 0$。

（3）当制造商与实体零售商共同主导时，

$$w^{Ns*}-w^{Nd*}=-\frac{(-1+\delta)(-1+\sigma)(\alpha_r-\alpha_t)}{2(-3+\sigma)}$$
$$p_e^{Ns*}-p_e^{Nd*}=0$$
$$p_r^{Ns*}-p_r^{Nd*}=-\frac{(-1+\delta)(-2+\sigma)(\alpha_r-\alpha_t)}{2(-3+\sigma)} \tag{7.22}$$

因此时维护双渠道正常运作秩序需满足 $\alpha_r \geqslant \frac{\alpha_t}{3}$ 或者 $0<\alpha_r<\frac{\alpha_t}{3}$ 且 $\frac{-3\alpha_r+\alpha_t}{-\alpha_r+3\alpha_t}<\sigma<1$，因此当 $\alpha_r>\alpha_t$ 时，$w^{Ns*}-w^{Nd*}>0,p_r^{Ns*}-p_r^{Nd*}>0$；当 $\frac{\alpha_t}{3}\leqslant\alpha_r<\alpha_t$ 或者 $0<\alpha_r<\frac{\alpha_t}{3}$ 且 $\frac{-3\alpha_r+\alpha_t}{-\alpha_r+3\alpha_t}<\sigma<1$ 时，$w^{Ns*}-w^{Nd*}<0,p_r^{Ns*}-p_r^{Nd*}<0$。

命题 3 表明，在实体零售渠道价格决策中，面对两种推介方式，制造商与实体零售商会根据推介型消费者市场规模和制造商利他偏好的大小调整价格策略。对于批发价格决策而言，权力结构会改变批发价格的影响因素，具体来看，在制造商主导或制造商与实体零售商共同主导的权利结构下，推介型消费者市场规模会影响制造商的批发价格，即当推介型消费者市场规模较大时，制造商同实体零售商共享推介市场时，网络直销渠道收益受损，制造商势必会制定较高的批发价格以增加利润。当主体零售商主导时，批发价格则会受到推介型消费者市场规模和制造商利他偏好的双重影响，即当推介型消费者市场规模较大且制造商利他偏好程度较小，或推介型消费者市场规模较小且制造商利他偏好程度较大时，制造商采用同时推介方式下的批发价格较高，反之，仅推介网络直销渠道下的批发价格较高。对于实体零售价格决策而言，在 3 种权力结构下，实体零售价格仅受到推介型消费者市场规模影响，即推介型消费者市场规模较大时，实体零售商总是会因为共享推介市场而制定更高的实体零售价格，这是因为，制造商将访问其官网的较大规模消费者同时推介到实体零售渠道时，实体零售渠道会出现需求大于供给的情况，因此实体零售商提高了实体零售价格。

对不同权力结构下两种推介方式对应的均衡需求进行比较分析，得到命题 4。

命题 4　3 种权力结构下，与制造商仅推介网络直销渠道相比，制造商同时推介实体零售渠道和网络直销渠道时，实体零售渠道市场总需求均增大，网络直销渠道市场总需求均减小，并且实体零售渠道市场总需求增大的幅度均大于网络直销渠道市场总需求减小的幅度。

证明：(1) 当制造商主导供应链时，

$$D_e^{Ms*} - D_e^{Md*} = \frac{\delta\alpha_r}{2(1+\delta)(-2+\sigma)} < 0$$

$$D_r^{Ms*} - D_r^{Md*} = \frac{\alpha_r}{-2(1+\delta)(-2+\sigma)} > 0$$

$$|D_r^{Ms*} - D_r^{Md*}| - |D_e^{Ms*} - D_e^{Md*}| = \frac{(-1+\delta)\alpha_r}{2(1+\delta)(-2+\sigma)} > 0 \tag{7.23}$$

(2) 当实体零售商主导供应链时，

$$D_e^{Rs*} - D_e^{Rd*} = -\frac{\delta\alpha_r}{4+4\delta} < 0$$

$$D_r^{Rs*} - D_r^{Rd*} = \frac{\alpha_r}{4+4\delta} > 0$$

$$|D_r^{Rs*} - D_r^{Rd*}| - |D_e^{Rs*} - D_e^{Rd*}| = \frac{(1-\delta)\alpha_r}{4(1+\delta)} > 0 \tag{7.24}$$

(3) 当制造商与实体零售商共同主导时，

$$D_e^{Ns*} - D_e^{Nd*} = \frac{\delta\alpha_r}{(1+\delta)(-3+\sigma)} < 0$$

$$D_r^{Ns*} - D_r^{Nd*} = -\frac{\alpha_r}{(1+\delta)(-3+\sigma)} > 0$$

$$|D_r^{Ns*} - D_r^{Nd*}| - |D_e^{Ns*} - D_e^{Nd*}| = \frac{(-1+\delta)\alpha_r}{(1+\delta)(-3+\sigma)} > 0 \tag{7.25}$$

命题 4 表明，在 3 种权力结构下，制造商采取同时推介方式会使网络直销渠道市场需求向实体零售渠道转移，进而实体零售渠道市场总需求显著增加。另外，命题 4 也说明，制造商同时推介实体零售渠道和网络直销渠道对双渠道供应链的市场总需求具有正向激励作用。

结合命题 1 至命题 4 的分析可以发现，推介型消费者市场规模直接影响了供应链成员的推介偏好。同时，在实体零售商主导的情形下，制造商的利他偏好行为并不利于制造商，鉴于制造商有足够的网络直销渠道控制权，制造商可以利用自身的网络直销价格决策权来赚取推介市场利润，以弥补其善意利润损失。

对两种推介方式下不同权力结构对应的均衡利润进行比较分析，得到命题5。

命题5 （1）当制造商仅推介网络直销渠道时，3种权力结构下的制造商利润和实体零售商利润分别存在如下关系：$\pi_m^{Md*} > \pi_m^{Nd*} > \pi_m^{Rd*}$，$\pi_r^{Rd*} > \pi_r^{Nd*} > \pi_r^{Md*}$；（2）当制造商同时推介实体零售渠道和网络直销渠道时，3种权力结构下的制造商利润和实体零售商利润分别存在如下关系：$\pi_m^{Ms*} > \pi_m^{Ns*} > \pi_m^{Rs*}$，$\pi_r^{Rs*} > \pi_r^{Ns*} > \pi_r^{Ms*}$。

证明：（1）当制造商仅推介网络直销渠道时，

$$\pi_m^{Md*} - \pi_m^{Nd*} = \frac{(1-\delta)(1+\sigma-3\sigma^2+\sigma^3)\alpha_t^2}{2(1+\delta)(-3+\sigma)^2(-2+\sigma)^2} > 0$$

$$\pi_m^{Nd*} - \pi_m^{Rd*} = \frac{(1-\delta)(7+\sigma-3\sigma^2+3\sigma^3)\alpha_t^2}{16(1+\delta)(-3+\sigma)^2(-1+\sigma)} > 0$$

$$\pi_r^{Nd*} - \pi_r^{Md*} = \frac{(1-\delta)(7-10\sigma+3\sigma^2)\alpha_t^2}{4(1+\delta)(-3+\sigma)^2(-2+\sigma)^2} > 0$$

$$\pi_r^{Rd*} - \pi_r^{Nd*} = \frac{(1-\delta)(1+\sigma)^2\alpha_t^2}{8(1+\delta)(-3+\sigma)^2(-1+\sigma)} > 0 \tag{7.26}$$

（2）当制造商同时推介实体零售渠道和网络直销渠道时，

$$\pi_m^{Ms*} - \pi_m^{Ns*} = \frac{(1-\delta)(1+\sigma-3\sigma^2+\sigma^3)(\alpha_r+\alpha_t)^2}{4(1+\delta)(-3+\sigma)^2(-2+\sigma)^2} > 0$$

$$\pi_m^{Ns*} - \pi_m^{Rs*} = \frac{(-1+\delta)(7+\sigma-3\sigma^2+3\sigma^3)(\alpha_r+\alpha_t)^2}{32(1+\delta)(-3+\sigma)^2(-1+\sigma)} > 0$$

$$\pi_r^{Ns*} - \pi_r^{Ms*} = \frac{(1-\delta)(7-10\sigma+3\sigma^2)(\alpha_r+\alpha_t)^2}{8(1+\delta)(-3+\sigma)^2(-2+\sigma)^2} > 0$$

$$\pi_r^{Rs*} - \pi_r^{Ns*} = \frac{(1-\delta)(1+\sigma)^2(\alpha_r+\alpha_t)^2}{16(1+\delta)(-3+\sigma)^2(-1+\sigma)} > 0 \tag{7.27}$$

命题5表明，无论制造商采取何种推介方式，制造商和实体零售商均在各自主导情形下获得的利润最多，在二者权力平衡情形下获得的利润次之，在对方主导情形下获得的利润最少，即制造商和实体零售商利润均随着自身权力的降低而减小。由此可见，两种推介方式下，供应链成员获得的收益与自身权力正相关。

进一步对两种推介方式下 3 种权力结构对应的各均衡价格展开比较分析，得到命题 6。

命题 6　(1) 当制造商仅推介网络直销渠道时，3 种权力结构下的各均衡价格分别存在如下关系：$w^{Md*} > w^{Nd*} > w^{Rd*}$，$p_e^{Md*} = p_e^{Nd*} = p_e^{Rd*}$，$p_r^{Rd*} > p_r^{Md*} > p_r^{Nd*}$；(2) 当制造商同时推介实体零售渠道和网络直销渠道时，3 种权力结构下的各均衡价格分别存在如下关系：$w^{Ms*} > w^{Ns*} > w^{Rs*}$，$p_e^{Ms*} = p_e^{Ns*} = p_e^{Rs*}$，$p_r^{Rs*} > p_r^{Ms*} > p_r^{Ns*}$。

证明：(1) 当制造商仅推介网络直销渠道时，

$$w^{Md*} - w^{Nd*} = \frac{(-1+\delta)(-1+\sigma)\alpha_t}{(-3+\sigma)(-2+\sigma)} > 0$$

$$w^{Nd*} - w^{Rd*} = \frac{(1-\delta)(1+\sigma)^2\alpha_t}{4(-3+\sigma)(-1+\sigma)} > 0$$

$$p_e^{Md*} - p_e^{Nd*} = 0$$

$$p_e^{Nd*} - p_e^{Rd*} = 0$$

$$p_r^{Rd*} - p_r^{Md*} = \frac{(-1+\delta)\sigma\alpha_t}{4(-2+\sigma)} > 0$$

$$p_r^{Md*} - p_r^{Nd*} = \frac{(-1+\delta)(-1+\sigma)\alpha_t}{2(-3+\sigma)(-2+\sigma)} > 0 \tag{7.28}$$

(2) 当制造商同时推介实体零售渠道和网络直销渠道时，

$$w^{Ms*} - w^{Ns*} = \frac{(-1+\delta)(-1+\sigma)(\alpha_r+\alpha_t)}{2(-3+\sigma)(-2+\sigma)} > 0$$

$$w^{Ns*} - w^{Rs*} = \frac{(1-\delta)(1+\sigma)^2(\alpha_r+\alpha_t)}{8(-3+\sigma)(-1+\sigma)} > 0$$

$$p_e^{Ms*} - p_e^{Ns*} = 0$$

$$p_e^{Ns*} - p_e^{Rs*} = 0$$

$$p_r^{Rs*} - p_r^{Ms*} = \frac{(-1+\delta)\sigma(\alpha_r+\alpha_t)}{8(-2+\sigma)} > 0$$

$$p_r^{Ms*} - p_r^{Ns*} = \frac{(-1+\delta)(-1+\sigma)(\alpha_r+\alpha_t)}{4(-3+\sigma)(-2+\sigma)} > 0 \tag{7.29}$$

命题 6 表明，无论制造商采取何种推介方式，批发价格均在制造商主导供应链时最大，在制造商与实体零售商共同主导时次之，在实体零售商主导供应链时最小，即批发价格随着制造商渠道权力的降低而减小。这是因为，实体零售商的渠道权力越大，其与制造商的议价能力越强，故与制造商协商的批发价格也就越低。此外，网络零售价格在3种权力结构下均相等，其原因是制造商能够完全控制网络直销渠道，实体零售商的决策不会影响制造商的网络直销价格。最后，从命题6还说明，无论制造商采取何种推介方式，实体零售价格均在制造商主导情形下和实体零售商主导情形下最大，在制造商与实体零售商共同主导情形下最小。其原因是：当制造商主导时，制造商会利用自身的优先决策权制定较高的批发价格，这导致实体零售商势必提高产品销售价格，类似地，当实体零售商主导时，实体零售商为了提高盈利水平，也会利用自身的优先决策权制定较高的产品销售价格，而当制造商与实体零售商共同主导时，双方对供应链的控制能力相对均衡，二者间的竞争博弈使实体零售价格有所降低。

通过分析命题5和命题6可知，推介方式不会影响3种权力结构下的均衡决策的大小关系。从本质上看，这是因为占据主导地位的供应链成员会利用自身的渠道权力优势做出更有利于自己的决策，进而保证了自身的优势地位。

7.5 数值模拟

为了更直观地展示前文的研究结果并证明其正确性，这里采用数值模拟进行验证性分析。

7.5.1 不同权力结构下制造商与实体零售商对两种推介方式的偏好分析

分析不同权力结构下制造商与实体零售商对两种推介方式的偏好情况。为保证不同权力结构两种推介方式对应的模型结果均具有经济意义，将模型中的参数设置为：$\delta = 0.6$，$\alpha_t = 100$。基于上述参数值，利用Mathematica软件计算不同权力结构下两种推介方式对应的均衡决策，结果如图7-1至图7-3所示。

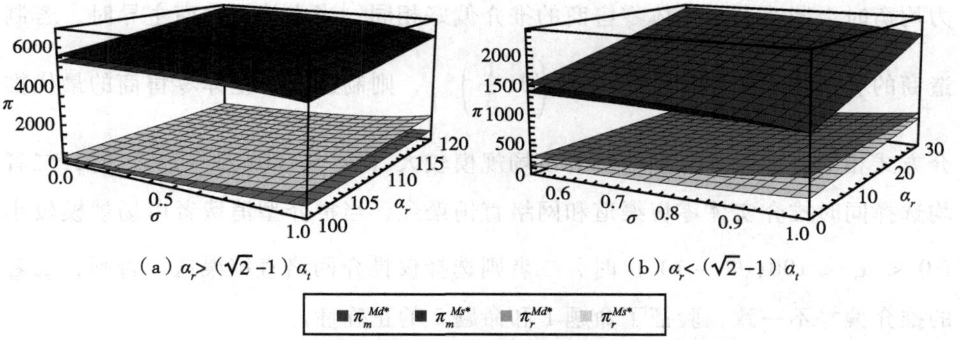

(a) $\alpha_r > (\sqrt{2}-1)\,\alpha_t$　(b) $\alpha_r < (\sqrt{2}-1)\,\alpha_t$

图 7－1　制造商主导下的推介方式偏好分析

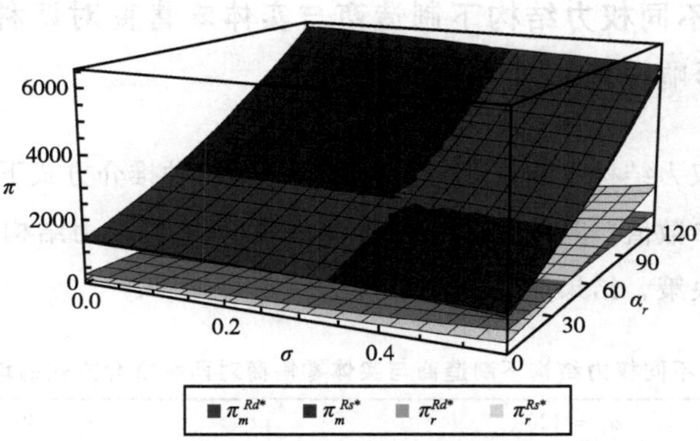

图 7－2　实体零售商主导下的推介方式偏好分析

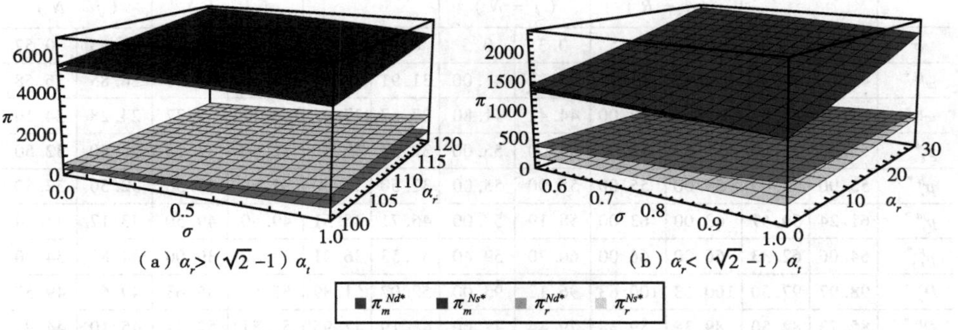

(a) $\alpha_r > (\sqrt{2}-1)\,\alpha_t$　(b) $\alpha_r < (\sqrt{2}-1)\,\alpha_t$

图 7－3　制造商与实体零售商共同主导下的推介方式偏好分析

图 7－1、图 7－2 和图 7－3 表示，首先，在 3 种权力结构下，制造商利润与制造商的利他偏好程度负相关，主体零售商利润与制造商的利他偏好程度正相关，验证了性质 1 的正确性。其次，当制造商主导或制造商与实体零售商权

力均衡时，制造商与主体零售商的推介偏好相同；当主体零售商主导时，若制造商的利他偏好程度较低（$\sigma \in \left(0, \frac{1}{3}\right)$），则制造商与主体零售商的最优推介方式相同，即当推介型消费者市场规模较大（$\alpha_r > 100(\sqrt{2}-1)$）时，二者均选择同时推介实体零售渠道和网络直销渠道，当推介型消费者市场规模较小（$0 < \alpha_r < 100(\sqrt{2}-1)$）时，二者则选择仅推介网络直销渠道，否则，二者的推介偏好不一致，验证了命题 1 和命题 2 的正确性。

7.5.2 不同权力结构下制造商与实体零售商对两种推介方式下均衡决策的影响分析

分析不同权力结构下制造商与实体零售商对两种推介方式下均衡决策的影响。基于上述参数值，利用 Mathematica 软件计算不同权力结构下两种推介方式对应的均衡决策，结果如表 7－4 所示。

表 7－4　不同权力结构下制造商与实体零售商对两种推介方式的均衡决策

α_r	$\alpha_r = 120$						$\alpha_r = 30$					
j	制造商主导（$j=M$）		实体零售商主导（$j=R$）		制造商与实体零售商共同主导（$j=N$）		制造商主导（$j=M$）		实体零售商主导（$j=R$）		制造商与实体零售商共同主导（$j=N$）	
σ	0.3	0.5	0.3	0.5	0.3	0.5	0.55	0.57	0.55	0.57	0.55	0.57
w^{jd*}	49.47	46.33	34.43	23.00	43.37	41.00	31.91	31.53	5.06	2.99	26.35	26.58
w^{js*}	51.12	47.67	34.57	22.00	44.41	41.80	27.57	27.32	10.11	8.77	24.28	24.10
p_e^{jd*}	55.00	55.00	55.00	55.00	55.00	55.00	32.50	32.50	32.50	32.50	32.50	32.50
p_e^{js*}	55.00	55.00	55.00	55.00	55.00	55.00	32.50	32.50	32.50	32.50	32.50	32.50
p_r^{jd*}	61.24	59.67	63.00	63.00	58.19	57.00	45.71	45.51	49.50	49.50	43.[illegible]7	43.04
p_r^{js*}	64.06	62.33	66.00	66.00	60.70	59.40	36.53	36.41	39.00	39.00	34.89	34.80
D_e^{jd*}	98.97	97.50	100.63	100.63	96.11	95.00	52.07	51.89	55.63	55.63	49.69	49.57
D_e^{js*}	85.73	82.50	89.38	89.38	79.44	77.00	48.19	47.95	52.81	52.81	45.10	44.94
D_r^{jd*}	18.38	20.83	15.63	15.63	23.15	25.00	21.55	21.85	15.63	15.63	25.51	25.72
D_r^{js*}	40.44	45.83	34.38	34.38	50.93	55.00	28.02	28.41	20.31	20.31	33.16	33.44

由表 7－4 可知，首先，在 3 种权力结构下，批发价格与制造商的利他偏好程度负相关，网络直销价格与制造商的利他偏好程度无关；当制造商主导或

制造商与实体零售商权力均衡时，实体零售价格以及网络直销渠道市场总需求与制造商的利他偏好程度负相关，实体零售渠道市场总需求与制造商的利他偏好程度正相关；当主体零售商主导时，实体零售价格、网络直销渠道市场总需求以及实体零售渠道市场总需求与制造商的利他偏好程度均无关，验证了性质 2 和性质 3 的正确性。

其次，在 3 种权力结构下，推介方式并不会影响网络零售价格，制造商采取同时推介方式时网络直销渠道总市场需求较低，实体零售渠道市场总需求较高；当制造商主导或制造商与实体零售商权力均衡时，若推介型消费者市场规模较大（ $\alpha_r > 100$ ），则同时推介方式下的批发价格和实体零售价格均较高，否则均较低；在实体零售商主导的权力结构下，若推介型消费者市场规模较大（ $\alpha_r > 100$ ）且制造商的利他偏好程度较低 $\left(\sigma \in \left(0,\frac{1}{3}\right)\right)$，或者推介型消费者市场规模较小（ $0 < \alpha_r < 100$ ）且制造商的利他偏好程度较高 $\left(\sigma \in \left(\frac{1}{3},1\right)\right)$，则同时推介方式下的批发价格和实体零售价格均较高，否则均较低，验证了命题 3 和命题 4 的正确性。

7.5.3　权力结构变化对制造商与实体零售商最优定价与最优利润的影响

分析权力结构变化对制造商与实体零售商最优定价与最优利润的影响。保持前文相关参数赋值不变，为满足 3 种权力结构下的最优决策具有经济意义，假设：$\alpha_r \in [100,120]$，$\sigma \in [0,0.6]$。基于上述参数值，利用 Mathematica 软件计算两种推介方式下制造商与实体零售商的最优定价与最优利润，结果如图 7－4 至图 7－8 所示。

图 7－4 和图 7－5 显示，在两种推介方式下，制造商的盈利水平总是在制造商主导时最高，在实体零售商主导时最低；实体零售商的收益在实体零售商主导时最多，在制造商主导时最少，验证了命题 5 的正确性。进一步观察发现，当推介型消费者市场规模较大时，同时推介形式更有利于制造商和实体零售商获利。

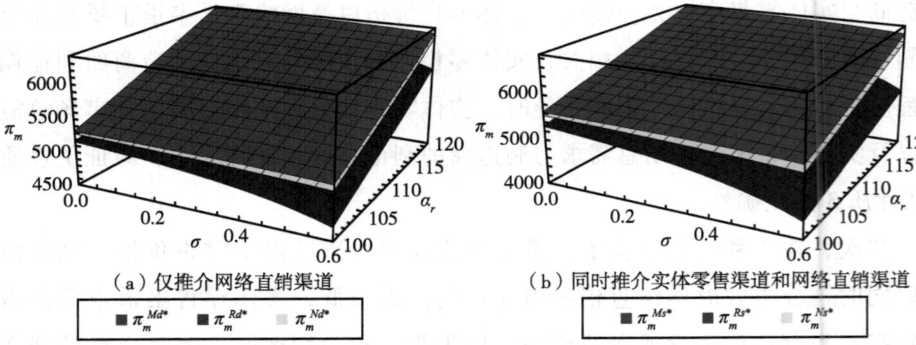

图 7-4　不同推介方式下权力结构对制造商利润的影响

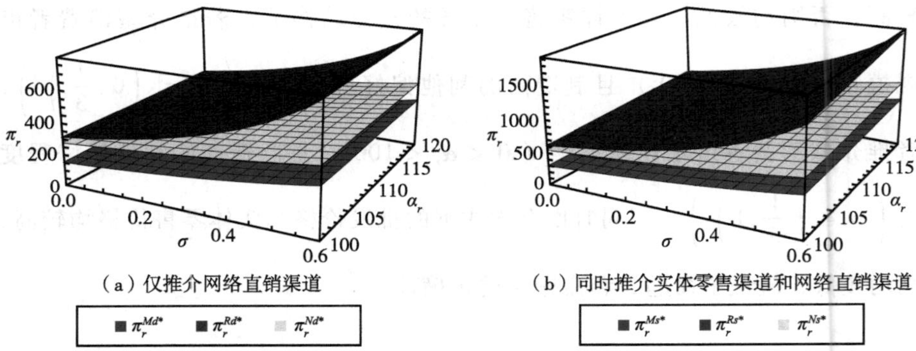

图 7-5　不同推介方式下权力结构对实体零售商利润的影响

图 7-6、图 7-7 和图 7-8 显示，在两种推介方式下，批发价格总是在制造商主导时最高，在实体零售商主导时最低；网络直销价格与权力结构无关；实体零售价格在实体零售商主导时最高，在制造商主导时最低，验证了命题 6 的正确性。

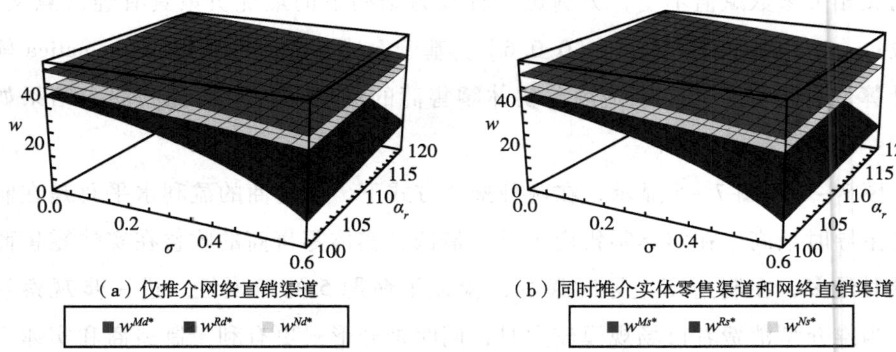

图 7-6　不同推介方式下权力结构对批发价格的影响

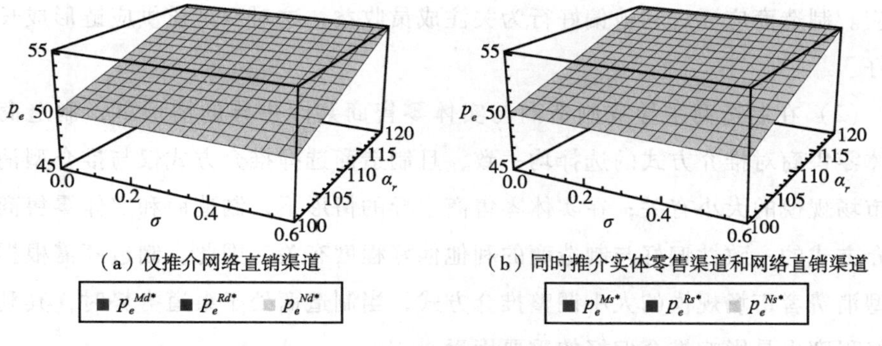

图 7－7　不同推介方式下权力结构对网络销售价格的影响

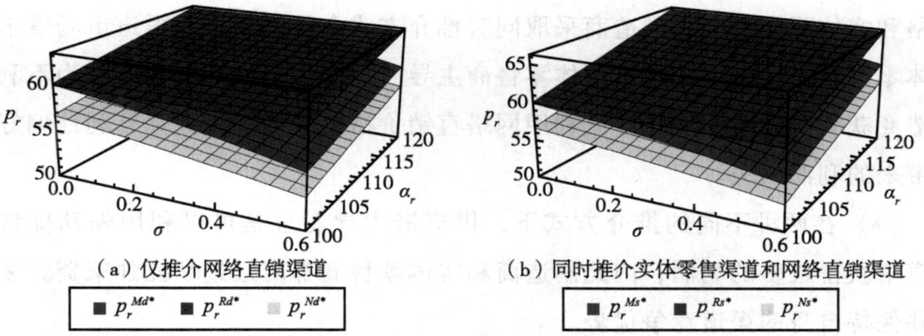

图 7－8　不同推介方式下权力结构对实体销售价格的影响

7.6　本章小结

在制造商主导、实体零售商主导、制造商与实体零售商共同主导 3 种权力结构下，本章探讨了制造商存在利他偏好行为时双渠道供应链中的制造商与实体零售商对仅推介网络直销渠道和同时推介实体零售渠道与网络直销渠道这两种推介方式的选择偏好，并探讨了推介方式对产品定价、渠道市场总需求以及制造商与实体零售商先动优势的影响。研究表明：

（1）在双渠道供应链中，制造商利他偏好程度的增加会导致制造商自身利润降低，而实体零售商的利润会增加。制造商的利他偏好行为使制造商从批发价格上让利给实体零售商，从而一定程度上缓解了双方博弈造成的双重边际效应。制造商应通过利他偏好行为关注成员收益，这对双渠道供应链形成长期利好。

（2）在制造商主导或制造商与实体零售商共同主导的情形下，制造商和实体零售商对推介方式的选择均一致，且制造商选择推介方式仅与推介型消费者市场规模的大小有关；在实体零售商主导的情形下，制造商和实体零售商对推介方式的一致性偏好与制造商的利他偏好程度有关。因此，制造商需根据推介型消费者市场规模的大小调整推介方式，当制造商处于渠道劣势时，其利他偏好程度也是影响推介偏好的重要因素。

（3）3 种权力结构下，推介方式并不会影响网络零售价格，但会改变批发价格和实体零售价格，制造商采取同时推介方式会使网络直销渠道市场需求向实体零售渠道转移。尤其当实体零售商主导时，制造商的利他偏好行为不利于制造商获利。此时制造商可以利用网络直销价格的决策权进而弥补利他偏好行为带来的利润损失。

（4）在两种不同的推介方式下，供应链主导者总是可以利用先动优势从渠道中获得最多的利润，因此制造商和实体零售商都应通过掌控独家资源来争取并保持自身的渠道竞争优势。

第8章　实体零售商利他偏好下考虑制造商推介的双渠道供应链决策

8.1　引　言

传统经济学理论中，经常假设人们在做出决策时只关注自身利益最大化，对他人的利益漠不关心。但在行为经济学观察中，更好地解释了人在现实环境中的决策受其所属环境的影响，即认为人的社会属性决定了其制定策略时并不一定都是理性的，尤其是在经济活动中，大多数人会考虑他人的利益情况，例如为给消费者提供更满意的产品，京东通过平台消费者的数据挖掘，为国产手机中兴 Nubia 推出了“JD Phone 计划”，实施该计划之前，京东承诺预期销量，并支付 Nubia 厂商接近 1 亿元的保证金，该计划使此款在发布之初并不被看好的手机新品牌成为线上渠道最畅销的手机系列之一。而那些只关注自身利益，恶意竞争扰乱市场的只能被排挤，失去生存下来的机会。所以对于具有社会属性的人来说，利他是一种本能行为，在双渠道供应链运作中考虑成员的利他行为很有必要。

为进一步补充利他行为在双渠道供应链范畴的研究，获得更全面的研究结论，本章在第七章的基础上，将实体零售商利他偏好引入存在制造商推介的双渠道供应链研究中，针对制造商主导、实体零售商主导以及制造商与实体零售商共同主导 3 种权力结构进行模型分析，求解不同模型中制造商采取各种推介方式时的双渠道供应链均衡策略，在此基础上，采用敏感性分析探究实体零售商利他偏好对不同模型下双渠道供应链均衡的影响，利用比较分析探讨实体零售商利他偏好在不同权力结构下是否影响供应链成员对仅推介网络直销渠道和同时推介实体零售渠道与网络直销渠道这两种推介方式的偏好，并考察推介方式对产品定价、渠道市场总需求以及制造商或者实体零售商作为供应链主导者时的先动优势的影响。

8.2 模型假设

此处的基本问题、需求函数与第三章一致，不同之处在于，本章欲将实体零售商的利他偏好行为纳入研究模型。考虑到实体零售商具有利他偏好行为，其不仅关心自身利润的获取，也关心对方利润的获取。因此，在决策时，实体零售商以最大化自身利他偏好效用 $U_r = \pi_r + \tau\pi_m$ 为目标（Locu and Wu，2008）。其中 τ 表示实体零售商利他偏好系数，满足 $0 \leqslant \tau \leqslant 1$ 。τ 越大，实体零售商利他程度越高。

8.3 不同权力结构下的双渠道供应链均衡分析

下面运用 Stackelberg 和 Bertrand 博弈理论构建用以刻画不同权力结构的双渠道供应链优化模型，并通过优化模型求得制造商主导、实体零售商主导、制造商与实体零售商共同主导时的双渠道供应链均衡。

8.3.1 制造商主导时的双渠道供应链均衡分析

当制造商主导供应链时，制造商较实体零售商而言具有更大的权力，可优先进行定价决策，而实体零售商只能依据制造商的反应进行定价决策。基于 Stackelberg 博弈理论，该决策过程可以用如下双层优化模型来表示：

$$\begin{cases} \max\limits_{w,p_e} \pi_m = wD_r + p_e D_e \\ s.t.\ \max\limits_{p_r} U_r = (p_r - w)D_r + \tau\pi_m \end{cases} \tag{8.1}$$

将不同推介方式下实体零售渠道和网络直销渠道的市场总需求分别代入式（8.1），并利用逆推归纳法求解，得到不同推介方式下制造商和实体零售商的最优定价，再将其代入对应的需求函数和利润函数可求得不同推介方式下的均衡需求和利润，如表 8 - 1 所示。

表 8 - 1　制造商主导时的双渠道供应链均衡结果

均衡结果	仅推介网络直销渠道 $(i=d)$	同时推介实体零售渠道和网络直销渠道 $(i=s)$
w^{Mi*}	$\frac{\delta\alpha_r-\delta\tau\alpha_r+2\alpha_t-\delta\alpha_t-\delta\tau\alpha_t}{4(1-\tau)}$	$\frac{(-1+\delta\tau)(\alpha_r+\alpha_t)}{4(-1+\tau)}$
p_e^{Mi*}	$\frac{1}{4}(\alpha_r+\alpha_t)$	$\frac{1}{4}(\alpha_r+\alpha_t)$
p_r^{Mi*}	$\frac{1}{4}(\delta\alpha_r+(3-2\delta)\alpha_t)$	$\frac{1}{8}(3-\delta)(\alpha_r+\alpha_t)$
D_e^{Mi*}	$\frac{1}{4}\left(2\alpha_r+\frac{(2+\delta)\alpha_t}{1+\delta}\right)$	$\frac{(2+\delta)(\alpha_r+\alpha_t)}{4(1+\delta)}$
D_r^{Mi*}	$\frac{\alpha_t}{4+4\delta}$	$\frac{\alpha_r+\alpha_t}{4+4\delta}$
π_m^{Mi*}	$\frac{1}{8}\left(\alpha_r^2+2\alpha_r\alpha_t+\frac{(-2+\tau+\delta\tau)\alpha_t^2}{(1+\delta)(-1+\tau)}\right)$	$\frac{(-3+2\tau+\delta(-1+2\tau))(\alpha_r+\alpha_t)^2}{8(1+\delta)(-1+\tau)}$
π_r^{Mi*}	$\frac{(1-\delta)(-1+3\tau)\alpha_t^2}{16(1+\delta)(-1+\tau)}$	$\frac{(1-\delta)(-1+3\tau)(\alpha_r+\alpha_t)^2}{32(1+\delta)(-1+\tau)}$

为维护双渠道运作秩序，不同推介方式下制造商的最优定价需满足 $p_e^{Mi*}\geqslant w^{Mi*}$ 且保证最优解大于 0，在制造商仅推介网络直销渠道情形下，为满足上述条件，需满足 $\alpha_r\geqslant\frac{-\alpha_t-\tau\alpha_t}{-1+\tau}$ 且 $0<\tau<\frac{1}{3}$；而在制造商同时推介实体零售渠道和网络直销渠道情形下，为满足上述条件，需满足 $\tau=0$，即这种情形下实体零售商不存在公平关切行为。

8.3.2　实体零售商主导时的双渠道供应链均衡分析

当实体零售商主导供应链时，实体零售商较制造商而言具有更大的权力，可优先进行定价决策，而制造商只能依据实体零售商的反应进行定价决策。基于 Stackelberg 博弈理论，该决策过程可以用如下双层优化模型来表示：

$$\begin{cases}\max\limits_{p_r} U_r = (p_r - w)D_r + \tau\pi_m \\ s.t.\ \max\limits_{w,p_e}\pi_m = wD_r + p_eD_e\end{cases} \tag{8.2}$$

为求解上述双层优化模型，这里假设实体零售商的单位产品销售利润为 m，则 $p_r = w + m$。将 $p_r = w + m$ 以及不同推介方式下实体零售渠道和网络直销渠道的市场总需求分别代入式（8.2），并利用逆推归纳法求解，得到不同推介方式下制造商和实体零售商的最优定价，再将其代入对应的需求函数和利润函数可求得不同推介方式下的均衡需求和利润，如表 8-2 所示。

表 8-2　　实体零售商主导时的双渠道供应链均衡结果

均衡结果	仅推介网络直销渠道（$i=d$）	同时推介实体零售渠道和网络直销渠道（$i=s$）
w^{Ri*}	$\frac{1}{4}\left(\delta\alpha_r + \frac{(-2+\delta\tau)\alpha_t}{-2+\tau}\right)$	$-\frac{(1+\delta(-1+\tau))(\alpha_r+\alpha_t)}{4(-2+\tau)}$
p_e^{Ri*}	$\frac{1}{4}(\alpha_r+\alpha_t)$	$\frac{1}{4}(\alpha_r+\alpha_t)$
p_r^{Ri*}	$\frac{1}{4}\left(\delta\alpha_r + \frac{(-6+\delta(4-3\tau)+4\tau)\alpha_t}{-2+\tau}\right)$	$-\frac{(3+\delta(-1+\tau)-2\tau)(\alpha_r+\alpha_t)}{4(-2+\tau)}$
D_e^{Ri*}	$\frac{1}{2}\left(\alpha_r + \frac{(-2+\delta(-1+\tau)+\tau)\alpha_t}{(1+\delta)(-2+\tau)}\right)$	$\frac{(-2+\delta(-1+\tau)+\tau)(\alpha_r+\alpha_t)}{2(1+\delta)(-2+\tau)}$
D_r^{Ri*}	$\frac{\alpha_t}{4+4\delta-2\tau-2\delta\tau}$	$\frac{\alpha_r+\alpha_t}{4+4\delta-2\tau-2\delta\tau}$
π_m^{Ri*}	$\frac{1}{8}\left(\alpha_r^2+2\alpha_r\alpha_t+\frac{(6-4\tau+\tau^2+\delta(2-4\tau+\tau^2))\alpha_t^2}{(1+\delta)(-2+\tau)^2}\right)$	$\frac{(5-4\tau+\tau^2+\delta(3-4\tau+\tau^2))(\alpha_r+\alpha_t)^2}{8(1+\delta)(-2+\tau)^2}$
π_r^{Ri*}	$\frac{(-1+\delta)(-1+\tau)\alpha_t^2}{2(1+\delta)(-2+\tau)^2}$	$\frac{(-1+\delta)(-1+\tau)(\alpha_r-\alpha_t)^2}{4(1+\delta)(-2+\tau)^2}$

为维护双渠道运作秩序，不同推介方式下制造商的最优定价需满足 $p_e^{Ri*} \geq w^{Ri*}$，在制造商仅推介网络直销渠道情形下，为满足上述条件，需满足 $\alpha_r \geq -\frac{\tau\alpha_t}{-2+\tau}$；而在制造商同时推介实体零售渠道和网络直销渠道情形下产品的网络零售价格始终大于批发价格，因此各参数无须进行其他限制。

8.3.3　制造商与实体零售商共同主导时的双渠道供应链均衡分析

当制造商与实体零售商共同主导时，双方同时进行定价决策。基于 Bertrand 博弈理论，该决策过程可以用如下双层优化模型来表示：

$$\begin{cases}\max\limits_{w,p_e}\pi_m = wD_r + p_e D_e \\ \max\limits_{p_r}U_r = (p_r - w)D_r + \tau\pi_m\end{cases} \tag{8.3}$$

同样，为求解上述双层优化模型，这里假设实体零售商的单位产品销售利润为 m ，则 $p_r = w + m$ 。将 $p_r = w + m$ 以及不同推介方式下实体零售渠道和网络直销渠道的市场总需求分别代入式（8.3），并利用 Nash 博弈规则求解，得到不同推介方式下制造商和实体零售商的最优定价，再将其代入对应的需求函数和利润函数可求得不同推介方式下的均衡需求和利润，如表 8－3 所示。

表 8－3　共同主导时的双渠道供应链均衡结果

均衡结果	仅推介网络直销渠道 $(i=d)$	同时推介实体零售渠道和网络直销渠道 $(i=s)$
w^{Ni*}	$-\dfrac{3\delta\alpha_r - \delta\tau\alpha_r + 4\alpha_t - \delta\alpha_t - \delta\tau\alpha_t}{4(-3+\tau)}$	$\dfrac{(-2-\delta+\delta\tau)(\alpha_r+\alpha_t)}{4(-3+\tau)}$
p_e^{Ni*}	$\dfrac{1}{4}(\alpha_r+\alpha_t)$	$\dfrac{1}{4}(\alpha_r+\alpha_t)$
p_r^{Ni*}	$\dfrac{1}{4}\left(\delta\alpha_r + \dfrac{(-8+5\delta+4\tau-3\delta\tau)\alpha_t}{-3+\tau}\right)$	$-\dfrac{(4+\delta(-1+\tau)-2\tau)(\alpha_r+\alpha_t)}{4(-3+\tau)}$
D_e^{Ni*}	$\dfrac{1}{2}\left(\alpha_r + \dfrac{(-3+\delta(-1+\tau)+\tau)\alpha_t}{(1+\delta)(-3+\tau)}\right)$	$\dfrac{(-3+\delta(-1+\tau)+\tau)(\alpha_r+\alpha_t)}{2(1+\delta)(-3+\tau)}$
D_r^{Ni*}	$-\dfrac{\alpha_t}{(1+\delta)(-3+\tau)}$	$-\dfrac{\alpha_r+\alpha_t}{(1+\delta)(-3+\tau)}$
π_m^{Ni*}	$\dfrac{1}{8}\left(\alpha_r^2 + 2\alpha_r\alpha_t + \dfrac{(17-6\tau+\tau^2+\delta(1-6\tau+\tau^2))\alpha_t^2}{(1+\delta)(-3+\tau)^2}\right)$	$\dfrac{(13-6\tau+\tau^2+\delta(5-6\tau+\tau^2))(\alpha_r+\alpha_t)^2}{8(1+\delta)(-3+\tau)^2}$
π_r^{Ni*}	$\dfrac{(-1+\delta)(-1+\tau)\alpha_t^2}{(1+\delta)(-3+\tau)^2}$	$\dfrac{(-1+\delta)(-1+\tau)(\alpha_r+\alpha_t)^2}{2(1+\delta)(-3+\tau)^2}$

为维护双渠道运作秩序，不同推介方式下制造商的最优定价需满足 $p_e^{Ni*} \geqslant w^{Ni*}$，在制造商仅推介网络直销渠道情形下，为满足上述条件，需满足 $\alpha_r \geqslant \frac{-\alpha_t - \tau\alpha_t}{-3+\tau}$；而在制造商同时推介实体零售渠道和网络直销渠道情形下，产品的网络零售价格始终大于批发价格，因此各参数无须进行其他限制。

8.4 均衡结果分析

为探索利他偏好对双渠道供应链均衡决策的作用机理，分别对不同权力结构下两种推介方式的均衡结果进行分析。

性质1 3种权力结构下，制造商利润与实体零售商利他偏好系数均正相关，实体零售商利润与实体零售商利他偏好系数均负相关。

证明：(1) 当制造商主导供应链时，

$$\frac{\partial\pi_m^{Md*}}{\partial\tau} = -\frac{(-1+\delta)\alpha_t^2}{8(1+\delta)(-1+\tau)^2} > 0$$

$$\frac{\partial\pi_r^{Md*}}{\partial\tau} = \frac{(-1+\delta)\alpha_t^2}{8(1+\delta)(-1+\tau)^2} < 0$$

$$\frac{\partial\pi_m^{Ms*}}{\partial\tau} = \frac{(1-\delta)(\alpha_r+\alpha_t)^2}{16(1+\delta)(-1+\tau)^2} > 0$$

$$\frac{\partial\pi_r^{Ms*}}{\partial\tau} = \frac{(-1+\delta)(\alpha_r+\alpha_t)^2}{16(1+\delta)(-1+\tau)^2} < 0 \tag{8.4}$$

(2) 当实体零售商主导供应链时，

$$\frac{\partial\pi_m^{Rd*}}{\partial\tau} = \frac{(-1+\delta)\alpha_t^2}{2(1+\delta)(-2+\tau)^3} > 0$$

$$\frac{\partial\pi_r^{Rd*}}{\partial\tau} = -\frac{(-1+\delta)\tau\alpha_t^2}{2(1+\delta)(-2+\tau)^3} < 0$$

$$\frac{\partial\pi_m^{Rs*}}{\partial\tau} = \frac{(-1+\delta)(\alpha_r+\alpha_t)^2}{4(1+\delta)(-2+\tau)^3} > 0$$

$$\frac{\partial\pi_r^{Rs*}}{\partial\tau} = -\frac{(-1+\delta)\tau(\alpha_r+\alpha_t)^2}{4(1+\delta)(-2+\tau)^3} < 0 \tag{8.5}$$

（3）当制造商与实体零售商共同主导时，

$$
\begin{aligned}
&\frac{\partial \pi_m^{Nd*}}{\partial \tau} = \frac{2(-1+\delta)\alpha_t^2}{(1+\delta)(-3+\tau)^3} > 0 \\
&\frac{\partial \pi_r^{Nd*}}{\partial \tau} = -\frac{(-1+\delta)(1+\tau)\alpha_t^2}{(1+\delta)(-3+\tau)^3} < 0 \\
&\frac{\partial \pi_m^{Ns*}}{\partial \tau} = \frac{(-1+\delta)(\alpha_r+\alpha_t)^2}{(1+\delta)(-3+\tau)^3} > 0 \\
&\frac{\partial \pi_r^{Ns*}}{\partial \tau} = -\frac{(-1+\delta)(1+\tau)(\alpha_r+\alpha_t)^2}{2(1+\delta)(-3+\tau)^3} < 0
\end{aligned} \tag{8.6}
$$

性质 1 表明，3 种权力结构下，实体零售商利他偏好增加时，实体零售商更倾向于追求整体市场利益、社会福祉，因此实体零售商更愿意与制造商合作，进而提高了制造商利润、降低了自身利润。

性质 2　3 种权力结构下，网络零售价格与实体零售商利他偏好系数均无关，批发价格与实体零售商利他偏好系数均正相关，但实体零售商利他偏好系数对实体零售价格的影响与权力结构有关，具体而言，随着实体零售商利他偏好系数的增加：（1）在制造商主导的权力结构下，实体零售价格保持不变；（2）在实体零售商主导的权力结构下，实体零售价格降低；（3）在制造商与实体零售商共同主导的权力结构下，结果与实体零售商主导的权力结构一致。

证明：（1）当制造商主导供应链时，

$$
\begin{aligned}
&\frac{\partial w^{Md*}}{\partial \tau} = -\frac{(-1+\delta)\alpha_t}{2(-1+\tau)^2} > 0 \\
&\frac{\partial p_e^{Md*}}{\partial \tau} = 0 \\
&\frac{\partial p_r^{Md*}}{\partial \tau} = 0 \\
&\frac{\partial w^{Ms*}}{\partial \tau} = -\frac{(-1+\delta)(\alpha_r+\alpha_t)}{4(-1+\tau)^2} > 0 \\
&\frac{\partial p_e^{Ms*}}{\partial \tau} = 0 \\
&\frac{\partial p_r^{Ms*}}{\partial \tau} = 0
\end{aligned} \tag{8.7}
$$

（2）当实体零售商主导供应链时，

$$\frac{\partial w^{Rd*}}{\partial \tau} = \frac{(1-\delta)\alpha_t}{2(-2+\tau)^2} > 0$$

$$\frac{\partial p_e^{Rd*}}{\partial \tau} = 0$$

$$\frac{\partial p_r^{Rd*}}{\partial \tau} = \frac{(-1+\delta)\alpha_t}{2(-2+\tau)^2} < 0$$

$$\frac{\partial w^{Rs*}}{\partial \tau} = -\frac{(-1+\delta)(\alpha_r+\alpha_t)}{4(-2+\tau)^2} > 0$$

$$\frac{\partial p_e^{Rs*}}{\partial \tau} = 0$$

$$\frac{\partial p_r^{Rs*}}{\partial \tau} = \frac{(-1+\delta)(\alpha_r+\alpha_t)}{4(-2+\tau)^2} < 0 \tag{8.8}$$

（3）当制造商与实体零售商共同主导时，

$$\frac{\partial w^{Nd*}}{\partial \tau} = -\frac{(-1+\delta)\alpha_t}{(-3+\tau)^2} > 0$$

$$\frac{\partial p_e^{Nd*}}{\partial \tau} = 0$$

$$\frac{\partial p_r^{Nd*}}{\partial \tau} = \frac{(-1+\delta)\alpha_t}{(-3+\tau)^2} < 0$$

$$\frac{\partial w^{Ns*}}{\partial \tau} = -\frac{(-1+\delta)(\alpha_r+\alpha_t)}{2(-3+\tau)^2} > 0$$

$$\frac{\partial p_e^{Ns*}}{\partial \tau} = 0$$

$$\frac{\partial p_r^{Ns*}}{\partial \tau} = \frac{(-1+\delta)(\alpha_r+\alpha_t)}{2(-3+\sigma)^2} < 0 \tag{8.9}$$

性质 2 表明，在 3 种权力结构下，网络零售价格与实体零售商利他偏好系数之间不存在显著关联，而批发价格随着实体零售商利他偏好系数的增大而增加。此外，实体零售商的利他偏好系数对实体零售价格的影响取决于所处的权力结构，即不同权力结构下实体零售商利他偏好系数对零售价格产生不同的影响。

性质 3 无论在何种推介方式下，实体零售商利他偏好系数对实体零售渠道市场总需求和网络直销渠道市场总需求的影响均与权力结构有关，具体而言，随着实体零售商利他偏好系数的增加：（1）在制造商主导的权力结构下，实体零售渠道市场总需求和网络直销渠道市场总需求均保持不变；（2）在实体零售商主导的权力结构下，网络直销渠道市场总需求减少，实体零售渠道市场总需求增加；（3）在制造商与实体零售商共同主导的权力结构下，结果与实体零售商主导的权力结构一致。

证明：（1）当制造商主导供应链时，

$$\frac{\partial D_e^{Md*}}{\partial \tau} = 0$$

$$\frac{\partial D_r^{Md*}}{\partial \tau} = 0$$

$$\frac{\partial D_e^{Ms*}}{\partial \tau} = 0$$

$$\frac{\partial D_r^{Ms*}}{\partial \tau} = 0 \tag{8.10}$$

（2）当实体零售商主导供应链时，

$$\frac{\partial D_e^{Rd*}}{\partial \tau} = -\frac{\delta\alpha_t}{2(1+\delta)(-2+\tau)^2} < 0$$

$$\frac{\partial D_r^{Rd*}}{\partial \tau} = \frac{\alpha_t}{2(1+\delta)(-2+\tau)^2} > 0$$

$$\frac{\partial D_e^{Rs*}}{\partial \tau} = -\frac{\delta(\alpha_r+\alpha_t)}{2(1+\delta)(-2+\tau)^2} < 0$$

$$\frac{\partial D_r^{Rs*}}{\partial \tau} = \frac{\alpha_r+\alpha_t}{2(1+\delta)(-2+\tau)^2} > 0 \tag{8.11}$$

（3）当制造商与实体零售商共同主导时，

$$\frac{\partial D_e^{Nd*}}{\partial \tau} = -\frac{\delta\alpha_t}{(1+\delta)(-3+\tau)^2} < 0$$

$$\frac{\partial D_r^{Nd*}}{\partial \tau} = \frac{\alpha_t}{(1+\delta)(-3+\tau)^2} > 0$$

$$\frac{\partial D_e^{Ns*}}{\partial \tau} = -\frac{\delta(\alpha_r+\alpha_t)}{(1+\delta)(-3+\tau)^2} < 0$$

$$\frac{\partial D_r^{Ns*}}{\partial \tau}=\frac{\alpha_r+\alpha_t}{(1+\delta)(-3+\tau)^2}>0 \tag{8.12}$$

性质 3 强调了权力结构在决定市场需求和渠道策略中的关键作用。进一步说明供应链中的权利分配直接影响了各个渠道的需求和市场策略，并强调了供应链参与者之间相互依存的复杂关系。

为探究制造商的推介方式选择策略和实体零售商的推介方式选择偏好，这里分别对不同权力结构下两种推介方式对应的均衡利润进行比较分析。

命题 1 （1）当制造商主导供应链时，制造商的最优推介方式为同时推介实体零售渠道和网络直销渠道；（2）当实体零售商主导供应链时，若 $0<\tau\leqslant 2-\sqrt{2}$ 且 $(\sqrt{2}-1)\alpha_t<\alpha_r$ 或 $2-\sqrt{2}<\tau<1$ 且 $-\frac{\tau\alpha_t}{-2+\tau}\leqslant\alpha_r$，则制造商的最优推介方式为同时推介实体零售渠道和网络直销渠道，若 $0<\tau<2-\sqrt{2}$ 且 $-\frac{\tau\alpha_t}{-2+\tau}\leqslant\alpha_r<(\sqrt{2}-1)\alpha_t$，则制造商的最优推介方式为仅推介网络直销渠道；（3）当制造商与实体零售商共同主导时，若 $0<\tau\leqslant 3-2\sqrt{2}$ 且 $(\sqrt{2}-1)\alpha_t\leqslant\alpha_r$ 或 $3-2\sqrt{2}<\tau<1$ 且 $\frac{-\alpha_t-\tau\alpha_t}{-3+\tau}\leqslant\alpha_r$，则制造商的最优推介方式为同时推介实体零售渠道和网络直销渠道，若 $0<\tau<3-2\sqrt{2}$ 且 $\frac{-\alpha_t-\tau\alpha_t}{-3+\tau}\leqslant\alpha_r<(\sqrt{2}-1)\alpha_t$，则制造商的最优推介方式为仅推介网络直销渠道。

证明：（1）当制造商主导供应链时，

$$\pi_m^{Ms*}-\pi_m^{Md*}=-\frac{(-1+\delta)((-1+\tau)\alpha_r^2+2(-1+\tau)\alpha_r\alpha_t+(1+\tau)\alpha_t^2)}{16(1+\delta)(-1+\tau)} \tag{8.13}$$

为维护双渠道正常运作秩序需满足 $\alpha_r\geqslant\frac{-\alpha_t-\tau\alpha_t}{-1+\tau}$ 且 $0<\tau<\frac{1}{3}$，因此，$\pi_m^{Ms*}-\pi_m^{Md*}\geqslant 0$。

（2）当实体零售商主导供应链时，

$$\pi_m^{Rs*}-\pi_m^{Rd*}=-\frac{(-1+\delta)(\alpha_r^2+2\alpha_r\alpha_t-\alpha_t^2)}{8(1+\delta)(-2+\tau)^2} \tag{8.14}$$

为维护双渠道正常运作秩序需满足 $\alpha_r\geqslant-\frac{\tau\alpha_t}{-2+\tau}$，因此，当 $0<\tau\leqslant 2-\sqrt{2}$

且$(\sqrt{2}-1)\alpha_t < \alpha_r$ 或 $2-\sqrt{2} < \tau < 1$ 且 $-\dfrac{\tau\alpha_t}{-2+\tau} \leqslant \alpha_r$ 时，$\pi_m^{Rs*} - \pi_m^{Rd*} \geqslant 0$；当 $0 < \tau < 2-\sqrt{2}$ 且 $-\dfrac{\tau\alpha_t}{-2+\tau} \leqslant \alpha_r < (\sqrt{2}-1)\alpha_t$ 时，$\pi_m^{Rs*} - \pi_m^{Rd*} < 0$。

（3）当制造商与实体零售商共同主导时，

$$\pi_m^{Ns*} - \pi_m^{Nd*} = -\frac{(-1+\delta)(-1+\tau)(\alpha_r^2 + 2\alpha_r\alpha_t - \alpha_t^2)}{2(1+\delta)(-3+\tau)^2} \tag{8.15}$$

为维护双渠道正常运作秩序需满足 $\alpha_r \geqslant \dfrac{-\alpha_t - \tau\alpha_t}{-3+\tau}$，因此，当 $0 < \tau \leqslant 3-2\sqrt{2}$ 且$(\sqrt{2}-1)\alpha_t \leqslant \alpha_r$ 或 $3-2\sqrt{2} < \tau < 1$ 且$\dfrac{-\alpha_t - \tau\alpha_t}{-3+\tau} \leqslant \alpha_r$ 时，$\pi_m^{Ns*} - \pi_m^{Nd*} \geqslant 0$，当 $0 < \tau < 3-2\sqrt{2}$ 且$\dfrac{-\alpha_t - \tau\alpha_t}{-3+\tau} \leqslant \alpha_r < (\sqrt{2}-1)\alpha_t$ 时，$\pi_m^{Ns*} - \pi_m^{Nd*} < 0$。

命题 2　（1）当制造商主导供应链时，实体零售商偏好于制造商同时推介实体零售渠道和网络直销渠道；（2）当实体零售商主导供应链时，若 $0 < \tau \leqslant 2-\sqrt{2}$ 且$(\sqrt{2}-1)\alpha_t \leqslant \alpha_r$ 或 $2-\sqrt{2} < \tau < 1$ 且 $-\dfrac{\tau\alpha_t}{-2+\tau} \leqslant \alpha_r$，则实体零售商偏好于制造商同时推介实体零售渠道和网络直销渠道，若 $0 < \tau < 2-\sqrt{2}$ 且 $-\dfrac{\tau\alpha_t}{-2+\tau} \leqslant \alpha_r < (\sqrt{2}-1)\alpha_t$，则实体零售商偏好于制造商仅推介网络直销渠道；（3）当制造商与实体零售商共同主导时，若 $0 < \tau \leqslant 3-2\sqrt{2}$ 且$(\sqrt{2}-1)\alpha_t \leqslant \alpha_r$ 或 $3-2\sqrt{2} < \tau < 1$ 且$\dfrac{-\alpha_t - \tau\alpha_t}{-3+\tau} \leqslant \alpha_r$，则实体零售商偏好于制造商同时推介实体零售渠道和网络直销渠道，若 $0 < \tau < 3-2\sqrt{2}$ 且$\dfrac{-\alpha_t - \tau\alpha_t}{-3+\tau} \leqslant \alpha_r < (\sqrt{2}-1)\alpha_t$，则实体零售商偏好于制造商仅推介网络直销渠道。

证明：（1）当制造商主导供应链时，

$$\pi_r^{Ms*} - \pi_r^{Md*} = \frac{(-1+\delta)\left(\dfrac{2(-1+3\tau)\alpha_t^2}{-1+\tau} - (\alpha_r + \alpha_t)^2\right)}{32(1+\delta)} \tag{8.16}$$

为维护双渠道正常运作秩序需满足 $\alpha_r \geqslant \dfrac{-\alpha_t - \tau\alpha_t}{-1+\tau}$ 且 $0 < \tau < \dfrac{1}{3}$，因此，

$\pi_r^{Ms*} - \pi_r^{Md*} \geqslant 0$。

（2）当实体零售商主导供应链时，

$$\pi_r^{Rs*} - \pi_r^{Rd*} = \frac{(-1+\delta)(-1+\tau)(\alpha_r^2 + 2\alpha_r\alpha_t - \alpha_t^2)}{4(1+\delta)(-2+\tau)^2} \tag{8.17}$$

为维护双渠道正常运作秩序需满足 $\alpha_r \geqslant -\frac{\tau\alpha_t}{-2+\tau}$，因此，当 $0<\tau\leqslant 2-\sqrt{2}$ 且 $(\sqrt{2}-1)\alpha_t \leqslant \alpha_r$ 或 $2-\sqrt{2}<\tau<1$ 且 $-\frac{\tau\alpha_t}{-2+\tau} \leqslant \alpha_r$ 时，$\pi_r^{Rs*} - \pi_r^{Rd*} \geqslant 0$；当 $0<\tau<2-\sqrt{2}$ 且 $-\frac{\tau\alpha_t}{-2+\tau} \leqslant \alpha_r < (\sqrt{2}-1)\alpha_t$ 时，$\pi_r^{Rs*} - \pi_r^{Rd*} < 0$。

（3）当制造商与实体零售商共同主导时，

$$\pi_r^{Ns*} - \pi_r^{Nd*} = \frac{(-1+\delta)(-1+\tau)(\alpha_r^2 + 2\alpha_r\alpha_t - \alpha_t^2)}{2(1+\delta)(-3+\tau)^2} \tag{8.18}$$

为维护双渠道正常运作秩序需满足 $\alpha_r \geqslant \frac{-\alpha_t - \tau\alpha_t}{-3+\tau}$，因此，当 $0<\tau\leqslant 3-2\sqrt{2}$ 且 $\alpha_r \geqslant (\sqrt{2}-1)\alpha_t$ 或 $3-2\sqrt{2}<\tau<1$ 且 $\alpha_r \geqslant \frac{-\alpha_t - \tau\alpha_t}{-3+\tau}$ 时，$\pi_r^{Ns*} - \pi_r^{Nd*} \geqslant 0$；当 $0<\tau<3-2\sqrt{2}$ 且 $\frac{-\alpha_t - \tau\alpha_t}{-3+\tau} \leqslant \alpha_r < (\sqrt{2}-1)\alpha_t$ 时，$\pi_r^{Ns*} - \pi_r^{Nd*} < 0$。

从命题 1 和命题 2 可以看出，无论何种权力结构下，制造商与实体零售商对推介方式的选择均一致，且不受实体零售商利他偏好的影响。这说明，渠道权力结构、实体零售商利他偏好仅会改变制造商和实体零售商选择推介方式的前提条件，但不会影响二者对推介方式的一致性偏好。

下面进一步对均衡价格、均衡需求等进行比较分析，识别推介方式对产品定价、渠道市场总需求以及制造商与实体零售商先动优势的影响。

对不同权力结构下两种推介方式对应的均衡价格进行比较分析，得到命题 3。

命题 3 3 种权力结构下，推介方式并不会影响网络零售价格，但会改变批发价格和实体零售价格，具体而言，与制造商仅推介网络直销渠道相比，制造商同时推介实体零售渠道和网络直销渠道时，（1）当制造商主导供应链时，批发价格和实体零售价格均提高；（2）当实体零售商主导时，若推介型消费者市场规模大于传统型消费者市场规模，则批发价格和实体零售价格均增加，否则均降低；（3）当制造商与实体零售商共同主导时，结果与制造商主导的权力结构一致。

证明：（1）当制造商主导供应链时，

$$w^{Ms*}-w^{Md*}=-\frac{(-1+\delta)((-1+\tau)\alpha_r+(1+\tau)\alpha_t)}{4(-1+\tau)}$$

$$p_e^{Ms*}-p_e^{Md*}=0$$

$$p_r^{Ms*}-p_r^{Md*}=\frac{3}{8}(1-\delta)(\alpha_r-\alpha_t) \tag{8.19}$$

为维护双渠道正常运作秩序需满足$\alpha_r\geqslant\frac{-(1+\tau)\alpha_t}{\tau-1}$且$0<\tau<\frac{1}{3}$，因此，$w^{Ms*}-w^{Md*}\geqslant0$，$p_r^{Ms*}-p_r^{Md*}\geqslant0$。

（2）当实体零售商主导供应链时，

$$w^{Rs*}-w^{Rd*}=\frac{(-1+\delta)(\alpha_r-\alpha_t)}{4(-2+\tau)}$$

$$p_e^{Rs*}-p_e^{Rd*}=0$$

$$p_r^{Rs*}-p_r^{Rd*}=-\frac{(-1+\delta)(-3+2\tau)(\alpha_r-\alpha_t)}{4(-2+\tau)} \tag{8.20}$$

为维护双渠道正常运作秩序需满足$\alpha_r\geqslant-\frac{\tau\alpha_t}{-2+\tau}$，因此，当$\alpha_r\geqslant\alpha_t$时，$w^{Rs*}-w^{Rd*}\geqslant0$，$p_r^{Rs*}-p_r^{Rd*}\geqslant0$；当$\alpha_t>\alpha_r$时，$w^{Rs*}-w^{Rd*}<0$，$p_r^{Rs*}-p_r^{Rd*}<0$。

（3）当制造商与实体零售商共同主导时，

$$w^{Ns*}-w^{Nd*}=\frac{(-1+\delta)(\alpha_r-\alpha_t)}{2(-3+\tau)}$$

$$p_e^{Ns*}-p_e^{Nd*}=0$$

$$p_r^{Ns*}-p_r^{Nd*}=-\frac{(-1+\delta)(-2+\tau)(\alpha_r-\alpha_t)}{2(-3+\tau)} \tag{8.21}$$

为维护双渠道正常运作秩序需满足$\alpha_r\geqslant\frac{-\alpha_t-\tau\alpha_t}{-3+\tau}$，因此，当$\alpha_r\geqslant\alpha_t$时，$w^{Ns*}-w^{Nd*}\geqslant0$，$p_r^{Ns*}-p_r^{Nd*}\geqslant0$；当$\alpha_t>\alpha_r$时，$w^{Ns*}-w^{Nd*}<0$，$p_r^{Ns*}-p_r^{Nd*}<0$。

命题3表明了推介方式对批发价格和实体零售价格的作用受到渠道权力结构和消费者市场规模的影响。具体而言，首先，无论供应链中的权力结构如何，推介方式均不会影响网络零售价格。其次，在制造商主导供应链的情况下，批发价格和实体零售价格在制造商同时推介实体零售渠道和网络直销渠道时比仅推介网络直销渠道时的要高，并且不受消费者市场规模的影响。这说明制造商更倾向于通过同时推介来影响批发价格和实体零售价格。最后，在实体零售商主导、制造商与实体零售商共同主导的情况下，当推介型消费者市场规模大于传统型消费者市场规模时，制造商仅推介网络直销渠道的批发价格与实体零售价格均小于制造商同时推介实体零售渠道和网络直销渠道的情况。当制造商与实体零售商共同主导时，制造商和实体零售商在决定批发价格和实体零售价格时需要权衡各自的利益，导致价格的变化与消费者规模有一定的关联。

在实体零售商利他偏好下对不同权力结构下两种推介方式对应的均衡需求进行比较分析，得到命题4。

命题4 3种权力结构下，与制造商仅推介网络直销渠道相比，制造商同时推介实体零售渠道和网络直销渠道时，网络直销渠道市场总需求均减小，实体零售渠道市场总需求均增大，并且在实体零售商主导和制造商与实体零售商共同主导时，实体零售渠道市场总需求增大的幅度大于网络直销渠道市场总需求减小的幅度，在制造商主导时，结果与之相反。

证明：（1）当制造商主导供应链时，

$$D_e^{Ms*} - D_e^{Md*} = -\frac{\delta\alpha_r}{4+4\delta} < 0$$

$$D_r^{Ms*} - D_r^{Md*} = \frac{\alpha_r}{4+4\delta} > 0$$

$$|D_r^{Ms*} - D_r^{Md*}| - |D_e^{Ms*} - D_e^{Md*}| = \frac{(-1+\delta)\alpha_r}{4(1+\delta)} < 0 \tag{8.22}$$

（2）当实体零售商主导供应链时，

$$D_e^{Rs*} - D_e^{Rd*} = \frac{\delta\alpha_r}{2(1+\delta)(-2+\tau)} < 0$$

$$D_r^{Rs*} - D_r^{Rd*} = \frac{\alpha_r}{(4-2\tau)(\delta+1)} > 0$$

$$|D_r^{Rs*} - D_r^{Rd*}| - |D_e^{Rs*} - D_e^{Rd*}| = \frac{(-1+\delta)\alpha_r}{2(1+\delta)(-2+\tau)} > 0 \tag{8.23}$$

（3）当制造商与实体零售商共同主导时，

$$D_e^{Ns*} - D_e^{Nd*} = \frac{\delta\alpha_r}{(1+\delta)(-3+\tau)} < 0$$

$$D_r^{Ns*} - D_r^{Nd*} = -\frac{\alpha_r}{(1+\delta)(-3+\tau)} > 0$$

$$|D_r^{Ns*} - D_r^{Nd*}| - |D_e^{Ns*} - D_e^{Nd*}| = \frac{(-1+\delta)\alpha_r}{(1+\delta)(-3+\tau)} > 0 \tag{8.24}$$

命题 4 表明，在 3 种权力结构下，制造商同实体零售商共享推介市场会引发网络直销渠道市场需求向实体零售渠道转移，导致实体零售渠道市场总需求显著增加。另外，命题 4 也说明制造商同时推介实体零售渠道和网络直销渠道对双渠道供应链的市场总需求的影响受到权力结构的影响，制造商主导时，同时推介实体零售渠道和网络直销渠道会损害供应链整体销量。

对两种推介方式下不同权力结构下的均衡利润进行比较分析，得到命题 5。

命题 5　（1）当制造商仅推介网络直销渠道时，3 种权力结构下的制造商利润和实体零售商利润分别存在如下关系：$\pi_m^{Md*} > \pi_m^{Nd*} > \pi_m^{Rd*}$，$\pi_r^{Rd*} > \pi_r^{Nd*} > \pi_r^{Md*}$；（2）当制造商同时推介实体零售渠道和网络直销渠道时，3 种权力结构下的制造商利润和实体零售商利润分别存在如下关系：当 $0 < \tau \leqslant 3 - 2\sqrt{2}$ 时，$\pi_m^{Ms*} \geqslant \pi_m^{Ns*} > \pi_m^{Rs*}$；当 $3 - 2\sqrt{2} < \tau < 2 - \sqrt{2}$ 时，$\pi_m^{Ns*} > \pi_m^{Ms*} > \pi_m^{Rs*}$；当 $2 - \sqrt{2} \leqslant \tau < 1$ 时，$\pi_m^{Ns*} > \pi_m^{Rs*} \geqslant \pi_m^{Ms*}$。当 $0 < \tau \leqslant -5 + 4\sqrt{2}$ 时，$\pi_r^{Rs*} > \pi_r^{Ns*} \geqslant \pi_r^{Ms*}$；当 $-5 + 4\sqrt{2} < \tau < 2\sqrt{2} - 2$ 时，$\pi_r^{Rs*} > \pi_r^{Ms*} > \pi_r^{Ns*}$；当 $2\sqrt{2} - 2 \leqslant \tau < 1$ 时，$\pi_r^{Ms*} \geqslant \pi_r^{Rs*} > \pi_r^{Ns*}$。

证明：（1）当制造商仅推介网络直销渠道时，

$$\pi_m^{Md*} - \pi_m^{Nd*} = \frac{(-1+\delta)(1+\tau)^2\alpha_t^2}{8(1+\delta)(-3+\tau)^2(-1+\tau)} > 0$$

$$\pi_m^{Nd*} - \pi_m^{Rd*} = -\frac{(-1+\delta)(7-10\tau+3\tau^2)\alpha_t^2}{4(1+\delta)(-3+\tau)^2(-2+\tau)^2} > 0$$

$$\pi_r^{Nd*} - \pi_r^{Md*} = \frac{(-1+\delta)(7+\tau-3\tau^2+3\tau^3)\alpha_t^2}{16(1+\delta)(-3+\tau)^2(-1+\tau)} > 0$$

$$\pi_r^{Rd*} - \pi_r^{Nd*} = -\frac{(-1+\delta)(-1+\tau)(-1-2\tau+\tau^2)\alpha_t^2}{2(1+\delta)(-3+\tau)^2(-2+\tau)^2} > 0 \quad (8.25)$$

（2）当制造商同时推介实体零售渠道和网络直销渠道时，

$$\pi_m^{Ms*} - \pi_m^{Ns*} = \frac{(-1+\delta)(1+\tau)^2(\alpha_r+\alpha_t)^2}{16(1+\delta)(-3+\tau)^2(-1+\tau)}\begin{cases} > 0 \ if\ 0 < \tau < 3-2\sqrt{2} \\ = 0 \ if\ \tau = 3-2\sqrt{2} \\ < 0 \ if\ 3-2\sqrt{2} < \tau < 1 \end{cases}$$

$$\pi_m^{Ns*} - \pi_m^{Rs*} = -\frac{(-1+\delta)(7-10\tau+3\tau^2)(\alpha_r+\alpha_t)^2}{8(1+\delta)(-3+\tau)^2(-2+\tau)^2} > 0$$

$$\pi_m^{Ms*} - \pi_m^{Rs*} = -\frac{(-1+\delta)(2-4\tau+\tau^2)(\alpha_r+\alpha_t)^2}{16(1+\delta)(-2+\tau)^2}\begin{cases} > 0 \ if\ 0 < \tau < 2-\sqrt{2} \\ = 0 \ if\ \tau = 2-\sqrt{2} \\ < 0 \ if\ 2-\sqrt{2} < \tau < 1 \end{cases}$$

$$\pi_r^{Ns*} - \pi_r^{Ms*} = \frac{(-1+\delta)(7+\tau-3\tau^2+3\tau^3)(\alpha_r+\alpha_t)^2}{32(1+\delta)(-3+\tau)^2(-1+\tau)}\begin{cases} > 0 \ if\ 0 < \tau < -5+4\sqrt{2} \\ = 0 \ if\ \tau = -5+4\sqrt{2} \\ < 0 \ if\ -5+4\sqrt{2} < \tau < 1 \end{cases}$$

$$\pi_r^{Rs*} - \pi_r^{Ns*} = -\frac{(-1+\delta)(-1+\tau)(-1-2\tau+\tau^2)(\alpha_r+\alpha_t)^2}{4(1+\delta)(-3+\tau)^2(-2+\tau)^2} > 0$$

$$\pi_r^{Ms*} - \pi_r^{Rs*} = -\frac{(-1+\delta)(-4+4\tau+\tau^2)(\alpha_r+\alpha_t)^2}{32(1+\delta)(-2+\tau)^2}\begin{cases} > 0 \ if\ -2+2\sqrt{2} < \tau < 1 \\ = 0 \ if\ \tau = -2+2\sqrt{2} \\ < 0 \ if\ 0 < \tau < -2+2\sqrt{2} \end{cases}$$

（8.26）

命题5表明，（1）当制造商仅推介网络直销渠道时，制造商和实体零售商在各自主导供应链时获得的利润最高，在共同主导时居中，在对方主导供应链时获得的利润最低，即制造商和实体零售商的利润随着各自权力的降低而减小。可见，在制造商仅推介网络直销渠道时，供应链成员的权力越大，销售利润越多。（2）当制造商同时推介实体零售渠道和网络直销渠道时，在实体零售商利他偏好系数较小时，制造商和实体零售商在各自主导供应链时获得的利润最高，在共同主导时居中，在对方主导供应链时获得的利润最低；而当实体零售商利他偏好系数较大时，制造商在共同主导时获得的利润最高，实体零售商在制造商主导供应链时获得的利润最高。这意味着在制造商选择推介实体零售渠道和网络直销渠道时，实体零售商的利他偏好系数对于利润分配起到关键作用。当实体零售商利他偏好系数较小时，制造商占据主导地位时取得最大利润，而实体零售商占据主导地位时也能获得较高的利润。然而，当实体零售商利他偏好系数较高时，制造商在共同主导时获得最大利润，而实体零售商在制造商主导供应链时获得最大利润。这强调了在不同情境下，实体零售商利他偏好系数对于最终的利润分配和合作关系至关重要。

命题 6　（1）当制造商仅推介网络直销渠道时，3 种权力结构下的各均衡价格分别存在如下关系：$w^{Md*} > w^{Nd*} > w^{Rd*}$，$p_e^{Md*} = p_e^{Nd*} = p_e^{Rd*}$，$p_r^{Md*} > p_r^{Rd*} > p_r^{Nd*}$；（2）当制造商同时推介实体零售渠道和网络直销渠道时，3 种权力结构下的各均衡价格分别存在如下关系：$w^{Ms*} > w^{Ns*} > w^{Rs*}$，$p_e^{Ms*} = p_e^{Ns*} = p_e^{Rs*}$，$p_r^{Ms*} > p_r^{Rs*} > p_r^{Ns*}$。

证明：（1）当制造商仅推介网络直销渠道时，

$$
\begin{aligned}
& w^{Md*} - w^{Nd*} = -\frac{(-1+\delta)(1+\tau)\alpha_t}{2(-3+\tau)(-1+\tau)} > 0 \\
& w^{Nd*} - w^{Rd*} = \frac{(-1+\delta)(-1+\tau)\alpha_t}{2(-3+\tau)(-2+\tau)} > 0 \\
& p_e^{Md*} - p_e^{Nd*} = 0 \\
& p_e^{Nd*} - p_e^{Rd*} = 0 \\
& p_r^{Rd*} - p_r^{Md*} = -\frac{(-1+\delta)\tau\alpha_t}{4(-2+\tau)} < 0 \\
& p_r^{Rd*} - p_r^{Nd*} = \frac{(-1+\delta)(-1+\tau)\alpha_t}{2(-3+\tau)(-2+\tau)} > 0
\end{aligned}
\tag{8.27}
$$

（2）当制造商同时推介实体零售渠道和网络直销渠道时，

$$
\begin{aligned}
& w^{Ms*} - w^{Ns*} = \frac{(1-\delta)(1+\tau)(\alpha_r+\alpha_t)}{4(-3+\tau)(-1+\tau)} > 0 \\
& w^{Ns*} - w^{Rs*} = \frac{(-1+\delta)(-1+\tau)(\alpha_r+\alpha_t)}{4(-3+\tau)(-2+\tau)} > 0 \\
& p_e^{Ms*} - p_e^{Ns*} = 0 \\
& p_e^{Ns*} - p_e^{Rs*} = 0
\end{aligned}
$$

$$p_r^{Rs*} - p_r^{Ms*} = \frac{(-1+\delta)(-1+\tau)(\alpha_r+\alpha_t)}{4(-3+\tau)(-2+\tau)} < 0$$

$$p_r^{Ms*} - p_r^{Ns*} = \frac{(-1+\delta)(-1+\tau)(\alpha_r+\alpha_t)}{4(-3+\tau)(-2+\tau)} > 0 \tag{8.28}$$

命题6表明，在不同的推介方式下，批发价格在制造商主导情形下最高，在制造商与实体零售商共同主导情形下居中，而在实体零售商主导情形下最低，即批发价格随着制造商权力的降低而减小。这是因为实体零售商权力的增强，其更具有议价能力，导致制造商制定的批发价格更低。值得注意的是，网络零售价格在3种权力结构下均保持相等。这是因为网络直销渠道是由制造商建立并控制的，实体零售商的定价决策并不直接影响网络零售价格。最后，从命题6可以进一步看出，实体零售价格的变化趋势与批发价格一致。当制造商主导时，制造商制定较高的批发价格，推动实体零售商随之提高产品零售价格；类似的，在实体零售商主导时，实体零售商为获取更多利润会制定较高的产品价格，而在制造商与实体零售商共同主导时，双方博弈导致零售价格下降。

命题6强调了制造商在选择推介方式时，需要全面考虑市场结构和自身的定价权，以制定更为有效的价格策略，实现利润最大化。另外，实体零售商也应在竞争中谨慎追求适当的采购价格，以保持竞争力并取得可观的利润。

8.5 数值实验分析

8.5.1 不同权力结构下制造商与实体零售商对两种推介方式的偏好分析

首先分析不同权力结构下的制造商与实体零售商对两种推介方式的偏好情况。为保证不同权力结构下两种推介方式对应的均衡结果均具有经济意义，将模型中的参数设置为：$\delta = 0.6$，$\alpha_t = 100$；制造商主导下 $\tau \in [0,0.3]$，实体零售商主导下、制造商与实体零售商共同主导下 $\tau \in [0,1]$。基于上述参数值，利用 Mathematica 软件计算不同权力结构下两种推介方式对应的均衡利润，结果如图 8 - 1 至图 8 - 3 所示。

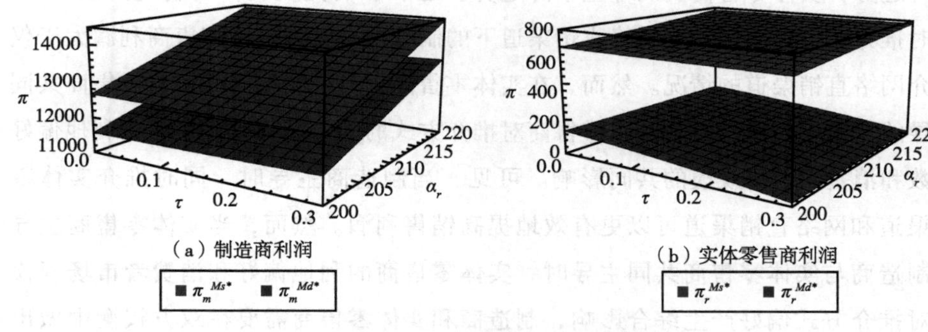

（a）制造商利润

■ π_m^{Ms*} ■ π_m^{Md*}

（b）实体零售商利润

■ π_r^{Ms*} ■ π_r^{Md*}

图 8 - 1 制造商主导下的利润变化情况

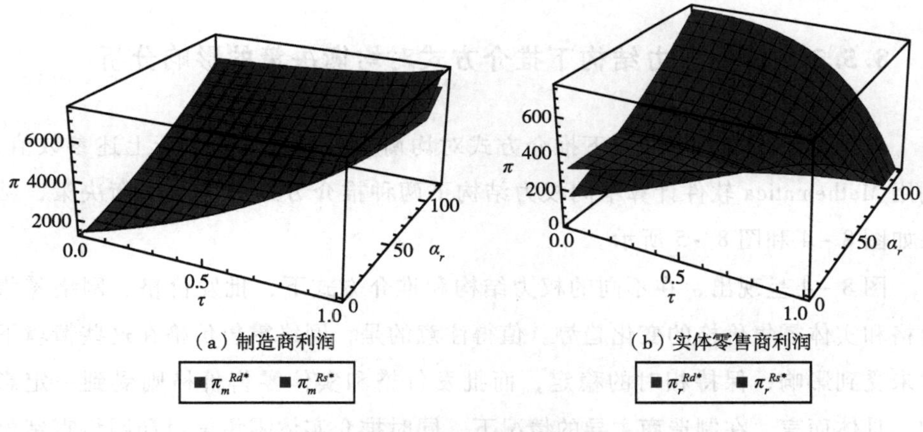

（a）制造商利润

■ π_m^{Rd*} ■ π_m^{Rs*}

（b）实体零售商利润

■ π_r^{Rd*} ■ π_r^{Rs*}

图 8 - 2 实体零售商主导下的利润变化情况

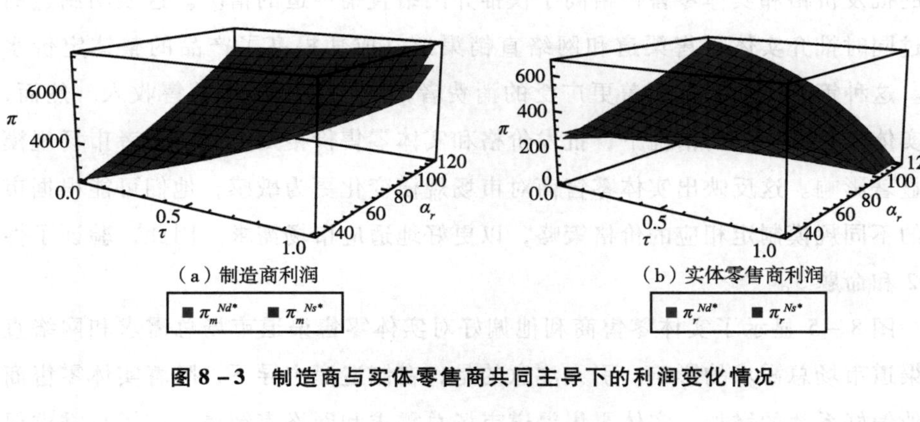

（a）制造商利润

■ π_m^{Nd*} ■ π_m^{Ns*}

（b）实体零售商利润

■ π_r^{Nd*} ■ π_r^{Ns*}

图 8 - 3 制造商与实体零售商共同主导下的利润变化情况

图8-1至图8-3表明，随着实体零售商利他偏好系数的增，制造商利润呈上升趋势，实体零售商利润却呈下降趋势。进一步研究发现，当制造商主导时，同时推介实体零售渠道和网络直销渠道下的制造商利润和实体零售商利润大于仅推介网络直销渠道的情况。然而，在实体零售商主导、制造商与实体零售商共同主导的情况下，制造商和实体零售商对推介方式的偏好受到实体零售商利他偏好系数和消费者市场规模的共同影响。可见，当制造商主导时，同时推介实体零售渠道和网络直销渠道可以更有效地提高销售利润。然而，当实体零售商主导或制造商与实体零售商共同主导时，实体零售商的利他偏好和消费者市场规模将对推介方式偏好产生综合影响，制造商和实体零售商需要在双方权衡中做出决策，以实现最大化的整体利润。因此，验证了性质1、命题1和命题2。

8.5.2 不同权力结构下推介方式对均衡决策的影响分析

其次分析不同权力结构下推介方式对均衡决策的影响。基于上述参数值，利用Mathematica软件计算不同权力结构下两种推介方式对应的均衡决策，结果如图8-4和图8-5所示。

图8-4呈现出，在不同的权力结构和推介方式下，批发价格、网络零售价格和实体零售价格的变化趋势。值得注意的是，网络零售价格在这些情境下并未受到影响，保持相对的稳定，而批发价格和实体零售价格则受到一定影响。具体而言，在制造商主导的情况下，同时推介实体零售渠道和网络直销渠道的批发价格和实体零售价格高于仅推介网络直销渠道的情况。这表明制造商通过同时推介实体零售渠道和网络直销渠道，成功提高了产品的整体定价水平。这种策略可能有效覆盖更广泛的消费者群体，从而提高销售收入。然而，在实体零售商主导的情况下，批发价格和实体零售价格则受到消费者市场规模的显著影响。这反映出实体零售商对市场规模变化更为敏感，他们可能根据市场的不同规模制定相应的价格策略，以更好地适应市场需求。因此，验证了性质2和命题3。

图8-5显示了实体零售商利他偏好对实体零售渠道市场总需求和网络直销渠道市场总需求的影响。引人注意的是，在制造商主导下，随着实体零售商利他偏好系数的增加，实体零售渠道市场总需求和网络直销渠道市场总需求保

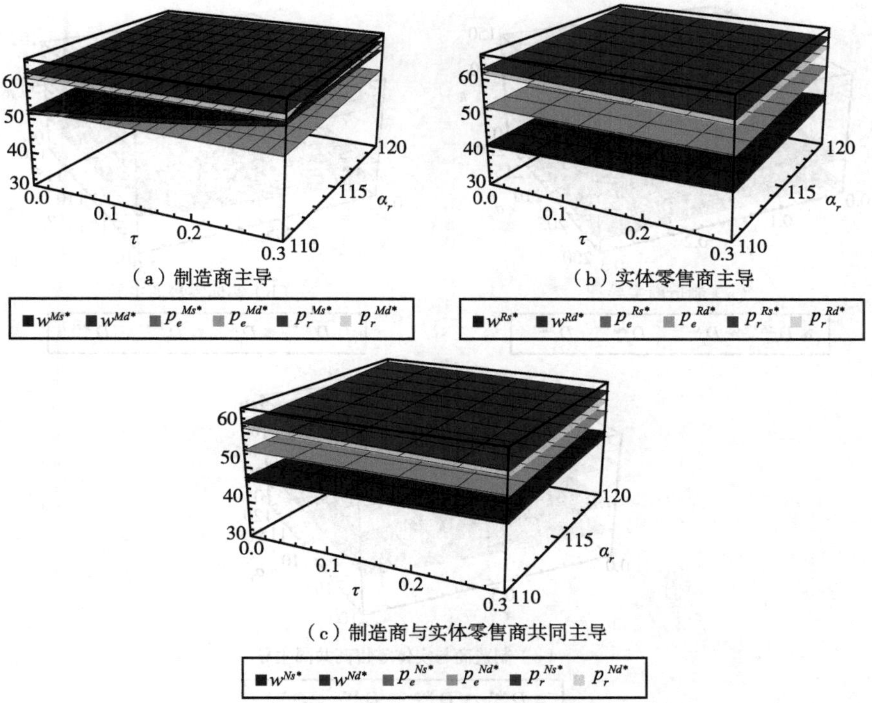

（a）制造商主导　（b）实体零售商主导

（c）制造商与实体零售商共同主导

图 8－4　推介方式对均衡价格的影响

持不变。然而，在实体零售商主导或制造商与实体零售商共同主导下，随着实体零售商利他偏好系数的增加，实体零售渠道市场总需求增加，而网络直销渠道市场总需求降低。进一步研究发现，无论权力结构如何变化，在同时推介实体零售渠道和网络直销渠道下，网络直销渠道市场总需求小于仅推介网络直销渠道的情况，而实体零售渠道市场总需求大于仅推介网络直销渠道的情况。验证了性质 3 和命题 4。

8.5.3　权力结构变化对制造商与实体零售商最优利润与最优定价的影响

最后分析权力结构变化对制造商与实体零售商最优利润与最优定价的影响。基于上述参数值，利用 Mathematica 软件计算两种推介方式下制造商与实

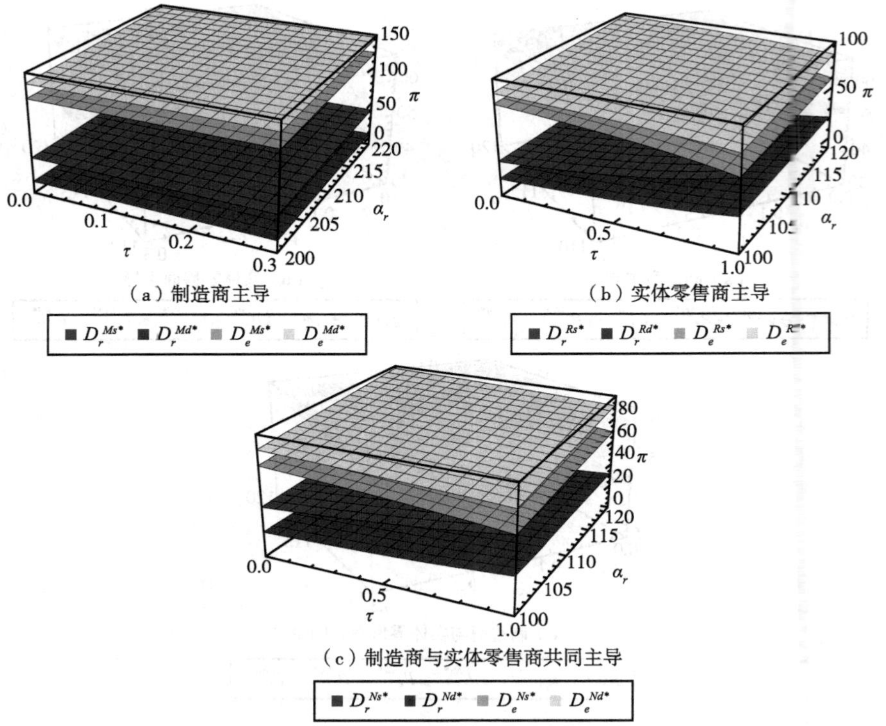

（a）制造商主导

（b）实体零售商主导

（c）制造商与实体零售商共同主导

图 8－5　推介方式对实体零售渠道市场总需求和网络直销渠道市场总需求的影响

体零售商的最优定价与最优利润，结果如图 8－6 至图 8－10 所示。

图 8－6 和图 8－7 表明，在不同权力结构下，制造商利润和实体零售商利润发生了显著变化。具体而言，在仅推介网络直销渠道的情况下，制造商和实体零售商分别在各自主导时获得最大的利润，而在对方主导时获得最小的利润。这一趋势表明，权力的集中对于每个供应链参与方的利润水平具有显著的影响。然而，在同时推介实体零售渠道和网络直销渠道时，制造商利润和实体零售商利润受到实体零售商利他偏好系数和消费者市场规模的共同影响。这意味着推介方式的选择不仅仅取决于各自的权力，还受到实体零售商的利他偏好和市场规模的双重制约。图 8－6 和图 8－7 揭示出，制造商在推介方式的选择上需要充分考虑实体零售商的利他偏好以及消费者市场规模的影响，以实现双方共赢的合作关系。同时，实体零售商也需在推介方式的博弈中寻求最有利于自身的策略，以确保在竞争中获得更大的利润。验证了命题 5。

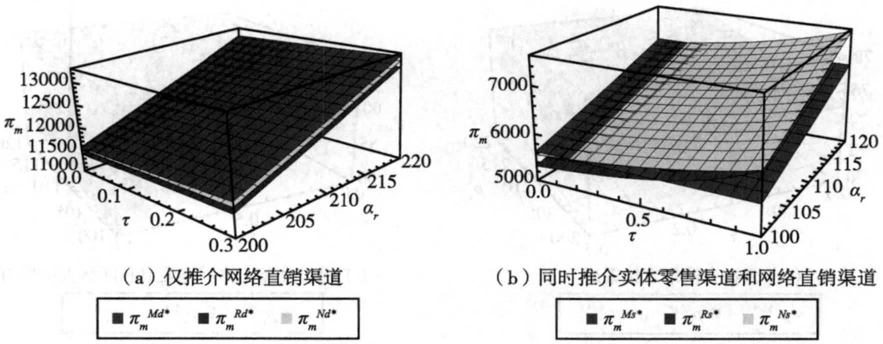

图 8－6　不同推介方式下权力结构对制造商利润的影响

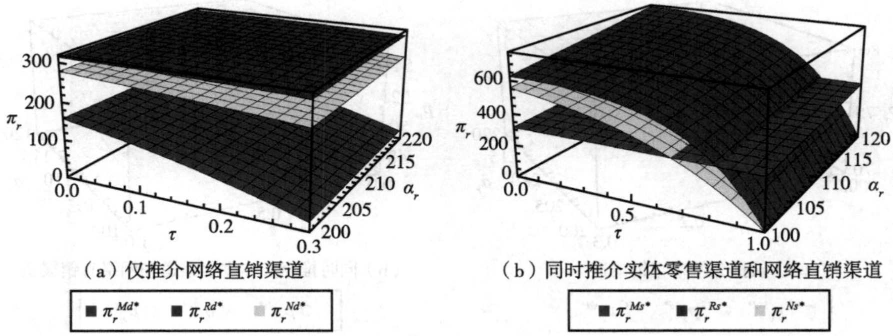

图 8－7　不同推介方式下权力结构对实体零售商利润的影响

图 8－8 至图 8－10 表明，无论权力结构如何变化，网络零售价格在仅推介网络直销渠道和同时推介实体零售渠道和网络直销渠道情况下均保持一致。然而，不管推介方式如何，批发价格和实体零售价格均在制造商主导时最大。进一步研究发现，实体零售商的利他偏好系数与实体零售价格、网络零售价格和批发价格之间存在关系，并在不同的权力结构下表现出不同的变化趋势。具体而言，在制造商主导的情况下，随着实体零售商利他偏好系数的增加，网络零售价格和实体零售价格保持不变，而批发价格增加。然而，在实体零售商主导或制造商与实体零售商共同主导的情况下，随着实体零售商利他偏好系数的增加，网络零售价格保持不变，实体零售价格降低，而批发价格增加。验证了命题 6。

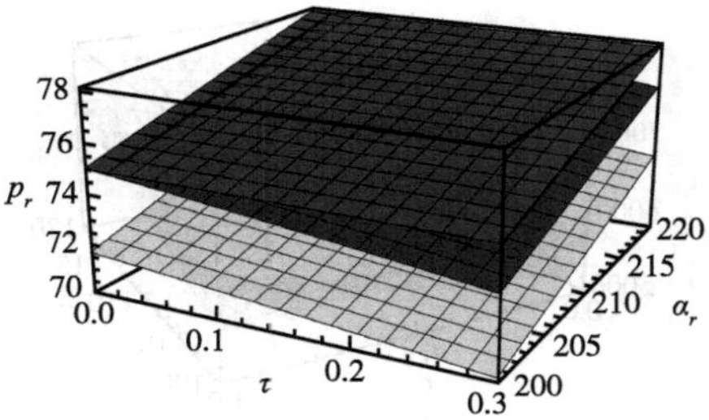

（a）仅推介网络直销渠道

■ p_r^{Md*} ■ p_r^{Rd*} ■ p_r^{Nd*}

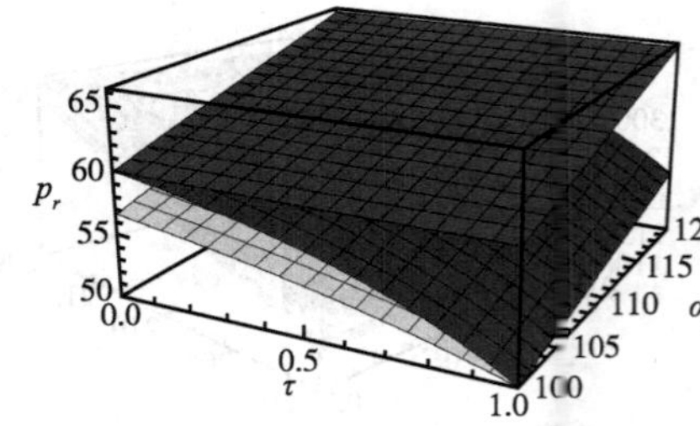

（b）同时推介实体零售渠道和网络直销渠道

■ p_r^{Ms*} ■ p_r^{Rs*} ■ p_r^{Ns}

图 8－8 不同推介方式下权力结构对实体零售价格的影响

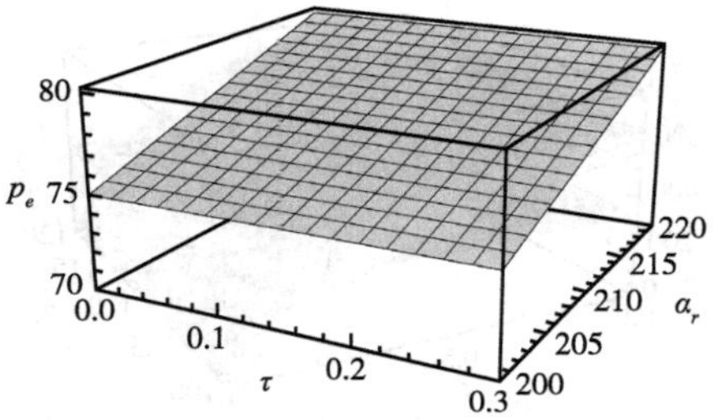

（a）仅推介网络直销渠道

■ $''2\,p_e^{Md*}$ ■ $''2\,p_e^{Rd*}$ ■ $''2\,p_e^{Nd*}$

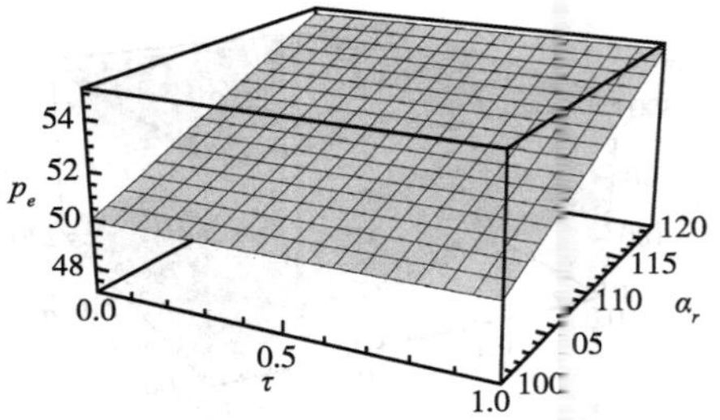

（b）同时推介实体零售渠道和网络直销渠道

■ p_e^{Ms*} ■ p_e^{Rs*} ■ p_e^{Ns*}

图 8－9 不同推介方式下权力结构对网络零售价格的影响

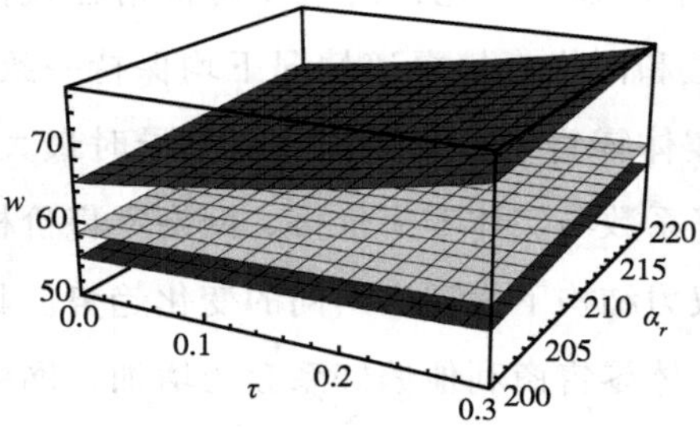

（a）仅推介网络直销渠道

■ w^{Md*} ■ w^{Rd*} ■ w^{Nd*}

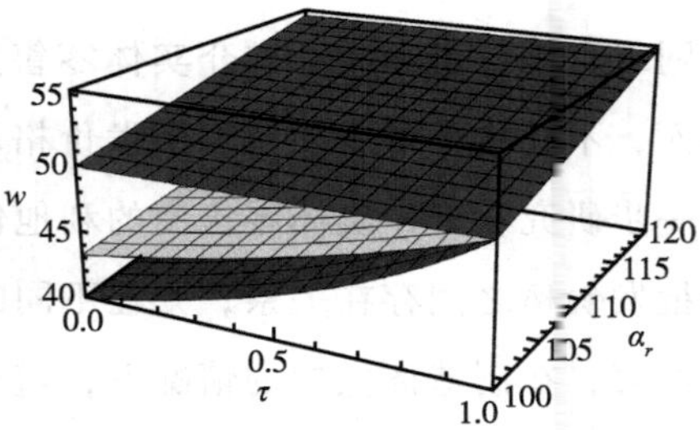

（b）同时推介实体零售渠道和网络直销渠道

■ w^{Ms*} ■ w^{Rs*} ■ w^{Ns*}

图 8－10 不同推介方式下权力结构对批发价格的影响

8.6　本章小结

在制造商推介的双渠道供应链系统中，考虑实体零售商具有利他行为偏好，分别构建制造商主导、实体零售商主导、制造商与实体零售商共同主导 3 种权力结构的博弈模型。利用 Stackelberg、Bertrand 博弈理论，分别得到了 3 种主导模型下的均衡策略，对不同模型下的策略分别关于利他偏好参数进行敏感性分析和比较分析。得到如下结论：

（1）3 种权力结构下，实体零售商利他偏好对双渠道供应链均衡策略产生的影响并不相同。网络零售价格并不受实体零售商利他偏好的影响，并且在制造商主导时实体零售价格、实体零售渠道市场总需求和网络直销渠道市场总需求也不受实体零售商利他偏好的影响。

（2）3 种权力结构下，制造商与实体零售商的推介方式选择偏好保持一致。制造商主导时，制造商和实体零售商更倾向于同时推介实体零售渠道和网络直销渠道。而实体零售商主导和制造商与实体零售商共同主导的情况下，制造商和实体零售商的推介方式的选择则受到实体零售商利他偏好和消费者市场规模的双重影响。

（3）3 种权力结构下，推介方式对批发价格、网络零售价格和实体零售价格的影响存在差异。推介方式不会影响网络零售价格，但会改变批发价格和实体零售价格。

（4）3 种权力结构下，制造商同时推介实体零售渠道和网络直销渠道有助于提高实体零售渠道市场总需求，但会降低网络直销渠道市场总需求。仅在非制造商主导时，实体零售渠道市场总需求增大的幅度将大于网络直销渠道市场总需求减小的幅度。

（5）实体零售商利他偏好在制造商仅推介网络直销渠道时不影响制造商或者实体零售商作为供应链主导者的先动优势。然而，在制造商同时推介实体零售渠道和网络直销渠道时，实体零售商利他偏好将影响两者的先动优势。随着实体零售商利他偏好的增加，制造商和实体零售商的先动优势逐渐降低，其中制造商的先动优势降低幅度较大。

根据上述研究结论，提出如下管理建议：

（1）在双渠道供应链中，实体零售商对推介方式的偏好与制造商的最优选择始终是一致的，制造商则需要根据推介型消费者市场规模的大小和零售商利他偏好系数的大小调整推介方式。

（2）当制造商选择同时推介实体零售渠道和网络直销渠道时，作为供应链主导者的一方应该采取措施减少实体零售商利他偏好对供应链主导者的先动优势产生的负面影响。如：通过建立紧密的合作关系，分享市场信息、销售数据等，以加深彼此之间的理解，减少可能的不确定性和摩擦。

（3）在选择推介方式时，应当详细研究实体零售商的利他偏好，了解其对于产品推介方式的偏好以及对市场需求的影响，并针对实体零售商利他偏好，定制差异化的推介方式，以最大化市场需求和满足实体零售商的偏好。

第9章　研究总结与展望

9.1　研究总结

近年来，网络推介技术正逐渐被制造商应用于产品销售。推介技术的引入，改变了供应链成员之间的竞争与合作关系，对供应链成员决策与供应链运作效率带来了重要影响。以往双渠道供应链研究多假设潜在消费者会直接选择相应的零售渠道购买产品，忽略了部分消费者访问制造商官网并被制造商推介的情况。本书通过重新划分消费者细分市场，将制造商推介引入双渠道供应链博弈模型，从渠道权力结构视角，系统探讨了制造商推介下双渠道供应链的决策机理。分别在实体零售商代发货下及网络销售效率、公平关切、利他偏好等因素影响下，考察了制造商与实体零售商对两种推介方式的偏好情况，以及推介方式和主导地位变化对制造商与实体零售商的最优定价与最优利润的影响。本书的研究工作得到了一些重要研究结论。

（1）制造商与实体零售商对推介方式并不总是具有一致的偏好。在网络销售效率影响下、在制造商具有公平关切下、在实体零售商具有公平关切或利他偏好下，无论何种权力结构，二者的偏好始终一致，但在实体零售商代发货下，仅当制造商主导双渠道供应链时，二者的偏好才一致，在制造商利他偏好下，仅当制造商主导或者制造商与实体零售商共同主导双渠道供应链下，二者的偏好才一致。

（2）推介方式并不总是影响制造商或实体零售商作为供应链主导者的先动优势。在实体零售商代发货下，推介方式只影响实体零售商作为供应链主导者的先动优势；在网络销售效率影响下、在实体零售商具有公平关切下及在制造商利他偏好下，推介方式既不影响制造商作为供应链主导者的先动优势，也不影响实体零售商作为供应链主导者的先动优势；在制造商具有公平关切下，推介方式只影响制造商作为供应链主导者的先动优势；在实体零售商具有利他偏好下，推介方式会同时影响制造商和实体零售商作为供应链主导者的先动优势。

9.2 研究展望

考虑制造商推介的双渠道供应链定价问题，尚是一个较新的研究领域。本书基于博弈理论，考虑了实体零售商代发货、网络销售效率、公平关切、利他偏好等因素，在制造商主导、实体零售商主导、制造商与实体零售商共同主导的三种权力结构下，建立了不同的定价博弈模型，通过模型分析，获得了一些新的研究结论。这些研究结论形成了新现象下双渠道供应链的一般理论，为企业决策制定提供了理论参考。但由于双渠道供应链的价格竞争问题是一个比较复杂的问题，受到供应链系统内外部因素的多重影响，致使模型与现实中的寡头博弈情境仍存在一定差距。为了更好地将理论与实际相联系，并取得更多研究成果，未来可以从以下几个方面进行拓展：

（1）本书采用博弈理论中的 Stackelberg 博弈和 Bertrand 博弈研究了两级双渠道供应链中单个制造商和单个实体零售商的定价博弈问题，但实际上，市场上存在多个寡头的情况，下一步可以考虑运用非合作博弈理论研究考虑某个制造商推介的双渠道供应链网络均衡问题。此外，制造商与实体零售商都是有限理性的，他们在多次博弈过程中会进行学习及策略调整，未来研究可以采用演化博弈探究考虑制造商推介的双渠道供应链运营问题。

（2）本书以制造商引入网络直销渠道这一特定双渠道供应链为主体展开研究，现实中依据供应链中引入网络渠道主体的不同以及引入网络渠道方式的不同，双渠道供应链还包括制造商引入网络间接渠道、零售商引入网络渠道和制造商引入电商平台代销渠道，在这些双渠道供应链中考虑制造商推介的运营问题也值得深究。

（3）本书分别考虑了决策者的公平关切和利他偏好行为特性，但并未涉及决策者的其他行为特征，如风险偏好、风险规避、过度自信等，而这些行为特征是企业管理者在决策过程中普遍存在的非理性行为，它们对成员决策的影响也不可被忽略。因此未来研究可以将其他行为因素纳入博弈模型进行分析。此外，决策者可能同时存在多重行为偏好，在这样的背景下研究具有制造商推介的双渠道供应链运营决策问题亦成为下一步研究的重点。

（4）本书是在完全信息情况下建立博弈模型的，但现实中参与人对其他参与人的特征、市场情况等信息往往了解不够准确，或者并非对其他参与人的特征、市场情况等信息都有准确信息。也就是说，双渠道供应链成员间更多地开展的是非完全信息下的博弈行为。后期可以考虑在信息不对称下研究具有制造商推介的双渠道供应链运营决策问题。

（5）本书在分散决策下研究考虑制造商推介的双渠道供应链定价问题，没有深入剖析如何设计契约机制来协调因制造商推介引发的渠道冲突问题。针对本书的双渠道供应链运作情形，未来可以深入研究两部定价契约、收益共享契约、数量折扣契约等对具有制造商推介的双渠道供应链的协调性问题，并比较不同契约的优劣。

（6）本书在数值分析部分，参数的取值采用的是经验取值法，虽然能够揭示参数对价格博弈的影响，但是缺乏针对性。如果采用问卷调查法获取一手数据，则能够使研究更加贴近市场的真实情况。

由于考虑制造商推介的双渠道供应链定价问题方面的研究还处于起步阶段，加之知识和能力水平有限，本书所建立的双渠道供应链博弈模型跟现实市场运作情况有一定差距，但只要不断建立更加贴近现实的双渠道供应链运作模型，相信后续研究者能够发现更有趣的结论，为企业运营提供更有价值的参考，推动企业在竞争中不断进步。

参考文献

[1] Andreoni J, Miller J. Giving according to GARP: An experimental test of the consistency of preferences for altruism [J]. Econometrica, 2002, 70 (2): 737 - 753.

[2] Bolton G E, Ockenfels A. ERC: A theory of equity, reciprocity, and competition [J]. American Economic Review, 2000, 90 (1): 166 - 193.

[3] Bolton G E, Ockenfels A. ERC: A theory of equity, reciprocity, and competition [J]. American Economic Review, 2000, 90 (1): 166 - 193.

[4] Chaab J, Demirag O C. Effects of consumer loyalty and product web compatibility on cooperative advertising and pricing policies in a dual - channel supply chain [J]. RAIRO - Operations Research, 2022, 56 (4): 2557 - 2580.

[5] Charness G, Rabin M. Understanding social preferences with simple tests [J]. The Quarterly Journal of Economics, 2002, 117 (3): 817 - 869.

[6] Chen J, Zhang W, Liu Z. Joint pricing, services and quality decisions in a dual - channel supply chain [J]. RAIRO - Operations Research, 2020, 54 (4): 1041 - 1056.

[7] Chen T, Shan F, Yang F, et al. Online retailer bundling strategy in a dual - channel supply chain [J]. International Journal of Production Economics, 2023, 259 (5): 108821, https://doi.org/10.1016/j.ijpe.2023.108821.

[8] Chen X, Wang X, Jiang X. The impact of power structure on the retail service supply chain with an O2O mixed channel [J]. Journal of the Operational Research Society, 2016, 67 (2): 294 - 301.

[9] Choi S C. Price Competition in a Channel Structure with a Common Retailer [J]. Marketing Science, 1991, 10 (4): 271 - 296.

[10] Choi S, Fredj K. Price Competition and Store Competition: Store Brands

vs. National Brand [J]. European Journal of Operational Research, 2013, 225 (1): 166-178.

[11] Cooper C. The Directory of Business Information Resources: 1992 [J]. RQ, 1992, 32 (2): 276-278.

[12] Croson R, Donohue K. Experimental economics and supply-chain management [J]. Interfaces, 2002, 32 (5): 74-82.

[13] Cui T H, Mallucci P. Fairness ideals in distribution channels [J]. Journal of Marketing Research, 2016, 53 (6): 969-987.

[14] Deng Z, Shaharudin M R, Tseng M L. Decision-Making in a Closed-Loop Supply Chain under Fairness Concerns and Optimal Subsidies [J]. Sustainability, 2023, 15 (9): 7380.

[15] Dennis Z Y, Cheong T, Sun D. Impact of supply chain power and drop-shipping on a manufacturer's optimal distribution channel strategy [J]. European Journal of Operational Research, 2017, 259 (2): 554-563.

[16] Disney S M, Hosoda T. Altruistic behavior in a two-echelon supply chain with unmatched proportional feedback controllers [J]. International Journal of Intelligent Systems Technologies and Applications, 2009, 6 (3): 269-286.

[17] Du S, Wei L, Zhu Y, et al. Peer-regarding fairness in supply chain [J]. International Journal of Production Research, 2018, 56 (10): 3384-3396.

[18] El-Ansary A I, Stern L W. Power Measurement in the Distribution Channel [J]. Journal of Marketing Research, 1972, 9 (1): 47-52.

[19] Emerson R M. Power-dependence relations: Two experiments [J]. Sociometry, 1964: 282-298.

[20] Example F, Skyscanner. The impact of price comparison service on pricing strategy in a dual-channel supply chain [J]. Mathematical Problems in Engineering, 2013, (6): 206-226.

[21] Falk A, Fischbacher U. A theory of reciprocity [J]. Games and Economic Behavior, 2006, 54 (2): 293-315.

[22] Fan R, Lin J, Zhu K. Study of game models and the complex dynamics of a low-carbon supply chain with an altruistic retailer under consumers' low-car-

bon preference [J]. Physica A: Statistical Mechanics and its Applications, 2019, 528: 121460.

[23] Fang F, Gurnani H, Natarajan H P. Leadership, dominance, and pre-eminence in a channel structure with a common retailer [J]. Decision Sciences, 2018, 49 (1): 65 - 120.

[24] Fehr E, Schmidt K M. A theory of fairness, competition, and cooperation [J]. The Quarterly Journal of Economics, 1999, 114 (3): 817 - 868.

[25] Fehr E, Schmidt K M. A theory of fairness, competition, and cooperation [J]. The Quarterly Journal of Economics, 1999, 114 (3): 817 - 868.

[26] Festinger L. A theory of social comparison processes [J]. Human Relations, 1954, 7 (2): 117 - 140.

[27] Ge Z, Zhang Z K, Lü L, et al. How altruism works: An evolutionary model of supply networks [J]. Physica A: Statistical Mechanics and its Applications, 2012, 391 (3): 647 - 655.

[28] Ghose A, Mukhopadhyay T, Rajan U. The Impact of Internet Referral Services on a Supply Chain [J]. Information Systems Research, 2007, 18 (3): 300 - 319.

[29] Gino F, Pisano G. Toward a theory of behavioral operations [J]. Manufacturing and Service Operations Management, 2008, 10 (4): 676 - 691.

[30] Gu S Q, Liu Y, Zhao G. Pricing coordination of a dual - channel supply chain considering offline in - sale service [J]. Journal of Retailing and Consumer Services, 2023, 75: 103483, https: //doi. org/10. 1016/j. jretconser. 2023. 103483.

[31] Guth W, Levati M V. Listen: I am angry! An experiment comparing ways of revealing emotions [R]. Working Paper, Friedrich - Schiller University, 2007.

[32] Guth W, Schmittberger R, Schwarze B. An experimental analysis of ultimatum bargaining [J]. Journal of economic behavior & organization, 1982, 3 (4): 367 - 388.

[33] Hao C, Yang L. Platform advertising and targeted promotion: Paid or free? [J]. Electronic Commerce Research and Applications, 2022, 55 (9/10):

101178, https: //doi. org/10. 1016/j. elerap. 2022. 101178.

[34] Ho T H, Su X M, Wu Y. Distributional and peer – induced fairness in supply chain contract design [J]. Production and Operations Management, 2014, 23 (2): 161 – 175.

[35] Hosseini – Motlagh S M, Johari M, Pazari P. Coordinating pricing, warranty replacement and sales service decisions in a competitive dual – channel retailing system [J]. Computers & Industrial Engineering, 2022, 163 (1): 107862, https: //doi. org/10. 1016/j. cie. 2021. 107862.

[36] Huang S, Yang C, Zhang X. Pricing and production decisions in dual – channel supply chains with demand disruptions [J]. Computers and Industrial Engineering, 2012, 62 (1): 70 – 83.

[37] Jin L, Zheng B, Huang S. Pricing and coordination in a reverse supply chain with online and offline recycling channels: a power perspective [J]. Journal of Cleaner Production, 2021, 298 (5): 1 – 15.

[38] Kahneman D, Knetsch J L, Thaler R H. Fairness and the assumptions of economics [J]. Journal of Business, 1986a, 59 (4): 285 – 300.

[39] Kahneman D, Knetsch J L, Thaler R. Fairness as a constraint on profit seeking: Entitlements in the market [J]. The American Economic Review, 1986b, 76 (4): 728 – 741.

[40] Kahneman D, Tversky A. Prospect theory: An analysis of decision under risk [J]. Econometrica: Journal of the Econometric Society, 1979, 47 (2): 263 – 291.

[41] Katok E, Pavlov V. Fairness in supply chain contracts: A laboratory study [J]. Journal of Operations Management, 2013, 31 (3): 129 – 137.

[42] Kumar N, Scheer L K, Steenkamp J B E M. The effects of supplier fairness on vulnerable resellers [J]. Journal of Marketing Research, 1995, 32 (1): 54 – 65.

[43] Lee E, Staelin R. Vertical Strategic Interaction: Implications for Channel Pricing Strategy [J]. Marketing Science, 1997, 16 (3): 185 – 207.

[44] Li B, Chen P, Li Q, et al. Dual – channel supply chain pricing deci-

sions with a risk – averse retailer [J]. International Journal of Production Research, 2014, 52 (23): 7132 – 7147.

[45] Li B, Hou P W, Li Q H. Cooperative advertising in a dual – channel supply chain with a fairness concern of the manufacturer [J]. IMA Journal of Management Mathematics, 2017, 28 (2): 259 – 277.

[46] Li G, Li L, Liu M, et al. Impact of power structures in a subcontracting assembly system [J]. Annals of Operations Research, 2020, 291 (9): 475 – 498.

[47] Li G, Zheng H, Liu M. Reselling or drop shipping: strategic analysis of e – commerce dual – channel structures [J]. Electronic Commerce Research, 2020, 20 (3): 475 – 508.

[48] Li J, Ou J, Cao B. The roles of cooperative advertising and endogenous online price discount in a dual – channel supply chain [J]. Computers & Industrial Engineering, 2023, 176 (2): 108980, https://doi.org/10.1016/j.cie.2023.108980.

[49] Li Q H, Li B. Dual – channel supply chain equilibrium problems regarding retail services and fairness concerns [J]. Applied Mathematical Modelling, 2016, 40 (15): 7349 – 7367.

[50] Li T, Xu X, Liu W, et al. Pricing decision of three – level agricultural supply chain based on blockchain traceability and altruistic preference [J]. Sustainability, 2023, 15 (4): 3304, https://doi.org/10.3390/su15043304.

[51] Li Z, Liu Q, Ye C, et al. Achieving resilience: resilient price and quality strategies of fresh food dual – channel supply chain considering the disruption [J]. Sustainability, 2022, 14 (11): 6645.

[52] Liu J, Ke H, Zhang R, et al. Who exhibits fairness concern is better for supply chain stability and the environment [J]. Journal of Cleaner Production, 2023, 386 (2): 135645, https://doi.org/10.1016/j.jclepro.2022.135645.

[53] Liu M, Cao E, Salifou C K. Pricing strategies of a dual – channel supply chain with risk aversion [J]. Transportation Research Part E, 2016b, 90: 108 – 120.

[54] Liu M, Liang K, Perera S, et al. Game theoretical analysis of service effort timing scheme strategies in dual – channel supply chains [J]. Transportation Research Part E: Logistics and Transportation Review, 2022, 158 (2): 102620,

https：//doi. org/10. 1016/j. tre. 2022. 102620.

[55] Liu S, Chen H, Chen L. Inventory and pricing decisions under wholesale price contract with social preferences [J]. Journal of Systems Science and Information, 2016c, 4 (1): 68 -86.

[56] Liu T T, Xu Q, Ma C. Channel selection and retailer dual - channel coordination in the e - commerce context [J]. International Journal of Modelling and Simulation, 2016a, 36 (3): 56 -67.

[57] Loch C H, Wu Y. Social preferences and supply chain performance: An experimental study [J]. Management Science, 2008, 54 (11): 1835 -1849.

[58] Lu H, Chen Y J. Strategic motive for introducing internet channels in a supply chain [J]. Production and Operations Management, 2014, 23 (1): 36 -47.

[59] Ma D, Hu J, Yao F. Big data empowering low - carbon smart tourism study on low - carbon tourism O2O supply chain considering consumer behaviors and corporate altruistic preferences [J]. Computers & Industrial Engineering, 2021, 153: 107061.

[60] Ma X Y, Sun D Q, Liu S X, et al. Optimal Decisions in a Sea - Cargo Supply Chain with Two Competing Freight Forwarders Considering Altruistic Preference and Brand Investment [J]. Systems, 2023, 11 (8): 399.

[61] Mcguire T W, Staelin R. An Industry Equilibrium Analysis of Downstream Vertical Integration [J]. Marketing Science, 2008, 27 (1): 115 -130.

[62] Meng L, Lv W, Yuan G X, et al. The dynamic risk profiles and management strategies in supply chain coopetition under altruistic preference [J]. International Review of Financial Analysis, 2023, 90: 102895.

[63] Modak N M, Senapati T, Simic V, et al. Managing a sustainable dual - channel supply chain for fresh agricultural products using blockchain technology [J]. Expert Systems with Applications, 2024, 244: 122929, https：//doi. org/10. 1016/j. eswa. 2023. 122929.

[64] Neilson. An axiomatic characterization of the Fehr - Schmidt model of inequity aversion [R]. Working Paper, Texas A and M University, 2000.

[65] Nie T F, Du S F. Dual - fairness supply chain with quantity discount con-

tracts [J]. European Journal of Operational Research, 2017, 258 (2): 491 – 500.

[66] Park S Y, Keh H T. Modelling hybrid distribution channels: A game – theoretic analysis [J]. Journal of Retailing and Consumer Services, 2003, 10 (3): 155 – 167.

[67] Pavlov V, Katok E. Fairness and coordination failures in supply chain [R]. Working Paper, Philadelphia: The Pennsylvania State University, 2009.

[68] Pu X, Gong L, Han X. Consumer free riding: Coordinating sales effort in a dual – channel supply chain [J]. Electronic Commerce Research and Applications, 2017, 22: 1 – 12.

[69] Pu X, Zhang S, Ji B, et al. Online channel strategies under different offline channel power structures [J]. Journal of Retailing and Consumer Services, 2021, 60 (5): 1 – 16.

[70] Qiu R, Hou L, Sun Y, et al. Joint pricing, ordering and order fulfillment decisions for a dual – channel supply chain with demand uncertainties: A distribution – free approach [J]. Computers & Industrial Engineering, 2021, 160 (10): 107546, https: //doi. org/10. 1016/j. cie. 2021. 107546.

[71] Qiu R, Li C, Sun M. Impacts of consumer virtual showrooming behavior on manufacturer and retailer strategic decisions in a dual – channel supply chain [J]. European Journal of Operational Research, 2024, 313 (1): 325 – 342.

[72] Rabin M. Incorporating fairness into game theory and economics [J]. The American Economic Review, 1993, 83 (5): 1281 – 1302.

[73] Rong L, Xu M. Impact of altruistic preference and government subsidy on the multinational green supply chain under dynamic tariff [J]. Environment, Development and Sustainability, 2022, 24 (2): 1928 – 1958.

[74] Rosenbloom J L, Sundstrom W A. The sources of regional variation in the severity of the Great Depression: evidence from US manufacturing, 1919 – 1937 [J]. The Journal of Economic History, 1999, 59 (3): 714 – 747.

[75] Rotemberg J J. Minimally acceptable altruism and the ultimatum game [J]. Journal of Economic Behavior and Organization, 2008, 66 (3): 457 – 476.

[76] Ru J, Shi R, Zhang J. Does a Store Brand Always Hurt the Manufacturer

of a Competing National Brand? [J]. Production and Operations Management, 2015, 24 (2): 272 - 286.

[77] Ruffle B J. More is better, but fair is fair: Tipping in dictator and ultimatum games [J]. Games and Economic Behavior, 1998, 23 (2): 247 - 265.

[78] Scheer L K, Kumar N, Steenkamp J B E M. Reactions to perceived inequity in US and Dutch interorganizational relationships [J]. Academy of Management Journal, 2003, 46 (3): 303 - 316.

[79] Segal U, Sobel J. Tit for tat: Foundations of preferences for reciprocity in strategic settings [J]. Journal of Economic Theory, 2007, 136 (1): 197 - 216.

[80] Shi K, Jiang F, Ouyang Q. Altruism and pricing strategy in dual - channel supply chains [J]. American Journal of Operations Research, 2013, 3 (4): 402 - 412.

[81] Shi R, Zhang J, Ru J. Impacts of Power Structure on Supply Chains with Uncertain Demand [J]. Production and Operations Management, 2013, 22 (5): 1232 - 1249.

[82] Shi S, Sun J, Cheng T C E. Wholesale or drop - shipping: contract choices of the online retailer and the manufacturer in a dual - channel supply chain [J]. International Journal of Production Economics, 2020, 226 (8): 107 - 124.

[83] Song S, Zhang M, Hu S. Coordination of Time - Varying Price Supply Chain with Risk - Averse Members under Random Order Response Time [J]. Mathematical Problems in Engineering, 2020 (4): 1 - 9. DOI: 10.1155/2020/4013215.

[84] Sterman J D. Modeling managerial behavior: Misperceptions of feedback in a dynamic decision making experiment [J]. Management Science, 1987, 35 (3): 321 - 339.

[85] Tao F, Zhou Y, Bian J, et al. Optimal channel structure for a green supply chain with consumer green - awareness demand [J]. Annals of Operations Research, 2023, 324 (1): 601 - 628.

[86] Wan X, Jiang B, Li Q, et al. Dual - channel environmental hotel supply chain network equilibrium decision under altruism preference and demand uncer-

tainty [J]. Journal of Cleaner Production, 2020, 271: 122595.

[87] Wang H, He Y, Ding Q. The impact of network externalities and altruistic preferences on carbon emission reduction of low carbon supply chain [J]. Environmental Science and Pollution Research, 2022b, 29 (44): 66259 – 66276.

[88] Wang J, He S. Optimal decisions of modularity, prices and return policy in a dual – channel supply chain under mass customization [J]. Transportation Research Part E: Logistics and Transportation Review, 2022, 160 (4): 102675, https://doi.org/10.1016/j.tre.2022.102675.

[89] Wang R, Zhou X, Li B. Pricing strategy of dual – channel supply chain with a risk – averse retailer considering consumers' channel preferences [J]. Annals of Operations Research, 2022a, 309 (10): 305 – 324.

[90] Wang Y, Fan R, Shen L, et al. Recycling decisions of low – carbon e – commerce closed – loop supply chain under government subsidy mechanism and altruistic preference [J]. Journal of Cleaner Production, 2020, 259: 120883.

[91] Wang Y, Yu Z, Shen L, et al. Impacts of altruistic preference and reward – penalty mechanism on decisions of E – commerce closed – loop supply chain [J]. Journal of Cleaner Production, 2021a, 315: 128132, https://doi.org/10.1016/j.jclepro.2021.128132.

[92] Wang Y, Yu Z, Jin M, et al. Decisions and coordination of retailer – led low – carbon supply chain under altruistic preference [J]. European Journal of Operational Research, 2021b, 293 (3): 910 – 925.

[93] Wei G, Lin Q. Optimal pricing strategies and computer simulation of DCSC with fairness preference and risk – aversion members [J]. Telkomnika Indonesian Journal of Electrical Engineering, 2013, 11 (12): 7640 – 7648.

[94] Wu H, Cai G, Chen J, et al. Online manufacturer referral to heterogeneous retailers [J]. Production and Operations Management, 2015, 24 (11): 1768 – 1782.

[95] Wu J, Zong Y, Liu X. Cooperative advertising in dual – channel supply chain under asymmetric demand information [J]. International Journal of Electronic Commerce, 2023, 27 (1): 100 – 128.

[96] Wu R, Basuroy S, Beldona S. Integrating production costs in channel decisions [J]. Journal of Retailing, 2011, 87 (1): 101 - 110.

[97] Xiao M, Gu Q, He X. Selection of Sales Mode for E - Commerce Platform Considering Corporate Social Responsibility [J]. Systems, 2023a, 11 (11): 543, https://doi.org/10.3390/systems11110543.

[98] Xiao Y, Niu W, Zhang L, et al. Store brand introduction in a dual - channel supply chain: The roles of quality differentiation and power structure [J]. Omega, 2023b, 116 (4): 102802, https://doi.org/10.1016/j.omega.2022.102802.

[99] Xu J, Xiong S, Cui T, et al. Incorporating Consumers' Low - Carbon and Freshness Preferences in Dual - Channel Agri - Foods Supply Chains: An Analysis of Decision - Making Behavior [J]. Agriculture, 2023, 13 (9): 1647, https://doi.org/10.3390/agriculture13091647.

[100] Xu M X, Yu Y, Hu Y S. Service and revenue sharing strategies in a dual - channel supply chain with fairness concerns [J]. Computer Modelling and New Technologies, 2014, 18 (7): 244 - 252.

[101] Yan B, Chen Z, Liu Y P, et al. Pricing decision and coordination mechanism of dual - channel supply chain dominated by a risk - aversion retailer under demand disruption [J]. RAIRO - operations Research, 2021, 55 (2): 433 - 456.

[102] Yan R L. The strategic value of cooperative advertising in the dual - channel competition [J]. International Journal of Electronic Commerce, 2015, 19 (3): 118 - 143.

[103] Yan Y, Zhao R, Xing T. Strategic introduction of the marketplace channel under dual upstream disadvantages in sales efficiency and demand information [J]. European Journal of Operational Research, 2019, 273 (3): 968 - 982.

[104] Yang Z, Shang W L, Miao L, et al. Pricing decisions of online and offline dual - channel supply chains considering data resource mining [J]. Omega, 2024, 126 (4): 103050, https://doi.org/10.1016/j.omega.2024.103050.

[105] Yi Zelong, Wang Y L, Liu Y. et al. The Impact of Consumer Fairness Seeking on Distribution Channel Selection: Direct Selling vs. Agent Selling [J]. Production & Operations Management, 2018, 27 (6): 1148 - 1167.

[106] Yu T, Guan Z, Zhang J, et al. Blockchain adoption and contract coordination of poverty alleviation supply chain considering altruistic preference [J]. Computers & Industrial Engineering, 2024, 188 (2): 109879, https: //doi. org/10. 1016/j. cie. 2023. 109879.

[107] Zhang L L, Zhong Y. Optimal strategy of risk - averse dual - channel supply chain with consumer returns [J]. Computer Integrated Manufacturing Systems, 2015, 21 (3): 766 - 775.

[108] Zhang L, Zhou H, Liu Y, et al. Optimal environmental quality and price with consumer environmental awareness and retailer's fairness concerns in supply chain [J]. Journal of Cleaner Production, 2019, 213 (1): 1063 - 1079.

[109] Zhang Q, Mantin B, Chen H. On selling format choice and quality differentiation in dual - channel supply chains [J]. Managerial and Decision Economics, 2023, 44 (6): 3308 - 3324.

[110] Zhong Y, Yang T, Yu H, et al. Impacts of blockchain technology with government subsidies on a dual - channel supply chain for tracing product information [J]. Transportation Research Part E: Logistics and Transportation Review, 2023, 171 (3): 103032, https: //doi. org/10. 1016/j. tre. 2023. 103032.

[111] Zhou Y, Zhang J, Zeng Y. Borrowing or crowdfunding: a comparison of poverty alleviation participation modes considering altruistic preferences [J]. International Journal of Production Research, 2021, 59 (21): 6564 - 6578.

[112] Zhu L, Lu B. Product quality control strategy of dual distribution channel structure in three - echelon supply chain [J]. Soft Computing, 2022, 26 (2): 829 - 840.

[113] Zhu X, Ding L, Guo Y, et al. Decisions and coordination of dual - channel supply chain considering retailers' bidirectional fairness concerns under carbon tax policy [J]. Mathematical Problems in Engineering, 2022, 2: 1 - 15.

[114] 柏庆国，史宝珍，徐健腾．风险规避下二级供应链的低碳减排运营策略 [J]．系统工程，2019，37 (03)：86 - 97.

[115] 毕功兵，何仕华，罗艳，等．公平关切下销售回扣契约供应链协调 [J]．系统工程理论与实践，2013，33 (10)：2505 - 2512.

［116］蔡敏，何静海，骆建文．基于产品质量差异的资金约束制造商最优融资决策研究［J/OL］．管理工程学报，1－13［2024－01－21］https：//doi.org/10.13587/j.cnki.jieem.2024.03.019.

［117］陈戈，但斌，覃燕红．不同公平关切模型下基于批发价格契约的供应链协调［J］．预测，2017，36（3）：62－68.

［118］陈兆波，孙嘉轶，滕春贤，等．考虑公平关切的供应链协调策略研究［J］．统计与决策，2013，（13）：48－51.

［119］程明宝，王影，邹美萍等．考虑消费者具有质量和价格偏好的双渠道供应链最优决策［J］．运筹与管理，2022，31（6）：74－81.

［120］窦晓乐，郭强，李增禄，等．存在强势零售商时双渠道制造商在线推介策略研究［J］．运筹与管理，2019，28（10）：192－199.

［121］杜少甫，杜婵，梁樑，等．考虑公平关切的供应链契约与协调［J］．管理科学学报，2010，13（11）：41－48.

［122］范如国，林金钗，朱超平，等．考虑利他行为的低碳供应链决策模型及其复杂性分析［J］．软科学，2019，33（11）：85－91.

［123］冯春，李灵燕，方晓舒．随机产出情况下权力结构对供应链的影响［J］．计算机集成制造系统，2018，24（6）：1542－1553.

［124］高鹏，杜建国，聂佳佳，陆玉梅．不同权力结构对再制造供应链技术创新策略的影响［J］．管理学报，2016，13（10）：1563－1570.

［125］贡文伟，沈静静，丁凡等．考虑风险规避的双渠道绿色供应链动态协调策略［J/OL］．系统工程，1－12［2024－01－21］．http：//kns.cnki.net/kcms/detail/43.1115.n.20230404.1104.002.html.

［126］郭金森，周永务，任鸣鸣等．双边资金约束下基于公平偏好制造商的双渠道供应链融资策略［J］．系统管理学报，2021，30（5）：892－904.

［127］郭军华，郭松奇，黄丹．双利他偏好下再制造闭环供应链的差异化定价决策［J/OL］．计算机集成制造系统，1－16［2024－01－09］．http：//kns.cnki.net/kcms/detail/11.5946.TP.20220518.1011.010.html.

［128］郭强，窦晓乐，李增禄．考虑零售商广告时双渠道制造商在线推介方式研究［J］．软科学，2019，33（10）：113－118.

［129］郭强，李增禄，聂佳佳．预测信息分享对双渠道制造商在线推介

方式的影响 [J]. 运筹与管理, 2018, 27 (7): 49 - 57.

[130] 韩亘银, 刘丽, 金浩. 考虑政府补贴和公平关切的双渠道绿色供应链决策研究 [J]. 中国管理科学, 2022, 30 (4): 194 - 204.

[131] 胡雨菲, 陈良华. 产品质量差异与需求不确定双因素下的双渠道供应链分销策略选择 [J]. 河海大学学报 (哲学社会科学版), 2022, 24 (5): 85 - 94.

[132] 黄芳, 郑循刚, 代应. 零售商公平偏好对代发货模式下双渠道供应链决策的影响 [J]. 系统管理学报, 2019b, 28 (3): 560 - 568.

[133] 黄芳, 郑循刚. 零售商代发货双渠道供应链的物流服务水平激励 [J]. 计算机集成制造系统, 2019a, 25 (5): 1296 - 1306.

[134] 黄松, 杨超, 杨珺. 需求和成本同时扰动下双渠道供应链定价与生产决策 [J]. 系统工程理论与实践, 2014, 34 (5): 1219 - 1229.

[135] 姜跃, 韩水华, 陈哲. 基于零售商公平偏好的供应链减排与定价决策 [J]. 北京航空航天大学学报 (社会科学版), 2024, 37 (1): 123 - 128.

[136] 焦琰, 汪传旭, 王元巍等. 建议零售价下利他偏好对双渠道供应链定价决策的影响 [J]. 山东大学学报 (理学版), 2021, 56 (1): 103 - 110.

[137] 金亮, 黄向敏. 不同价格领导权下的产品定价及差异化策略研究 [J]. 管理评论, 2020, 32 (5): 205 - 216.

[138] 赖雪梅, 聂佳佳. 风险规避对制造商电商平台销售模式选择的影响 [J]. 管理工程学报, 2022, 36 (4): 240 - 248.

[139] 李波, 李宜楠, 侯丽婷, 等. 具有公平关切的零售商对双渠道供应链决策影响分析 [J]. 控制与决策, 2015, 30 (5): 955 - 960.

[140] 李陈华. 基于渠道需求函数的直销——零售双渠道价格博弈 [J]. 中南财经政法大学学报, 2009 (2): 114 - 120.

[141] 李剑, 史金阳, 姜宝. 船公司"利他偏好"与航运供应链上的纵向合作 [J]. 中国管理科学, 2023, 31 (11): 195 - 207.

[142] 李娜, 马德青, 胡劲松. 基于利他偏好的绿色供应链动态均衡分析 [J]. 系统工程学报, 2021, 36 (06): 798 - 816.

[143] 李增禄, 郭强, 聂佳佳. 基于风险规避的双渠道制造商在线推介策略研究 [J]. 中国管理科学, 2020, 28 (7): 112 - 121.

[144] 李增禄，郭强，王琦君．双渠道制造商生产成本对其在线推介策略的影响 [J]．软科学，2018，32 (12)：109－114.

[145] 李重莲，范定祥，王晓蕾．双向公平关切下双渠道供应链的线上线下融合契约设计 [J]．中国管理科学，2021，29 (11)：122－133.

[146] 林杰，周名阳，袁玥赟．具有利他性的供应链广告与定价模型 [J]．同济大学学报（自然科学版），2014，42 (8)：1287－1291.

[147] 林庆，何勇．双渠道供应商的差异化定价对渠道的影响 [J]．系统管理学报，2017，26 (4)：679－684.

[148] 林志炳．基于利他属性的双渠道供应链研究 [J]．中国管理科学，2014，22 (12)：126－134.

[149] 刘汉进，范小军，陈宏民．零售商价格领导权结构下的双渠道定价策略研究 [J]．中国管理科学，2015，23 (6)：91－98.

[150] 刘竞，傅科，徐佳焱．不对称信息下权力结构对自有品牌引入的影响 [J]．系统工程理论与实践，2021，41 (8)：2056－2075.

[151] 刘静，聂佳佳，袁红平．考虑消费者公平偏好的竞争供应链歧视定价研究 [J]．中国管理科学，2022，30 (5)：204－215.

[152] 刘咏梅，李立，刘洪莲．行为供应链研究综述 [J]．中南大学学报（社会科学版），2011，17 (1)：80－88.

[153] 骆正清，董永杰．利他偏好下双渠道供应链定价决策研究 [J]．工业技术经济，2018，(2)：91－98.

[154] 潘金涛，王道平，田雨．政府补贴下考虑公平关切的双渠道绿色供应链定价决策研究 [J/OL]．系统科学与数学：1－20 [2023－12－31]．http：//kns. cnki. net/kcms/detail/11. 2019. o1. 20230717. 1400. 002. html.

[155] 浦徐进，张兴，韩广华．考虑利他偏好的企业努力行为和供应链运作 [J]．系统管理学报，2016，25 (6)：1136－1145.

[156] 浦徐进，诸葛瑞杰，范旺达．考虑横向和纵向公平的双渠道供应链均衡策略 [J]．系统工程学报，2014，29 (4)：527－536.

[157] 邱国斌，徐兵．不同竞争环境下损失厌恶与网络销售效率对双渠道供应链的影响 [J]．控制理论与应用，2022，39 (4)：671－681.

[158] 邱国斌，徐兵．网络销售效率对不同权力模式下公平关切双渠道

博弈影响分析 [J]. 统计与决策, 2019, 35 (14): 56-60.

[159] 曲优, 关志民, 邱若臻, 等. 公平关切与损失规避对混合双渠道供应链订货策略的影响 [J]. 管理学报, 2017, 14 (1): 129-138.

[160] 石岿然, 蒋凤, 孙玉玲. 利他偏好对双渠道供应链成员企业的策略影响研究 [J]. 运筹与管理, 2018, 27 (9): 66-72.

[161] 舒斯亮, 柳键. 公平关切下电子商务效率对不同权力结构双渠道博弈影响 [J]. 软科学, 2017, 31 (11): 139-144.

[162] 孙书省, 浦徐进, 韩广华. 考虑线下权力结构的制造商线上销售模式选择研究 [J]. 中国管理科学, 2019, 27 (5): 119-129.

[163] 孙自来, 王旭坪, 詹红鑫, 等. 不同权力结构下制造商双渠道供应链的博弈分析 [J]. 中国管理科学, 2020, 28 (9): 154-163.

[164] 覃燕红, 艾兴政, 宋寒. 利他偏好下基于批发价格契约的供应链协调 [J]. 工业工程与管理, 2015, 20 (2): 109-115.

[165] 覃燕红, 王少杰. 不利天气影响下考虑农户公平关切的农产品供应链协调机制研究 [J]. 系统科学与数学, 2023, 43 (3): 595-609.

[166] 涂红伟, 夏俊俊, 郭功星. 消费者困惑研究脉络梳理与未来展望 [J]. 外国经济与管理, 2016, 38 (12): 46-58.

[167] 王虹, 周晶. 具有风险规避参与者的双渠道供应链最优策略研究 [J]. 计算机集成制造系统, 2009, 15 (11): 2241-2246.

[168] 王建华, 王洪, 王斌. 利他行为下基于差别定价的闭环供应链均衡分析 [J]. 工业技术经济, 2017, 36 (9): 32-40.

[169] 王竟竟, 许民利. 不同权力结构和联盟策略下风险规避型闭环供应链决策 [J]. 中国管理科学, 2021, 29 (9): 111-122.

[170] 王开弘, 丁川. 基于零售商具有公平关切的渠道网络委托-代理模型 [J]. 控制与决策, 2015, 30 (3): 565-571.

[171] 王磊, 戴更新. 考虑利他偏好的二层供应链博弈研究 [J]. 中央财经大学学报, 2015, (11): 96-104.

[172] 王文杰, 刘亚洲. 渠道竞争下考虑零售商过度自信的供应链定价决策 [J]. 管理学报, 2023, 20 (10): 1525-1535.

[173] 王晓迪, 王玉燕, 李璟. 公平关切下网络平台主导的E-闭环供应

链决策及协调模型［J］．系统管理学报，2019，28（5）：964－972．

［174］王阳，王国庆．展厅效应下考虑服务努力的制造商推荐策略研究［J］．管理学报，2022，19（11）：1683－1692．

［175］王玉燕，高俊宏，孙煜林等．基于搭便车引发需求转移和质量感知的双渠道供应链服务与定价研究［J/OL］．中国管理科学，1－12［2024－01－21］https：//doi. org/10. 16381/j. cnki. issn1003－207x. 2023. 1080．

［176］王玉燕，申亮，韩强等．考虑产品质量和利他偏好关切的电商供应链模型研究［J］．中国管理科学，2021，29（9）：123－134．

［177］吴成锋，赵秋红，李建国．考虑公平关切的双渠道绿色供应链定价与政府补贴机制［J］．软科学，2023，37（11）：138－144．

［178］吴正祥，李宝库．考虑零售商社会比较行为的双渠道供应链均衡策略［J］．山东大学学报（理学版），2019，54（11）：20－34．

［179］吴正祥，李宝库．利他偏好下需求依赖于价格和营销努力的两级供应链决策与协调［J］．中央财经大学学报，2017a，（12）：108－118．

［180］吴正祥，李宝库．基于营销努力的双渠道供应链批发价格制定模式选择［J］．中国流通经济，2017b，31（4）：46－55．

［181］邢伟，汪寿阳，赵秋红，等．考虑渠道公平的双渠道供应链均衡策略［J］．系统工程理论与实践，2011，31（7）：1249－1256．

［182］徐翔斌，李恒，史峰．多重社会偏好下供应链协调研究［J］．系统管理学报，2017，26（1）：154－162．

［183］许民利，聂晓哲，简惠云．不同风险偏好下双渠道供应链定价决策［J］．控制与决策，2016，31（1）：91－98．

［184］许民利，王洁，简惠云．双向公平关切下两回收平台竞争的逆向供应链决策分析［J］．中国矿业大学学报（社会科学版），2020，22（5）：113－130．

［185］杨丽芳，周永务，曹彬．基于公平关切行为下双渠道供应链中制造商的融资策略研究［J］．管理学报，2023，20（3）：440－451．

［186］姚锋敏，鞠佳洋，李玥，等．政府补贴下考虑利他偏好的可追溯农产品供应链定价策略［J］．管理学报，2023，20（5）：759－768．

［187］姚树俊．考虑网络渠道兼容度的供应链品牌差异化机制研究［J］．

软科学，2016，30（9）：90－94.

［188］易余胤，韩桂兰．不同渠道效率下电商平台基于顾客行为的定价策略［J］．计算机集成制造系统，2021，27（11）：3341－3355.

［189］喻鸣谦，蔡敏，杨钦杰．顾客退货双渠道供应链中资金约束零售商融资策略［J］．系统管理学报，2021，30（4）：676－684.

［190］袁宇翔，程栋，白秦洋，等．零售商双重行为偏好下双渠道供应链定价决策与协调［J］．工业工程与管理，2023，28（3）：61－70.

［191］张光明，赵士南．零售商代发货供应链的逆向收益共享契约模型［J］．工业工程与管理，2015，20（1）：108－114.

［192］张克勇．互惠偏好下的闭环供应链系统定价决策分析［J］．控制与决策，2015，30（9）：1717－1722.

［193］张廷龙，房进军．考虑分销效率的零售商双渠道供应链定价与协调研究［J］．统计与决策，2017（8）：33－37.

［194］赵达，龚俊强．制造商资金约束下全成员风险厌恶零售商双渠道供应链定价与融资决策研究［J/OL］．海南大学学报（人文社会科学版），2024，1－12［2024－02－12］．https：//doi. org/10. 15886/j. cnki. hnus. 202304. 0203.

［195］赵达，胡慧敏，吉清凯．零售商资金约束且全成员风险厌恶的双渠道供应链定价与融资决策［J］．运筹与管理，2023，32（4）：71－77.

［196］赵连霞，程宝明．基于制造商销售渠道选择的供应链定价策略研究［J］．系统工程理论与实践，2016，36（9）：2310－2319.

［197］赵燕飞，王勇．消费者渠道偏好下考虑实体零售商公平关切的平台供应链服务水平决策研究［J］．管理工程学报，2023，37（5）：116－129.

［198］周健，陈露婷，唐哲宇．基于 Stackelberg 博弈的异质品双渠道供应链定价策略［J］．同济大学学报（自然科学版），2016，44（12）：1962－1968.